◆ www.le

# LE DEVOIR

Vol. C N° 303 ◆ LES SAMEDI 9 ET DIMANCHE 10 JANVIER 2010 2,44 $ + TAXES = 2,75 $

# 100 ANS

## «Fais ce que dois.» On l'a fait, monsieur Henri. Et nous continuerons...

### Merci pour un siècle d'appui

■ Un cahier spécial de 56 pages ■ L'état de la presse en 1910 ■ L'état de la presse en 2010 ■ Informer, une passion qui ne se dément pas ■ Visite des lieux de combat d'un journal indépendant ■ Les finances du *Devoir*, 100 ans plus tard ■ La naissance du Devoir inc. ■ Les relations entre *Le Devoir* et la France ■ La maison d'édition, la librairie et l'agence de voyages du *Devoir* ■ Connaissez-vous votre *Devoir*? ■ Les chroniques de Michel David et de

SOUVENIR DU VOYAGE DU DEVOIR EN ONTARIO, 16-22 AOÛT 1925,
CHEZ LE LIEUTENANT GOUVERNEUR À TORONTO, 21 AOÛT 1925.

SOUVENIR OF "LE DEVOIR" TOUR THROUGH ONTARIO, AUGUST 16th 22nd 1925,
TAKEN AT GOVERNMENT HOUSE, TORONTO, AUGUST 21st 1925.

LE DEVOIR
FONDÉ PAR HENRI BOURASSA LE 10 JANVIER 1910. FAIS CE QUE DOIS !
**Assistante à la direction** LAURENCE MARTIN
**Conseiller graphique** CHRISTIAN TIFFET

**Éditrice adjointe** PASCALE MONGEON
**Design graphique** CHRISTINE HÉBERT
**Infographie** JOHANNE LEMAY
**Traitement des images** MÉLANIE SABOURIN
**Révision** JOCELYNE DORION
**Correction** ANNE-MARIE THÉORÊT, SYLVIE TREMBLAY

**Catalogage avant publication de Bibliothèque et Archives nationales du Québec et Bibliothèque et Archives Canada**

Vedette principale au titre :

Le Devoir : un siècle québécois

Comprend des réf. bibliogr.

1. Devoir (Montréal, Québec) - Histoire.
2. Québec (Province) dans la presse.
3. Québec (Province) - Histoire - 20e siècle.
I. Nadeau, Jean-François, 1970- .

PN4919.M6D4 2010 071'.1428 C2010-941963-4

Suivez les Éditions de l'Homme sur le Web.

Consultez notre site Internet et inscrivez-vous à l'infolettre pour rester informé en tout temps de nos publications et de nos concours en ligne. Et croisez aussi vos auteurs préférés et l'équipe des Éditions de l'Homme sur nos blogues !

www.editions-homme.com

DISTRIBUTEUR EXCLUSIF :

- Pour le Canada et les États-Unis :
  MESSAGERIES ADP*
  2315, rue de la Province
  Longueuil, Québec J4G 1G4
  Tél. : 450 640-1237
  Télécopieur : 450 674-6237
  Internet : www.messageries-adp.com
  * filiale du Groupe Sogides inc.,
  filiale du Groupe Livre Quebecor Media inc.

Imprimé au Canada

10-10



Dépôt légal : 2010
Bibliothèque et Archives nationales du Québec

ISBN 978-2-7619-2975-2
ISBN 978-2-7619-2983-7 (édition de luxe)

Nous remercions Bibliothèque et Archives nationales du Québec de leur soutien dans la publication de cet ouvrage.

Bibliothèque et Archives nationales Québec

Gouvernement du Québec – Programme de crédit d'impôt pour l'édition de livres – Gestion SODEC – www.sodec.gouv.qc.ca

L'Éditeur bénéficie du soutien de la Société de développement des entreprises culturelles du Québec pour son programme d'édition.

Le Conseil des Arts du Canada
The Canada Council for the Arts

Nous remercions le Conseil des Arts du Canada de l'aide accordée à notre programme de publication.

Nous reconnaissons l'aide financière du gouvernement du Canada par l'entremise du Fonds du livre du Canada pour nos activités d'édition.

LES EDITIONS DE
L'HOMME
Une compagnie de Quebecor Media

LE ROBERT
LE ROBERT
LE ROBERT
LE ROBERT
DES NOMS PROPRES

# LE SIECLE DU DEVOIR

Le 10 janvier 1910 paraissait à Montréal le premier numéro d'un nouveau journal. C'était *Le Devoir*. Son fondateur, Henri Bourassa, y traçait, dans un éditorial publié à la une, la route que ce quotidien allait suivre : « Pour assurer le triomphe des idées sur les appétits, du bien public sur l'esprit de parti, il n'y a qu'un moyen : réveiller dans le peuple, et surtout dans les classes dirigeantes, le sentiment du devoir public sous toutes ses formes, devoir religieux, devoir national, devoir civique. »

Tout au long de ses cent ans d'existence, *Le Devoir* a été fidèle à sa mission. Il s'est fait l'avocat de la moralité publique, du progrès social, des droits et des libertés. Il a « appuyé les honnêtes gens et dénoncé le coquin ». Il a soutenu les plus faibles. Il s'est porté à la défense de la langue et de la culture françaises. En toutes choses, il a accompagné le développement de la société québécoise. Son engagement envers un journalisme de qualité en a fait une institution dont la réputation rejoint toute la francophonie.

Bourassa a voulu ce journal indépendant. Il l'est toujours. *Le Devoir* n'est au service d'aucune idéologie ni d'aucun parti, sinon de ses lecteurs. Ses journalistes ont, dans cet espace de liberté, écrit l'histoire du Québec. Sur quelque 30 000 numéros parus à ce jour, ils ont fait le compte rendu de l'actualité du jour, la grande comme la petite. À travers ce livre, nous vous proposons de revivre ces moments. En deux cents pages, nous ne pouvons prétendre à l'exhaustivité, mais nous tenterons de montrer le chemin parcouru par la société québécoise au cours du siècle du *Devoir*. On verra qu'il a été attentif à tous les secteurs d'activité de la société. Qu'il a été de tous les débats, n'hésitant pas, lorsque c'était nécessaire, à les provoquer. Qu'il y a participé avec pour seule préoccupation le bien public.

Au cours de ce siècle, *Le Devoir* a été confronté à toutes sortes de difficultés et d'oppositions. Sa liberté a toujours dérangé, mais elle fut aussi sa force. C'est pour cette liberté que les lecteurs ne l'ont jamais abandonné. Aujourd'hui, *Le Devoir* fait son entrée dans un nouveau siècle porté par les nouvelles technologies de l'information. Elles lui ouvrent de nouvelles avenues. De nouveaux modes de diffusion lui permettront d'élargir son audience. Mais toujours il sera inspiré par les valeurs de liberté, d'égalité, de solidarité et d'intégrité qui ont été les siennes ces cent dernières années.

BERNARD DESCÔTEAUX

**THÉÂTRE**
Grand vertige en vue au Rideau vert
**Page E 3**

**CINÉMA**
Douze Russes en colère
**Page E 11**

# CULTURE

PHOTO: JACQUES GRENIER LE DEVOIR

DESIGN: TIFFET

# La grande mue

## Yann Perreau lance *Un serpent sous les fleurs*

## DES CARACTÈRES DE PLOMB

# JUSQU'À AUJOURD'HUI

**Jean Dion**

En 1935, question de souligner son premier quart de siècle d'existence, *Le Devoir* publie un « numéro-souvenir » destiné à éclairer ses lecteurs sur son propre fonctionnement. Le document sera plus tard repris sous la forme d'un livre de 180 pages intitulé *Comment se fait le « Devoir »*. Plusieurs plumes sont conscrites et tout y passe, de l'évocation d'une journée type jusqu'aux sujets couverts en passant par les plus infimes détails techniques d'impression.

Qu'est-ce qu'un journal? Un « miracle quotidien », écrit d'entrée de jeu le directeur, Georges Pelletier, qui ajoute : « Vous lisez à deux heures à Montréal ce que le premier ministre de France a dit à deux heures au Palais-Bourbon à Paris, ou ce que Goering a déclaré aux nouvellistes dans l'antichambre de Hitler à Berlin : la distance et le temps n'existent plus. »

Pour arriver au produit final, une armée de travailleurs a été mise à contribution, chacun connaissant parfaitement sa tâche et sa place dans la chaîne. « Vous vouliez les nouvelles ? Les voici compilées, classées, illustrées, traduites, imprimées, livrées en vitesse. Vous n'avez qu'à choisir, sans même donner une pensée à ceux qui ont préparé tout cela pour vous. Le plus sédentaire liseur de journal peut ainsi faire en un quart d'heure le tour du monde et revenir chez lui sans s'être dérangé, sans avoir pensé à son conducteur, sans l'avoir même jamais vu », poursuit-il.

Pelletier insiste aussi sur la nécessité, pour le journal, de surprendre le lecteur et, pour ce dernier, d'être disposé à remettre en question ses propres idées : « Voyez la page des articles. Ils sont tantôt longs, tantôt laconiques. Si le journaliste qui les a faits connaît son métier, s'il a du talent, de l'expérience, il vous dit en cent ou deux cents lignes ce qui lui paraît qu'on doit en penser. S'il a du sens commun, de l'honnêteté, s'il écrit convenablement, avec intelligence, bonne foi, lisez-le, même s'il heurte votre opinion. Lorsque vous causez avec quelqu'un, préférez-vous ne parler qu'avec des gens qui entretiennent de tout, tout le temps, la même idée que vous ? Et pourquoi certaines pages de rédaction ne sont-elles à peu près jamais lues ? Parce qu'elles sont ternes, sans couleur, ne disent rien que ce que tout le monde pense banalement, qu'elles n'incitent pas à la réflexion.

« L'homme qui pense tout le temps comme vous, ne diffère jamais d'avis avec vous, celui-là n'est-il pas du dernier ennuyeux ? L'article de rédaction, donc, doit être neuf, personnel. Il doit renfermer du nouveau ; car il est de l'essence du journal d'être neuf, d'apporter de l'inédit. Or, ce que vous pensez, cela est-il si neuf pour vous ? Le neuf, ne serait-ce pas ce que pensent les autres ? »

**POLITIQUE**
Les assistés sociaux traînent Québec en cour
Page A 3

**CULTURE**
Fred Fortin: chanter engagé
Page E 1

www.ledevoir.com

# LE DEVOIR

VOL. XCV N° 253 — LES SAMEDI 6 ET DIMANCHE 7 NOVEMBRE 2004 — 2,18$ + TAXES = 2,50$

## La main de Bush

### *De quoi seront faites les quatre prochaines années?*

**Parti en week-end savourer sa victoire à Camp David, la résidence secondaire de la présidence, George W. Bush tourne le dos aux supputations qui entourent son second mandat. De quoi seront faites les quatre prochaines années? Prospective.**

GUY TAILLEFER

Et maintenant, quoi? L'hebdomadaire new-yorkais de gauche *The Nation* dresse sur le mode ironique et navré la liste des choses auxquelles on peut s'attendre sous Bush II: érosion accentuée de la séparation entre l'Église et l'État; plus d'invasions préventives, possiblement contre l'Iran, la Syrie ou la Corée du Nord; plus de législations antihomosexuelles; plus d'initiatives environnementales comme Clear Skies et Healthy Forests, destinées à faire exactement le contraire de ce que leur nom indique; plus de raids sur Fallouja, de déréglementation des médias, de réduction de taxes bénéficiant aux super-riches... Et plus d'alertes colorées et de «freedom fries».

Sur sa page Internet, le cinéaste Michael Moore donnait hier, comme s'il préparait son prochain film, 17 bonnes raisons «*de ne pas se trancher les poignets*». En voici quelques-unes: Bush ne pourra plus se représenter; le seul groupe d'âges à avoir voté pour John Kerry est celui des jeunes adultes (54 % pour Kerry, 44 % pour Bush), «*prouvant une fois de plus que vos parents ont toujours tort et qu'il ne faut jamais les écouter*»; 88 % des électeurs de Bush étaient blancs alors que, dans 50 ans, les Blancs ne seront plus majoritaires aux États-Unis; enfin — «*le plus important*» —, 55 millions d'Américains ont voté pour un candidat

VOIR PAGE A 12: BUSH

## Objectif: éviter le chaos

### *Réunion extraordinaire de 13 mouvements palestiniens à Gaza*

Paris et Gaza — La direction et les mouvements palestiniens se préparaient hier à la disparition de Yasser Arafat et tenaient des réunions pour éviter le chaos dans les territoires tandis que les Palestiniens attendaient des nouvelles de leur dirigeant, inquiets pour leur avenir.

Dans la banlieue parisienne, le médecin-général chargé de communication du service de santé des armées a déclaré hier que l'état de santé du président de l'Autorité palestinienne, hospitalisé à l'hôpital Percy, ne s'était pas aggravé depuis la veille.

Les représentants de 13 mouvements palestiniens, y compris les mouvements radicaux Hamas et Jihad islamique, ont pris part à une réunion extraordinaire à Gaza et sont convenus de maintenir l'unité afin de prévenir une situation de chaos en cas de décès de Yasser Arafat.

«*Nous ferons de notre mieux pour maintenir* [l'unité palestinienne] *et empêcher un conflit interne. C'est une heure historique et nous devrons y faire face dans l'unité*», a déclaré Sami Abou Zahri, porte-parole du Hamas.

«*La priorité est de maintenir l'unité des rangs palestiniens, de contrôler la situation et de poursuivre l'intifada*», a de son côté affirmé Khaled al-Batch, un responsable du Jihad islamique.

Les représentants de ces mouvements, rassemblés au sein de la «Coalition des forces nationales et islamiques», se sont réunis dans les locaux du Parlement

**L'état de santé de Yasser Arafat ne s'est pas aggravé depuis jeudi**

voyager, pour rafraîchir et élargir ses horizons: la besogne quotidienne ne lui en laisse pas le loisir.»

## «De l'argent que nous n'avons point»

Depuis la refonte de sa maquette par Lucie Lacava au début des années 1990, *Le Devoir* remporte régulièrement des concours internationaux pour sa mise en page. Il a été sacré plus d'une fois «plus beau journal du monde» par la Society for News Design.

En 1935, Omer Héroux occupe le poste de rédacteur en chef du *Devoir.* Il explique que, comme ses camarades, il fait «un peu de tout». La raison: les effectifs insuffisants, conséquence de la «pauvreté financière» du journal. «Le caractère même du *Devoir,* son indépendance des partis et des clans, son souci de choisir dans l'annonce, le fait qu'il s'installait sur un terrain déjà largement occupé réduisent nécessairement au minimum ses ressources.

«Le rédacteur en chef, poursuit Héroux, n'a rien à faire avec l'administration du journal; mais il n'est pas beaucoup de ses camarades qui ressentent plus vivement que lui la pauvreté du *Devoir.* Il aurait des projets tout plein la tête. Impossible de les réaliser. Cela coûterait de l'argent que nous n'avons point. Il sent bien qu'il lui faudrait sortir, voir des gens,

## La crème de l'information

Louis Dupire, pour sa part, est le secrétaire de la rédaction. Il se décrit comme le «contact man», la courroie de transmission entre le journal et le public qui s'adresse à lui.

«Si vous voulez être bien accueilli dans un bureau de rédaction, n'y paraissez jamais avant la fin de la matinée, conseille-t-il. Si vous tenez à être reçu joyeusement, venez l'après-midi où la détente du déjeuner aura effacé toutes les marques de tension. Vous serez surpris que ce monsieur que vous avez vu le matin si bourru, si bousculeur, vous présente, l'après-midi, sa meilleure chaise, son meilleur visage et son meilleur cigare.»

Louis Robillard est le chef du service des nouvelles. Il fait l'éloge de la taille du *Devoir* à côté de journaux beaucoup plus grands. «Nous servons les nouvelles en comprimés. Ils les servent diluées, écrit-il. L'exiguïté de notre espace fait notre force. Le peu de colonnes dont nous disposons nous oblige à écrémer le flot de faits divers, de dépêches, de correspondances et de communications que le courrier, le téléphone, le télégraphe ou le télétype nous apportent à toutes les minutes du jour. Nous offrons la crème de l'information quotidienne. Et l'on sait que la vraie crème est de plus en plus rare et qu'elle se vend en petites bouteilles.»

LE DEVOIR 1910-1947
LE DEVOIR 1948-1983
LE DEVOIR 1984-1992
LE DEVOIR 1993-2010

### Des « concerts-boucane »

Chargé de l'affectation des journalistes, Robillard décrit de manière pittoresque leur métier et les conditions dans lesquelles ils l'exercent:

« Le reporter, même s'il se couche tard ou pas du tout, par devoir professionnel, est au bureau à 7 h 30 du matin, prêt à endosser le harnais. C'est l'heure réglementaire. Après avoir pris connaissance des nouvelles publiées par les journaux du matin, particulières à leur service, et que leur sert le chef de bureau; après avoir rédigé leurs comptes rendus et abattu un peu de besogne routinière, les reporters courent (car tout se fait en vitesse dans les journaux) à la morgue, à la police, à l'hôtel de ville, à l'archevêché, au palais de justice, à l'université, chez les pompiers, dans les hôtels, etc. Là chacun exerce son zèle, son flair, son sens de la nouvelle, son entregent. »

Puis, « le soir, ces mêmes reporters vont à des concerts-boucane, des concerts sans boucane, des soirées paroissiales (fort intéressantes pour les gens du quartier), des banquets oratoires, des marathons d'éloquence électorale avec beaucoup de boucane... »

Quelles qualités sont requises pour se distinguer dans le monde du journalisme? « Le parfait reporter, dit Robillard, doit posséder un complexe supérieur: endurance au travail et à l'insomnie, bonne santé, bon estomac et bons yeux, voilà pour le physique; débrouillardise, diligence, vigilance, clairvoyance, entregent, omniscience, véracité et droiture, voilà pour le moral.

« Nous disons bon estomac, ajoute-t-il, car sans cesse invité, il doit toujours trouver le menu bon. Il devra avaler sans grimace le mauvais scotch qu'un politicien lui offre, car cela incline aux confidences *(In whisky veritas)*. Il aura la digestion facile, pour que, aussitôt le banquet fini, il puisse se courber sur son calepin et inscrire trois heures durant les discours qu'on prononcera. Le journaliste, conclut Robillard, « est un des personnages les plus intéressants parmi nos contemporains et qui pourrait être le héros d'un roman d'aventures. Il acquiert une connaissance profonde de hommes et des choses. Et la plupart de nos "grands" hommes lui paraissent petits, à force de les fréquenter. S'il racontait ce qu'il sait... »

Impression du journal à l'imprimerie Quebecor de Saint-Jean-sur-Richelieu, en 2008. À compter de l'année suivante, le journal est imprimé par de nouvelles presses à Mirabel.

Trois quarts de siècle plus tard, les choses ont-elles changé? Évidemment, les moyens de communication ne sont plus les mêmes et ce que l'on considérait jadis comme une transmission rapide de l'information ferait bien rigoler aujourd'hui. Et si, *Le Devoir* étant devenu un quotidien du matin dans les années 1950, le reporter n'a plus à être au bureau à 7 h 30, il lui revient en revanche toujours d'exercer « son zèle, son flair, son sens de la nouvelle et son entregent » pour faire un bon travail. Et une autre chose demeure: s'il racontait tout ce qu'il sait, on aurait droit à de sacrées histoires...

Québec, Mercredi, 15
ELEC
JOURNAL DU
DEME
NATION
AL DU DIMANCHE

# AUX ORIGINES

## chapitre 1

# NAISSANCE

Jean-François Nadeau

**« *Le Devoir* appuiera les honnêtes gens et dénoncera les coquins. »**

Il a fallu dix-huit mois d'efforts à Henri Bourassa pour réunir les hommes et les conditions propices à la fondation du *Devoir,* un journal pour lequel il multiplie les coupe-feu afin d'assurer son indépendance. Un siècle plus tard, le journal n'est tombé entre les mains d'aucun groupe financier. Son directeur, comme au temps d'Henri Bourassa, en demeure le propriétaire principal pour la durée de l'exercice de ses fonctions, en accord avec le conseil d'administration de l'entreprise.

«Ce journal n'a pas besoin d'une longue présentation, écrit Bourassa dans le premier numéro. On connaît son but, on sait d'où il vient, où il va.» Quel est ce programme? Bourassa le résume en quelques mots: «*Le Devoir* appuiera les honnêtes gens et dénoncera les coquins.» En retrait des pouvoirs d'argent, «*Le Devoir* a les mains nettes, dira Henri Bourassa en 1920, et la bourse légère».

À l'époque de sa fondation, *Le Devoir* nage encore dans les eaux d'un XIX^e^ siècle qui s'étire dans les longues jupes du catholicisme et d'un système politique dominé, depuis 1896, par la figure de Sir Wilfrid Laurier. Mordant, engagé, *Le Devoir* n'en appartient pas moins à l'univers de la presse catholique et d'un nationalisme conservateur.

Dans un discours prononcé au Monument-National dix ans après la fondation du *Devoir,* l'abbé Philippe Perrier, nationaliste ardent, explique qu'en 1910 existait «une petite presse radicale et libre penseuse qui cherchait à pervertir les intelligences». La presse militante de l'époque, souvent de type satirique, comptait plusieurs imprimés depuis le milieu du XIX^e^ siècle. À mesure que le pouvoir clérical se renforce, ces journaux se mettent progressivement à battre de l'aile. *Le Devoir* profite d'un nouvel élan du pouvoir religieux que consolide justement l'apparition de journaux d'obédience catholique.

La naissance du *Devoir* s'inscrit dans un mouvement des catholiques laïques pour proposer une vision religieuse du monde social. À Ottawa, *Le Droit* devient le quotidien catholique «à encourager». À Québec, l'archevêché s'est lancé tête première dans l'aventure du journal *L'Action sociale* devenu *L'Action catholique*. L'expérience coûte beaucoup, et c'est à dessein que l'Église encourage, de plus ou moins loin, la naissance et le développement d'une presse sensible à la pensée religieuse à laquelle elle n'est pas directement liée.

Sous la direction de Bourassa, *Le Devoir* s'affirme comme indépendant des partis politiques et des grands intérêts financiers, dans une volonté de défendre d'abord les intérêts des Canadiens français. Le journal cherche à comprendre l'information et à la rendre intelligible plutôt qu'à simplement la rapporter. Dès le premier numéro du *Devoir,* Bourassa annonce qu'il sera, «en matière religieuse, soumis de cœur et d'esprit à l'autorité de l'Église». Toutefois, à la différence de journaux directement liés aux autorités ecclésiastiques, *Le Devoir* assume son autonomie, ce qui le conduira à défendre farouchement son indépendance intellectuelle, même devant le pouvoir de l'Église.

Six autres journaux du début du XX^e^ siècle : *La Vérité, L'Électeur, Le Nationaliste, La Patrie, La Presse, The Empire.*

Quebec Samedi 21 Aout 1897
LA VÉRITÉ
JOURNAL HEBDOMADAIRE
No 4
Edition quotidienne
Québec, Mercredi, 15 Avril 1896
L'ELECTEUR
JOURNAL DU SOIR
16e année, No 229
DEMENAGE
L'HUILE DE FOIE DE MORUE
LE NATIONALISTE
JOURNAL DU DIMANCHE
"DROIT AU BUT"
Dimanche 11 SEPTEMBRE 1904
Le programme nationaliste
Septembre
La Patrie
DIX PAGES
MONTREAL
30 OCTOBRE 1900
DOCUMENT TRES IMPORTANT
"Croyez-vous donc que nous ayons tant à nous plaindre"
de pères de famille du Manitoba
LAURIER DONNE SATISFACTION
TOUTES LES ECOLES
EN OPERATION
du Manitoba sont
LA PRESSE
MONTREAL VENDREDI 20 NOVEMBRE 1896
L'AFFAIRE DU
CAPT. DELISLE
ECOLES
The Empire.
THE NEW CANADIAN LOAN

PREMIERE ANNEE—No. 1

MONTREAL, LUNDI, 10 JANVIER 1910

ABONNEMENTS :

Edition Quotidienne :

Canada et Etats-Unis . . . . . . . . . . $3.00
Union Postale . . . . . . . . . . . . . . $6.00

Edition Hebdomadaire :

Canada . . . . . . . . . . . . . . . . . . $1.00
Etats-Unis et Union Postale . . . . . . $1.50

# LE DEVOIR

FAIS CE QUE DOIS !

Directeur : HENRI BOURASSA.

Rédaction et Administration :
71A RUE SAINT-JACQUES,
MONTREAL.

TELEPHONE :
REDACTION : Main 7460.
ADMINISTRATION : Main 7461

## AVANT LE COMBAT

Ce journal n'a pas besoin d'une longue présentation.

On connaît son but, on sait d'où il vient, où il va.

Nous reproduisons, dans une autre colonne, le programme d'action, déjà connu, de la société dont le *DEVOIR* est la première oeuvre.

C'est ce programme que le journal va faire connaître à la foule, afin d'en assurer la diffusion et le triomphe.

Et comme les principes et les idées s'incarnent dans les hommes et se manifestent par les faits, nous prendrons les hommes et les faits corps à corps et nous les jugerons à la lumière de nos principes.

Le *DEVOIR* appuiera les honnêtes gens et dénoncera les coquins.

* * *

Dans la politique provinciale, nous combattons le gouvernement actuel, parce que nous y trouvons toutes les tendances mauvaises que nous voulons faire disparaître de la vie publique : *la vénalité, l'insouciance, la lâcheté, l'esprit de parti avilissant et étroit.*

Nous appuyons l'opposition, parce que nous y trouvons les tendances contraires : la probité, le courage, des principes fermes, une grande largeur de vues. Ces principes sont admirablement réunis dans la personnalité de son leader, M. Tellier.

Le jour où ce groupe ne suivrait plus les inspirations qui le guident aujourd'hui, il nous trouverait sur sa route pour le combattre comme nous combattons les hommes au pouvoir.

A Ottawa, la situation est moins claire.

Les deux partis s'enlisent dans le marasme où gisait la politique provinciale il y a quelques années.

Le souci de la conquête ou de la conservation du pouvoir semble être leur seul mobile.

Depuis dix ans, des questions vitales se sont imposées à l'étude de nos parlementaires fédéraux : la guerre d'Afrique et l'impérialisme, la constitution des nouvelles provinces et le droit des minorités, la construction du Grand-Tronc-Pacifique et le régime des chemins de fer, l'immigration étrangère et le peuplement du territoire national.

Par une sorte de conspiration les deux groupes parlementaires se sont entendus pour donner à chacun de ces problèmes, une solution où le droit, la justice, l'intérêt national ont été sacrifiés à l'opportunisme, aux intrigues de partis ou, pis encore, à la cupidité des intérêts individuels.

A l'heure même où nous entrons en scène, le parlement est saisi d'une question de la plus haute importance qui n'est qu'un épisode nouveau du mouvement impérialiste : la construction d'une marine canadienne.

Assisterons-nous à une répétition de la comédie de 1899 ? Le peuple canadien sera-t-il la dupe des machinations et des misérables intrigues des partis ?

Le discours retentissant de M. Monk, à Lachine, nous donne l'espoir que la situation dangereuse et abrutissante où nous gisons ne durera pas.

Le député de Jacques-Cartier peut être assuré de notre appui, s'il maintient son attitude avec fermeté, logique et persévérance.

* * *

Pour assurer le triomphe des idées sur les appétits, du bien public sur l'esprit de parti, il n'y a qu'un moyen : réveiller dans le peuple, et surtout dans les classes dirigeantes, le sentiment du devoir public sous toutes ses formes : devoir religieux, devoir national, devoir civique. De là le titre de ce journal qui a étonné quelques personnes et fait sourire certains confrères.

La notion du devoir public est tellement affaiblie que le nom même sonne étrangement à beaucoup d'oreilles honnêtes.

Quant aux boutiques où, sous couleur de journalisme, on bat monnaie en exploitant la badauderie du public, les fonds secrets des gouvernements et la caisse des grandes compagnies, en vendant en gros ou en détail, principes, idées et programmes, le mot comme la chose doivent, en effet, y créer une impression divertissante.

Cet étonnement et ces rires nous confirment dans la pensée que notre oeuvre est urgente et le nom bien choisi.

Du reste, qu'on ne s'effraie pas de l'austérité du titre : le devoir n'exclut pas la gaieté, au contraire.

Sans doute, nous ne donnerons pas à nos lecteurs le genre de joyeusetés qu'on trouve à foison dans les journaux "à grand tirage et à petites images", comme les appelait, un jour, un modeste confrère ; mais nous aurons une rédaction assez variée pour rendre le *DEVOIR* aussi agréable qu'utile.

Sur toutes choses — fond ou forme — nous n'avons pas songé un instant qu'il serait possible de plaire à tout le monde ni d'atteindre à la perfection. Notre ambition se borne à chercher à faire de notre mieux ce que nous prêchons : le devoir de chaque jour.

Nous espérons mériter la bienveillance, l'encouragement et les bons conseils des gens d'esprit et de bien. Quant aux autres, nous n'en avons cure.

HENRI BOURASSA.

## A NOS AMIS

*Les lecteurs du "DEVOIR" sont tous ou presque tous nos amis.*

*Le "DEVOIR" n'épargnera, pour défendre les idées qui nous sont chères à tous, aucun effort, aucun sacrifice. Nous sommes également assurés de la bonne volonté et du dévouement de nos amis.*

*Ils peuvent nous aider de maintes façons : en s'abonnant d'abord, et en faisant abonner leurs amis ; en nous réservant leur publicité : réclames, cartes d'affaires, avis judiciaires, etc. ; en nous communiquant, sur les questions d'intérêt général, tous les renseignements qui viennent à leur connaissance, etc.*

*C'est peu de chose que de donner un coup de téléphone au journal (Main 7460) ou de mettre sous enveloppe un billet de cinq ou dix lignes, une simple découpure. Et pourtant ces indications sommaires peuvent être le point de départ d'une grande enquête ou, tout au moins, fournir au journal le moyen de compléter et parfois de rectifier une information antérieure.*

*C'est avec les petits ruisseaux que se font les grandes rivières....*

*Nous comptons sur nos amis.*

*Ils peuvent compter sur nous.*

## Nous sommes d'aussi bonne race...

## Le "congrès" de ce soir

## LA VIE QUEBECOISE

## LES ELECTIONS MUNICIPALES

## L'AFFAIRE DUSSAULT-TURGEON

### LE DEUXIEME ACTE DE LA COMEDIE

## BILLET DU SOIR

### MON ENCRIER

## LE CARDINAL SATOLLI

## NOTRE CHRONIQUE FINANCIERE

Deux amis célèbres des débuts du journal : Olivar Asselin et Jules Fournier. Un important prix de journalisme porte aujourd'hui le nom de Jules-Fournier. Il souligne la qualité exceptionnelle du français de ses récipiendaires. Parmi ceux-ci, on remarque un grand nombre de journalistes et de chroniqueurs du *Devoir*, dont Nathalie Petrowski, Guy Deshaies, Gilles Lesage, Jean-V. Dufresne, Odile Tremblay, Josée Blanchette, Pierre Bourgault, Christian Rioux, Robert Lévesque, Jean Dion et Danielle Laurin.

Autour de Bourassa, quelques noms célèbres comptent parmi les premiers collaborateurs, dont Jules Fournier, Olivar Asselin, Omer Héroux et Georges Pelletier. Dans une lettre personnelle, Bourassa confiera à Asselin que c'est en bonne partie sur son insistance qu'il se lance dans cette aventure journalistique. Le 4 octobre 1909, Olivar Asselin écrit, à l'encre mauve, à Bourassa : « [...] dans l'espoir d'en arriver à une entente ultérieurement sur les questions qui nous séparent, je consentirais à me mettre tout de suite au travail pour votre journal – de quelque nom qu'il s'appelle ». Ce sera *Le Devoir*. Depuis 1955, la Société Saint-Jean-Baptiste de Montréal remet à sa convenance un prix Olivar-Asselin à un journaliste qui s'est distingué dans sa profession.

Les premiers journalistes du *Devoir* sont choisis conformément aux principes et à la pensée qui président à l'existence du journal. Cette unité de fond est favorisée par le fait que les journalistes sont invités à signer leurs articles, pratique encore peu courante à l'époque. Chacun engage donc sa responsabilité personnelle dans le journal. À cet égard, Bourassa dira, en 1915, laisser ses collaborateurs parfaitement libres : « Je n'ai jamais donné un ordre à un seul de mes rédacteurs, pas même une direction. » À l'occasion du dixième anniversaire du journal, il soulignera que cette situation n'a pas changé. Bien entendu, les positions du journal n'en sont pas moins déterminées par son directeur, ne serait-ce que par le choix qu'il fait de ses collaborateurs.

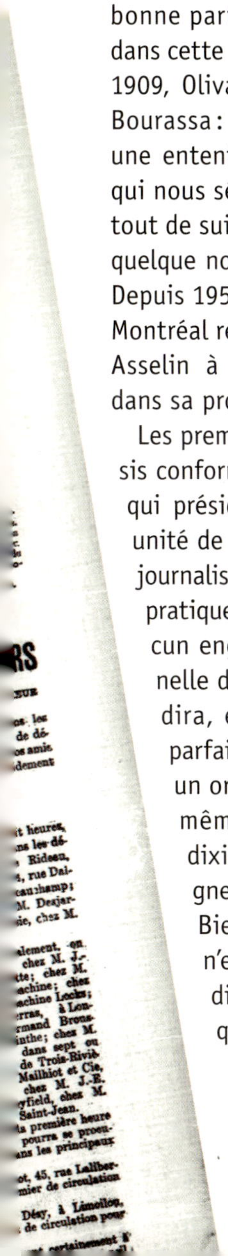

Première édition du *Devoir*, lancée le lundi 10 janvier 1910.

Journaliste et pamphlétaire, Jules Fournier figure parmi les premiers journalistes du *Devoir*. Dans le numéro inaugural, Fournier se félicite d'avoir un « bel encrier tout neuf » dont l'encre ne gèle pas comme dans d'autres journaux. Jules Fournier est mort en 1918, à l'âge de trente-trois ans, des suites probables d'une pneumonie.

## La grippe espagnole

Le 11 novembre 1918, les Alliés et les Allemands signaient un armistice dans le wagon-bureau du maréchal Foch stationné dans la forêt de Compiègne, non loin de Paris. Un mois plus tôt, le 11 octobre, le Bureau de santé de la cité de Montréal publiait une ordonnance imposant une mise en quarantaine quasi complète de la ville. Un autre front meurtrier s'était ouvert et *Le Devoir* titrait : « Influenza – Guerre ouverte contre l'épidémie ». Le terrible virus s'était infiltré au Canada à l'automne, avec les soldats démobilisés. En six mois, la grippe espagnole fauchera 50 000 Canadiens, dont 14 000 Québécois parmi lesquels plus de 3000 Montréalais.

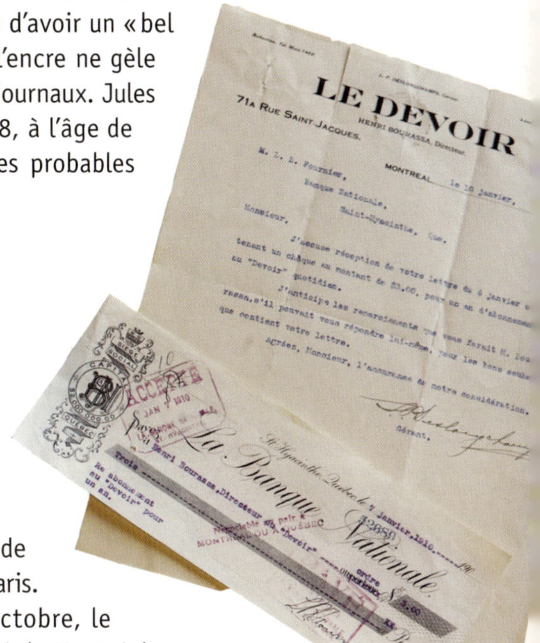


Chèque d'un premier abonnement, payé le 7 janvier 1910 et accusé de réception rédigé au nom d'Henri Bourassa, daté du 10 janvier 1910, premier jour de publication.

Le mardi 22 octobre 1918

# Autour de l'épidémie – Pour les orphelins

Omer Héroux

La virulence et la persistance de l'épidémie de grippe posent un problème d'une angoissante gravité.

Le nombre des morts est considérable et, pour une forte proportion, les décès se produisent dans des ménages aux ressources très modestes, où les enfants sont nombreux déjà, mais encore inaptes à prendre soin d'eux-mêmes.

En certains cas, ces malheureux petits pourront être recueillis par des parents; mais il est d'autres cas où cela semble impossible. Il n'existe point de parents rapprochés ou, si ceux-ci existent, ils sont déjà surchargés d'obligations. On cite à ce propos des faits navrants.

Un homme très mêlé aux œuvres d'assistance, et dont nous ne faisons que transcrire ici l'avertissement, nous disait: Les asiles préparés par la charité chrétienne seront bientôt, s'ils ne le sont déjà, débordés. Que ferons-nous alors? La tragédie de la mort étreint tous les cœurs, mais celle de la vie est aussi douloureuse. Beaucoup de ceux qui disparaissent nous disent: Mourir soit! mais qu'adviendra-t-il de nos petits?

Et notre ami ajoutait: N'y aurait-il pas moyen de faire surgir dans les différentes paroisses affectées, et qui ne possèdent pas d'établissements suffisants, des institutions où les enfants pourraient jouir encore d'une certaine vie de famille, où l'époux survivant, quand la mort n'a point fauché le père et la mère, pourrait retrouver ses petits?

Les solutions peuvent être diverses, mais le problème est urgent. On ne peut encore prévoir quelle en sera finalement la gravité, mais on la devine déjà énorme.

Puis, ce problème touche à toutes les questions. Ces petits enfants, il faut non seulement leur conserver la vie du corps, leur assurer le moyen de se faire une place

De la grippe espagnole en 1918 jusqu'à la crise provoquée par la psychose de la grippe H1N1 en 2009, l'humanité mène un guerre permanente contre la maladie dont l'évolution des modalités traduit souvent ses inquiétudes les plus profondes.

dans le monde; il faut encore leur conserver la vie de l'âme. Il faut empêcher qu'ils restent à la merci d'occasions mauvaises ou qu'ils risquent d'échanger contre des soins matériels le trésor de leur foi. Pour ceux qui sont de race française – et ils seront forcément nombreux – nous devons empêcher aussi qu'ils soient une perte pour leur groupe ethnique.

Nous n'apportons pas ici de solution totale au problème qui se pose. D'ailleurs, il faudra peut-être, pour y faire face, combiner et coaliser toutes les solutions bienfaisantes, solliciter la charité des particuliers qui pourront recueillir des orphelins, développer et fortifier les institutions anciennes, en créer de nouvelles.

À la demande d'un homme qui a vu, qui a entendu, qui vit au milieu de cette douleur, nous jetons tout de suite un appel auquel beaucoup d'autres sans doute ont déjà pensé: Songeons à eux qui restent, à tous ces petits qui n'auront plus de foyer, à ces pères restés seuls qui, les larmes aux yeux, vous disent: Il faut tout de même que je gagne la vie de mes enfants! Mais qui, pendant ce temps-là, en prendra soin?

Ce cri, qui montait des cœurs longtemps avant d'être jeté sur le papier, a déjà suscité d'admirables dévouements. Puisse l'écho que nous sommes heureux de lui donner ici multiplier ces dévouements, leur apporter de nouveaux, de plus efficaces moyens d'action!

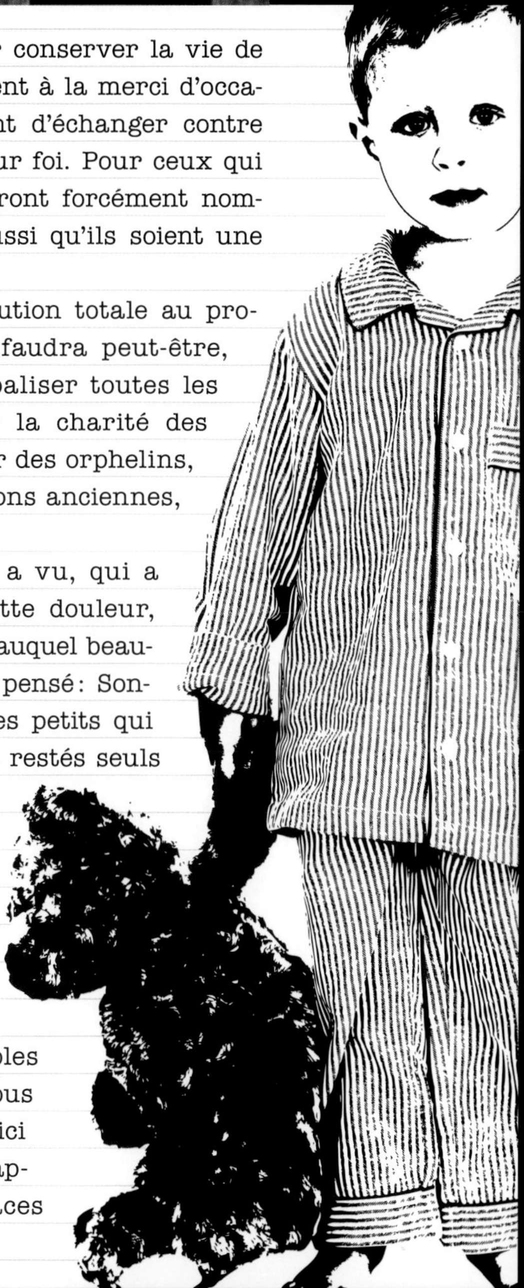

# Au milieu d'une ville

Au milieu d'une ville dont la plupart des services publics fonctionnent en anglais, la bibliothèque publique de Montréal, défendue bec et ongles par une femme de caractère telle Éva Circé-Côté, apparaît comme un des très rares centres de diffusion de savoirs ouverts à toute la population. Faute de pouvoir compter sur un système d'enseignement digne de ce nom, la population canadienne-française n'est à peu près pas éduquée. Bien que majoritaire, elle doit donc se satisfaire, tant bien que mal, d'emplois de subalternes dans un monde social qui ne lui fait place qu'en anglais. Peuple de manœuvres et de porteurs d'eau, les Canadiens français? *Le Devoir* tente de défendre à sa manière les vertus d'une affirmation nationale des Canadiens français, tout en continuant bien sûr de se préoccuper de la course du monde. Les catastrophes maritimes – le naufrage du *Titanic* et de l'*Empress of Ireland* notamment – retiennent, entre autres choses, beaucoup l'attention à cette époque où le journal publie quotidiennement la liste d'arrivées et de départs des bateaux des différents ports.

*L'Empress of Ireland* sombre dans les eaux froides du Saint-Laurent en 1914.

UN SOU LE NUMERO

TROISIEME ANNEE—No. 86 MONTREAL, VENDREDI 12 AVRIL, 1912

ABONNEMENTS:
Edition Quotidienne:
CANADA ET ETATS-UNIS ..... $3.00
UNION POSTALE ..... $6.00
Edition Hebdomadaire:
CANADA ..... $1.00
ETATS-UNIS ..... $1.50
UNION POSTALE ..... $2.00

LE DEVOIR

Directeur: HENRI BOURASSA

FAIS CE QUE DOIS!

Rédaction et Administration:
71a RUE SAINT-JACQUES
MONTREAL
TELEPHONES:
ADMINISTRATION: Main 7461
REDACTION: Main 7460

16 AVRIL 1912

## LE PLUS TERRIBLE SINISTRE MARITIME DES TEMPS MODERNES

*1234 personnes ont été englouties avec le Titanic vers 2 h.20 hier matin. —Telle est la stupéfiante nouvelle lancée par le capitaine de l'Olympic hier soir.*

*…rsonnes, pour la plupart des femmes et des enfants, ont été recueillies par le "Carpathia" qui se dirige vers New York.*

…vec 1,300 passagers et mate-
…nnes, presque toutes des
…uvelle qui arrive ce matin.
… de doute possible sur la
…espoir, bien mince, il est
…rrivés à temps pour en
…e l'Olympic, le Carpa-
…capitaine Maddock a
…l'emplacement du Ti-
…ots et des débris. Le
…16 de latitude nord et
… près 675 personnes,
…'on a sauvés sont des
…rnian, de la ligne Ley-
…acte du désastre. Les
…nnes."
…ndiquent que les direc-
…hiffre de pertes excessif,
… comprend 2,170 noms et
…. En effet, un autre messa-
…pris 866 passagers à bord.
…nic, un mur de silence semble
…ebot et le monde. On ne saura
…s d'horreur se sont déroulées à
…age qui disait que 675 naufragés
…Carpathia, il s'est écoulé plus de six
…e sort de ceux qui étaient restés.
…s de l'Atlantique, les postes de T. S. F. [Télé-

GOOGLE IMAGES

Le Titanic a coulé avant 3h.

graphie Sans Fil] avaient mis leurs antennes au diapason nécessaire pour saisir les ondes transmises par la centaine de bateaux qui auraient pu arriver à temps, mais rien n'est venu soulager la terrible anxiété du monde tout entier, jusqu'à ce qu'on apprit que le Carpathia avait sauvé 200 personnes de plus que le nombre précédemment donné.

Le Titanic a coulé avant 3 heures et comme le Virginian ne pouvait arriver avant 10 heures du matin, que le Parisian était encore plus éloigné, la White Star elle-même ne peut entretenir d'espoir. […] Le Titanic est à deux milles sous la surface de l'océan, à mi-chemin entre Cape Race et l'île au Sable. […] D'après le Carpathia, le paquebot, qui a frappé l'iceberg à 10 h. 25 dimanche soir, a sombré à 2 h. 20 lundi matin.

SOURCE RADIO-QUÉBEC

Le Titanic lors de la seule escale qu'il fit, à Cherbourg (France), le soir du 10 avril 1912.

19 AVRIL 1912

## Le géant des mers sombre aux sons de la musique

…à New York hier soir.

19 AVRIL 1912

## DEVANT LA CATASTROPHE

Les détails que nous apportent les dépêches de ce matin ne font qu'accentuer l'horreur de la scène qu'avaient entrevue toutes les imaginations. Le nombre des victimes est plus grand encore qu'on ne l'avait cru, les circons-…

Page d'actualité d'époque reconstituée par Pierre Rousseau.

Immigrants Arriving at Montreal

Montreal. - St. Catherine Street and St. James' Church.

In Lafontaine Park, Montreal.

MONTREAL, SHOPPING DISTRICT, ST. CATHERINE ST. W.
DISTRICT COMMERCIAL, RUE STE. CATHERINE OUEST.

MONTREAL, PUBLIC LIBRARY
BIBLIOTHEQUE DE LA VILLE DE MONTREAL
BIBLIOTHÈQUE PUBLIQUE

# LES BEAUX PARADOXES D'HENRI BOURASSA

Michel Lapierre

Bureau d'Henri Bourassa
dans l'ancien immeuble du *Devoir*,
au 434, rue Notre-Dame Est.

En 1914, on inaugure les nouveaux bureaux du *Devoir,* lancé quatre ans plus tôt. « Ne vous gênez pas. Ici, mettez de l'eau bénite en abondance. Il faut éloigner du travail quotidien toutes les tentations du passé… », dit Henri Bourassa, le fondateur, à l'un des ecclésiastiques. Le journal devait s'élever au-dessus de l'esprit partisan et de la vénalité, mais il loge dans un ancien bordel… Bourassa, sans l'avouer, a toujours affectionné le paradoxe.

Qui pourrait en douter après avoir lu *Pourquoi j'ai fondé Le Devoir,* l'ouvrage de Mario Cardinal sur le tribun ? Grâce à un portrait psychologique nuancé et à une minutieuse reconstitution morale de l'époque, il surpasse Robert Rumilly, l'auteur de la première biographie de Bourassa, publiée en 1953, qui avait pourtant eu l'avantage de s'entretenir avec Bourassa et son entourage.

## Chassé du *Devoir*

Cardinal souligne avec une force et une précision qui le démarquent des autres historiens le caractère paradoxal et renversant de la fameuse « démission » de 1932. Cette année-là, le haut clergé, à Québec et à Montréal, emboîtait le pas aux nationalistes, qui s'étaient tournés, depuis déjà quelque temps, contre le directeur fondateur du *Devoir,* leur idole de jadis. L'hostilité tacite de l'archevêché de la métropole risquait de provoquer de nombreux désabonnements. Acculé aux extrémités, Bourassa se devait de se retirer.

Ironie du sort : celui qui avait créé *Le Devoir* pour défendre l'Église et la patrie, comme l'atteste en particulier un petit livre paru en 1921, *La presse catholique et nationale,* recueil de certains de ses meilleurs textes, se voyait désavoué par les tenants les plus en vue, au Québec, des idées auxquelles il avait consacré sa vie au nom d'une mystique intransigeante. En définitive, on le chassait parce qu'il était trop catholique !

Le premier édifice du *Devoir*,
situé rue Saint-Jacques.
*Le Devoir* y restera jusqu'en 1914.

Petit-fils de Louis-Joseph Papineau, chef des soulèvements de 1837-1838, tribun exceptionnel comme ce grand-père qu'il connut à peine, Henri Bourassa fonde *Le Devoir* après s'être fait connaître comme député du Parti libéral de Wilfrid Laurier et principal animateur de la Ligue nationaliste.

## «Je préfère voir les membres du clergé fréquenter les maisons de prostitution plutôt que les bureaux de courtage.»

Bourassa venait de donner une conférence percutante, intitulée *Honnêtes ou canailles ?* (4 mars 1932). Sensible à la perfection évangélique, il y attaquait le clergé en lui reprochant de ne pas toujours employer l'argent de l'Église dans un but religieux. «J'ai peine à comprendre, déclarait-il, comment et pourquoi il s'en trouve une si grande quantité investie dans des entreprises purement financières... Je préfère voir les membres du clergé fréquenter les maisons de prostitution plutôt que les bureaux de courtage.»

Dans sa biographie de Bourassa, Mario Cardinal omet de citer la deuxième phrase du passage. Mais il explique très bien quel désarroi pouvaient causer les propos d'un chrétien qui prenait on ne peut plus au sérieux l'Évangile et le pape en adaptant à sa foi le franc-parler de son grand-père Louis-Joseph Papineau, libre penseur qu'il ne cessera malgré tout d'admirer. Dans la société canadienne-française, bon enfant, routinière et conformiste, Bourassa appartenait à une famille hors du commun.

C'est d'ailleurs en s'appuyant sur l'hérédité du fondateur du *Devoir,* notamment sur la folie dévote de son oncle Lactance Papineau, que Lionel Groulx, qui, chez les nationalistes, le remplaça comme maître à penser, trace avec mesquinerie un portrait de Bourassa le montrant comme un être quelque peu déséquilibré. «Le scrupule religieux – point d'autre hypothèse possible –

Louis-Joseph Papineau, s'adressant à ses partisans avec fougue et passion.

a égaré l'esprit du Bourassa de 1926», écrit le prêtre historien dans ses *Mémoires,* jugement qu'il faut prendre soin de confronter à des opinions plus mesurées.

### Nationalisme, mot suspect

1926 ? C'est l'année cruciale où Pie XI reçoit Bourassa en audience privée et le met en garde contre les outrances du nationalisme, mot suspect qui s'applique souvent au sentiment national des peuples faibles, mais qui, pour Rome, désigne surtout l'ambition plus païenne que chrétienne des peuples puissants. Le pape s'apprête à condamner l'Action française de Paris, sanction que Groulx, même s'il ne se disait pas maurrassien, digérera mal en tant qu'homme de droite, comme en témoigne sa correspondance.

Le biographe a raison de signaler que Bourassa se trouva «réconforté», car, dès le début des années 1920, il se méfiait ouvertement des excès du nationalisme. Ce qui mécontentait beaucoup de ses disciples. Cardinal a conscience que le fondateur du *Devoir* était un incompris. Aussi fait-il une fine analyse des ambiguïtés du sentiment national de Bourassa.

Il sait que, dans *La presse catholique et nationale,* l'ardent défenseur d'un pays bilingue et biculturel souligne toutefois la « banqueroute de la Confédération » et l'échec de la « création d'une véritable patrie canadienne ». Bourassa en arrive à cette conclusion, la plus forte de sa pensée politique : « Nous voici donc, pauvres diables de Canadiens français, avec trois patries, dont pas une n'est à nous. »

Il s'agit bien sûr de la France, de l'Angleterre et du Canada. Avec une franchise brutale, Bourassa précise, en 1921 : « Au Canada, notre seule patrie matérielle, nous ne sommes à peu près chez nous que dans la province de Québec... » Pour lui, l'incapacité de maîtriser l'avenir même du territoire laurentien nous interdit d'oublier que nous ne sommes dans l'Empire britannique « qu'une poignée d'ilotes » et en France « rien de rien ».

Le fondateur du *Devoir* a toujours rejeté le séparatisme. Mais il admettait, dès 1902, que cette option constituait « un rêve légitime et attrayant » et que « le travail des siècles peut le réaliser plus rapidement que les apparences ne l'indiquent ».

**« Nous voici donc, pauvres diables de Canadiens français, avec trois patries, dont pas une n'est à nous. »**

Portrait de Louis-Joseph Papineau, président de la Chambre d'assemblée du Bas-Canada, chef des patriotes de 1837-1838 et grand-père d'Henri Bourassa. Œuvre d'Alfred Boisseau, 1881.

Julie Bruneau-Papineau, épouse de Louis-Joseph Papineau, et Ézilda Papineau, telles que représentées par le peintre Antoine Plamondon.

Maison natale d'Henri Bourassa, située dans la rue du Champ-de-Mars, angle Bonsecours.

Un paradoxe encore plus étrange animera toute sa vie ce catholique rigoriste, parfois séduit par des aspects de la droite mussolinienne ou pétainiste. En 1907, critique sévère, sur la scène québécoise, du gouvernement libéral de Lomer Gouin, il s'écriait, dans un débat: «Je suis le petit-fils de Papineau!... Je suis de ceux pour qui le libéralisme n'est pas un escabeau pour monter, mais une foi et un amour.»

## «Bourassa m'explique Papineau, et Papineau m'explique Bourassa»

Chez Bourassa, chrétien viscéral et anti-impérialiste-né, l'alliance, presque contre nature, du culte de la tradition et du besoin de la liberté se scellait grâce à une véhémence obstinée. Lui-même, dans une conférence sur sa vie prononcée en 1943, leva le voile sur la singularité de son esprit en citant un mot de Wilfrid Laurier: «Bourassa m'explique Papineau, et Papineau m'explique Bourassa.»

La psychologie du catholique intransigeant révélée par celle du libre penseur impénitent, et l'inverse! De cette proposition surprenante, propre à déconcerter tous ceux qui chérissent les lieux communs, Bourassa ose dire: «Il y a un peu de vrai là-dedans...»

Il affirme avoir au moins hérité de son grand-père «une invincible indépendance de caractère». Dans le patrimoine légué par Papineau se trouve, précise-t-il, «une incapacité congénitale de dire ce que je ne pense pas et de ne pas dire ce que je pense». Bourassa et Papineau, selon l'angle que l'on choisit pour les étudier, s'opposent ou se complètent, mais ils restent, chacun en son temps, les défenseurs spontanés du même peuple et de la même liberté.

La symbiose inhabituelle entre la foi profonde et le libéralisme forcené, chez Bourassa, lui viendrait de sa tante célibataire Ézilda Papineau, la sœur aînée d'Azélie, sa mère, morte alors qu'il n'avait guère que sept mois. Comme il le raconte en 1943, c'est cette «naine de trois pieds quatre pouces», autoritaire et très dévote, qui fit de lui un homme. «Elle nous avait élevés, raconte-t-il, dans le culte de Pie IX et de M^gr^ Bourget; et en même temps dans l'horreur des conservateurs.»

Bourassa aime se souvenir que sa tante, qui, dans la demeure où il a grandi, incarnait le libéralisme politique de l'illustre grand-père, s'empressa de fermer les persiennes lorsque passa le cortège funèbre du conservateur George-Étienne Cartier, père de la Confédération, ce régime que Papineau avait condamné avec virulence. «Il n'aurait pas été convenable, écrit avec fierté le fondateur du *Devoir,* que la maison de Papineau ait donné une apparence de sympathie au convoi de Cartier.»

Même s'il critiqua souvent les libéraux, tant sur la scène fédérale que sur la scène provinciale, allant jusqu'à reprocher à Laurier, pour qui il eut toujours beaucoup d'affection, une complaisance à l'endroit de l'impérialisme britannique, Bourassa confesse, à l'âge de soixante-quinze ans: «J'étais en politique rouge vif. Je n'avais rien pris du côté conservateur, ce qui faisait dire à M. Laurier: "Bourassa, c'est un monstre, c'est un Castor rouge; je n'en ai jamais connu d'autres."»

Le terme «Castor» s'applique ici au conservatisme religieux et nullement au conservatisme

Mgr Ignace Bourget, le « Pie IX canadien », comme on le surnommait à l'époque.

politique. Si Bourassa, en plus de garder un excellent souvenir de Mgr Ignace Bourget, évêque ultramontain (c'est-à-dire partisan de la suprématie de la papauté), adhérait à la condamnation du libéralisme par Pie IX (encyclique *Quanta cura* et le Syllabus qui l'accompagne) en 1864, quelques années avant sa naissance, il excluait tacitement et avec subtilité le libéralisme politique de cette condamnation, dont il ne retenait que la portée religieuse et morale.

Cette acrobatie ingénue et presque inavouable, familière aux catholiques libéraux partout dans le monde, se trouvait déjà entérinée plus ou moins ouvertement par Léon XIII, qui succéda à Pie IX en 1878 et qui se montra plus ouvert aux « idées modernes », allant jusqu'à recommander (1890-1892) aux catholiques français, souvent royalistes, de se rallier à la République, régime politique libéral s'il en fut.

Bourassa profita personnellement des idées avancées d'une mince frange de la catholicité. En 1882, son père le confia à un précepteur éminent aux connaissances encyclopédiques, Frédéric André, un Français installé à Montréal, qui avait la particularité, renversante à l'époque, d'être à la fois catholique fervent et républicain convaincu. Le fondateur du *Devoir* parle de ce maître, rencontré après ses études à l'école du Plateau, avec beaucoup d'émotion.

## Plus proche de Woodsworth que de Maurras

« Le reste de ce que j'ai appris, affirme-t-il, je le dois à celui que j'appelle mon père spirituel, Frédéric André, un des types les plus intéressants que j'aie rencontrés de ma vie. » Déjà présente chez lui, l'ouverture d'esprit, renforcée par l'apport de ce catholique libéral, lui permettait, dès 1921, de voir en Charles Maurras « un incroyant, imbu de nationalisme amoral et outrancier », ainsi qu'il l'observe dans *La presse catholique et nationale*.

Au commencement de la montée, en Europe, de droites très nocives dont il ne percevra pas tous les dangers, Bourassa était quand même conscient du caractère néfaste d'un maître qui exerçait une influence, diffuse mais réelle, sur des Canadiens français instruits, fiers de se proclamer, sans circonspection, nationalistes. Il savait que l'animateur de l'Action française de Paris retenait seulement du catholicisme les bienfaits d'une armature sociale et qu'il méprisait l'essence de la foi chrétienne.

Teintée d'antisémitisme, la fameuse saillie maurrassienne qui vilipendait les « Évangiles de quatre Juifs obscurs » ne pouvait que lui montrer qu'un orgueil néopaïen et raciste s'insinuait dans un nationalisme vindicatif et avide de pouvoir. Le dégoût de Bourassa pour une droite hostile à la dimension sacrificielle et humanitaire de l'enseignement du Christ atténue la surprise de le voir sympathiser parfois avec la gauche britannique et anglo-canadienne. Il fait aussi et surtout mieux comprendre pourquoi le fondateur du *Devoir* admirait le travailliste Ramsay MacDonald, premier ministre du Royaume-Uni en 1924 et de 1929 à 1935, ainsi que James Shaver Woodsworth, fondateur de la Co-operative Commonwealth Federation (ancêtre du NPD). Comme lui, tous deux étaient

Chef des Métis, Louis Riel fut pendu le 16 novembre 1885, ce qui provoqua une immense vague d'indignation au Québec.

**« Si l'affaire du Manitoba a si lamentablement tourné, cela tient avant tout à l'absence d'une presse de principes... »**

pacifistes (contre la participation de l'Empire britannique à la Première Guerre mondiale) et partisans d'une justice sociale étrangère aux projets révolutionnaires.

## *Le Devoir*, conséquence de l'affaire Riel

Bien qu'il pourfendît la ploutocratie, Bourassa, fidèle à sa personnalité paradoxale, évitait, à l'instar des papes, toute audace et tout plan concret pour faire évoluer rapidement la condition des classes populaires. Sa crainte de l'urbanisation et son refus du suffrage féminin l'enchaînaient aussi au passé. Il reste que ce qui déclencha son engagement politique, comme député, orateur et journaliste, relève de la protestation contre le sort que l'Europe colonisatrice avait réservé à une Amérique asservie et mâtinée de sang aborigène.

En 1930, dans son discours à l'occasion du vingtième anniversaire du *Devoir*, Bourassa voit les origines du journal comme la conséquence de sa colère après que le conservateur John A. Macdonald, premier ministre du pays, eut permis, en 1885, l'exécution de Louis Riel, défenseur des Métis de l'Ouest canadien. « L'affaire Riel éveilla mes passions politiques », déclare-t-il. Puis il précise : « Si l'affaire du Manitoba a si lamentablement tourné, cela tient avant tout à l'absence d'une presse de principes... »

Le combat de sa vie, le fondateur du *Devoir* le liait certes à l'avancement d'une nation, la sienne, mais, de manière encore plus profonde, à la cause de cette humanité vaste et humiliée qu'incarnait Riel, paria du Nouveau Monde. Malgré leurs opinions si différentes sur l'au-delà, c'est surtout par cet idéalisme sans frontières que Bourassa, le catholique irréductible, rejoignait Papineau, le libéral absolu.

En 1943, à soixante-quinze ans, le journaliste retraité aimait se souvenir des derniers jours de son célèbre grand-père, mort en 1871 : « Je n'avais pas encore mes trois ans quand le matin, après le petit déjeuner, il marchait de long en large ; je me dépêchais de me lever pour le prendre par la main... » Peut-on imaginer un exemple plus simple de la continuité très québécoise d'une pensée aux résonances universelles ?

# La publicité en 1910

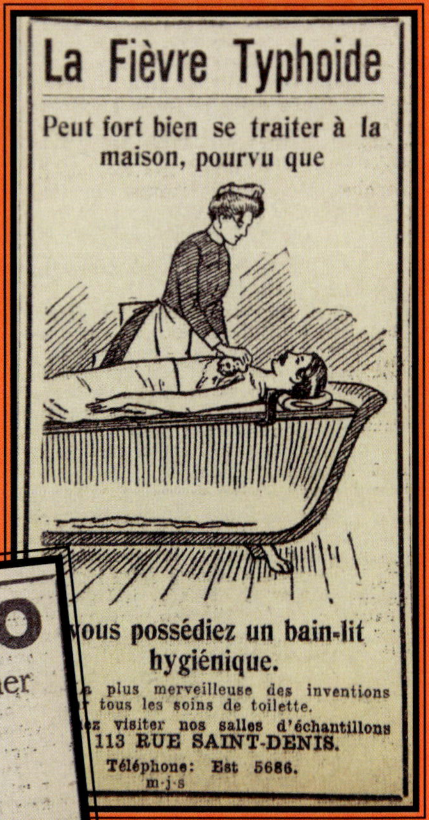

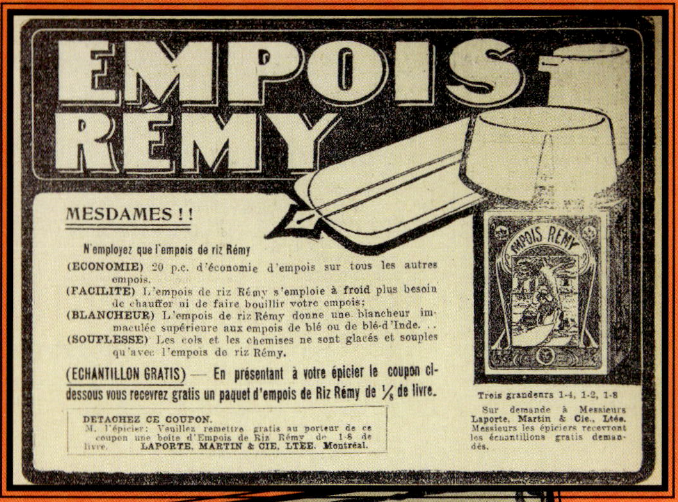

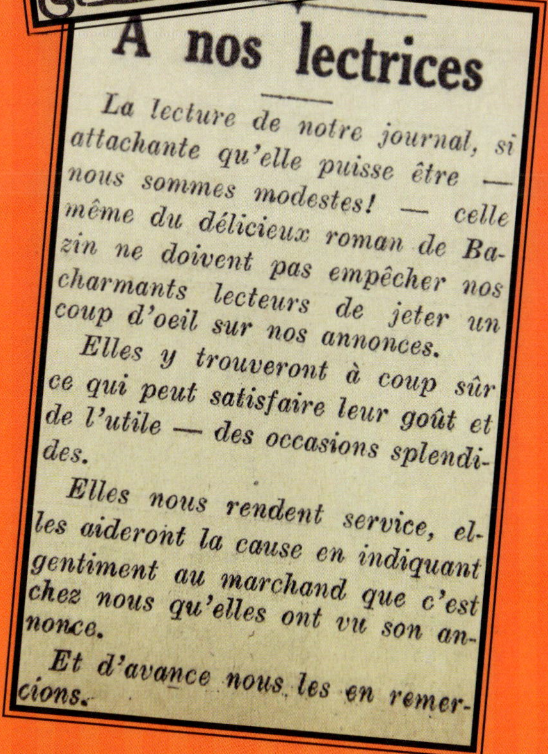
## A nos lectrices

*La lecture de notre journal, si attachante qu'elle puisse être — nous sommes modestes! — celle même du délicieux roman de Bazin ne doivent pas empêcher nos charmants lecteurs de jeter un coup d'oeil sur nos annonces.*

*Elles y trouveront à coup sûr ce qui peut satisfaire leur goût et de l'utile — des occasions splendides.*

*Elles nous rendent service, elles aideront la cause en indiquant gentiment au marchand que c'est chez nous qu'elles ont vu son annonce.*

*Et d'avance nous les en remercions.*

Tramway «Lachine», rue Notre-Dame. Sur le toit, on aperçoit une publicité du *Devoir* (1914).

# LIRE CENT ANS PLUS TARD

Jean Dion

La compréhension exacte, cent ans plus tard, de textes qui sont faits pour être lus par des contemporains dans les vingt-quatre heures n'est pas toujours chose aisée. Par manque de repères si on n'est pas un spécialiste de l'histoire du Québec au début du XX$^{e}$ siècle, on avance souvent à tâtons, on tente de faire des liens, mais, au bout du compte, on devine plus qu'on ne saisit.

Il faut dire que les mises en contexte sont fréquemment inexistantes. Les rédacteurs connaissent leur public et tiennent pour acquis que le lecteur sait de qui et de quoi l'on parle, une pratique qui peut paraître étonnante aujourd'hui compte tenu des moyens de communication de l'époque. Dès la première ligne de son premier éditorial, Henri Bourassa illustre la tendance: « Ce journal n'a pas besoin d'une longue présentation. On connaît son but, on sait d'où il vient, où il va. »

Pour ajouter à la difficulté, les fonctions des gens évoqués sont rarement précisées. Et il est de coutume de n'en donner la plupart du temps que le nom de famille. Aussi, quand Bourassa écrit, le 11 janvier 1910, que « certains orateurs pratiquent l'art de parler pour ne rien dire. M. Laurier fait mieux: il excelle à parler pour dire n'importe quoi », on comprend qu'il s'agit de Wilfrid Laurier, le premier ministre du Canada. En revanche, quand le journaliste Armand Lavergne signe, à la une du premier numéro, un long article intitulé « L'affaire Dussault-Turgeon », une sombre histoire de vente de terrains impliquant un ancien membre du cabinet de Lomer Gouin, à Québec, et qu'il ne fait qu'une allusion à un M. Dussault pour dire qu'il était mourant, le brouillard ne se dissipe guère.

« Ce journal n'a pas besoin d'une longue présentation. On connaît son but, on sait d'où il vient, où il va. »

L'actualité brûlante en cette deuxième semaine de 1910 consiste en l'imminence d'élections municipales, où l'on choisira des maires et des « échevins »; une épidémie de fièvre typhoïde, que plusieurs attribuent à la mauvaise qualité de l'eau à Montréal; les discussions au sujet d'un règlement sur la consommation d'alcool et les heures d'ouverture des débits de boissons; le projet de création, par Ottawa, d'une marine de guerre, auquel Bourassa s'oppose vivement.

Et on laissera à un billet non signé, paru le 10 janvier, le soin de montrer que plus ça change, plus c'est pareil: « Le tableau qu'aperçoit mon regard me représente une population confuse, tourmentée, se dirigeant de tous côtés, touchant à tout, ne s'arrêtant à rien, criant bien fort sans pouvoir s'entendre, allant, revenant, se mêlant davantage... »

Groupe de lecteurs lisant *Le Devoir* en 1915 et lectrice des années 2000.

LE DEVOIR

LIBAN
ÉCONOMIE
LE DEVOIR
PC: grogne
chez les
d'ex-candidats
accusent le parti
de vouloir
les écarter
Les Montréalais goûtent à la grève
Le maire Tremblay affirme que la Ville ne cédera pas
Biodiversité et climat: l'arrimage des deux plans d'action s'impose
Marie-Josée Croze dans Le Scaphandre et le Papillon
ACTUALITÉS
Ottawa et Québec financent la biobanque CARTaGÈNE

BUILDING
FOR SALE
TO LET
CENTRE ST

# CONSCRIPTION

Jean-François Nadeau

Manifestation anticonscription à Montréal, 24 mai 1917.

**« Il n'y a au Canada aucun motif pour aller se battre en Europe, si ce n'est celui de soutenir l'impérialisme britannique. »**

En août 1914, l'annonce de la guerre marque véritablement la fin du XIX^e siècle. En Europe, les roulements de fer de la canonnade brisent toutes les certitudes des hommes sur des champs de bataille si vastes que la terre elle-même semble être devenue un cadavre géant. Cette boucherie, Bourassa la tient pour l'œuvre d'impérialistes préoccupés par l'exercice de leur seule puissance personnelle, en dépit de l'existence des peuples eux-mêmes. Ces gens-là, il les a déjà combattus lors de la guerre des Boers, s'opposant tout à fait à une participation du Canada pour soutenir une action impérialiste en Afrique du Sud.

Aux yeux du *Devoir,* la guerre est un mal en soi. Bourassa affirme néanmoins plus d'une fois être prêt à défendre son pays si besoin est. Mais il croit que nul n'a le droit d'entraîner son pays dans la guerre si ce n'est pour deux raisons : pour en assurer la défense selon un « engagement d'honneur et de conscience » ou, « cas très rares », pour le « soutien d'une cause juste, nécessaire ». D'instinct, Bourassa pose donc en conscience de l'humanité. Il n'y a au Canada, dit-il, aucun motif pour aller se battre en Europe, si ce n'est celui, déguisé afin de le faire mieux passer, de soutenir l'impérialisme britannique.

Avec *Le Devoir,* Bourassa mène une lutte totale contre la conscription. Tout comme l'Angleterre se préoccupe d'abord des intérêts anglais, Bourassa souhaite que les politiciens canadiens s'intéressent d'abord aux intérêts canadiens. Le fondateur du quotidien se moque ainsi de ceux pour qui le patriotisme consiste à monter sur une estrade et se frapper la poitrine galonnée et archidécorée pour envoyer les autres à la guerre au nom de l'Empire britannique. Il n'encourage pas pour autant la violence que manifestera bientôt la foule contre les agents de la conscription.

L'adoption de la conscription, à l'été 1917, donne lieu à des manifestations et à des émeutes au Québec, en particulier à Montréal et à Québec, mais *Le Devoir* ne chauffe pas davantage les esprits. Il se dissocie plutôt de la violence dans les rues et en appelle au calme, tout en maintenant ses positions anticonscriptionnistes.

La rue Saint-Jacques, la grande rue des affaires au début du XX^e siècle.

LES COUPS DE FEU ATTIRÈRENT NOMBRE DE GENS AUX FENÊTRES ET AUX PORTES.

# Intervention de la police

## Le jeudi 30 août 1917

Soulevée par les discours enflammés des jeunes orateurs anticonscriptionnistes, une foule de 10 000 personnes massée à l'angle des rues Garnier et Laurier a failli se porter à des excès regrettables hier soir. Sans chef de file, sans organisation, tous ces gens sont partis après l'assemblée, en défilant par l'avenue Papineau, sonnant du clairon et tirant du revolver. Le défilé marcha sans incident jusqu'à la rue Sainte-Catherine, mais arrivé à l'angle Beaudry, un détachement de 150 agents qui attendait les manifestants surgit tout à coup, le revolver à la main, et bloqua la rue. Il s'ensuivit un chahut indescriptible : les coups de feu éclatèrent de toutes parts, les briques et les pierres furent lancées, deux grandes montres des magasins Forté, Poirier et Duschenau volèrent en éclats. Incapables de se frayer un chemin dans la rue Sainte-Catherine, un groupe de manifestants monta par la rue Beaudry jusqu'à la rue Demontigny, la police les suivit au pas de course et après bien des difficultés réussit à disperser la procession ; il était alors minuit et demi, comme une légère pluie commençait à tomber, les retardataires se lancèrent dans les tramways en refusant toutefois de payer leurs dix sous. Ce fut le dernier exploit de la soirée mouvementée.

Le sous-chef Grandchamp et les inspecteurs Bélanger et Roberts qui conduisaient la police en civil furent reconnus et menacés de représailles pour ce soir.

La réunion qui précéda la procession eut lieu à l'angle des rues Garnier et Laurier, près d'un terrain vacant. Peu nombreuse au début, ce fut bientôt une mer humaine qui remuait, mugissait et hurlait. Un premier groupe vint, clairons en tête, grossir les rangs de l'assemblée ; il fut reçu aux acclamations de la foule.

Bientôt après on entendit un deuxième groupe de 3000 personnes qui débouchait par une rue latérale, en chantant *Ô Canada !*

L'assemblée augmentait toujours, un troisième et un quatrième groupe vinrent enfin se réunir aux autres manifestants, ce fut un tintamarre pendant plusieurs minutes, les sifflets, les clairons, les sirènes d'auto, les clochettes et même les revolvers faisaient un tapage

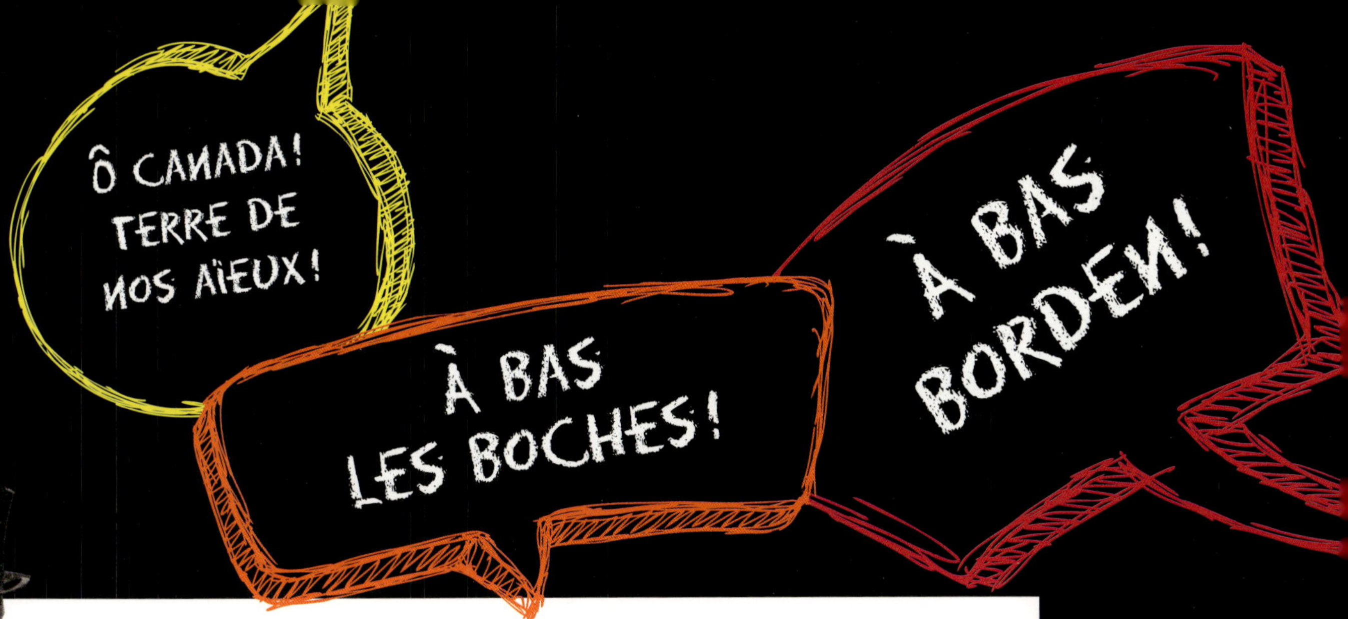

infernal. La foule se hissa sur les balcons, quelques-uns montèrent dans les poteaux, d'autres s'accrochèrent aux galeries et l'on entonna une fois de plus l'*Ô Canada!*, et l'on criait «À bas Borden», «À bas les Boches!».

Pendant le discours de M. Mongeau, les premiers coups de feu éclatèrent; ils causèrent tout un émoi. Encouragés par leur demi-succès, les jeunes gens armés de revolvers chargés à blanc recommencèrent leur jeu; bientôt on n'entendit plus rien pendant quelques minutes. Une femme perdit connaissance et dut être transportée dans une épicerie à quelque distance de là; ce fut le seul accident de la veillée.

Pendant les discours, un auditeur cria: «Hourrah pour Bourassa!» Mal lui en prit, un groupe de la foule qui ne cherchait qu'un prétexte pour agir se mit à sa poursuite et allait lui faire un mauvais parti lorsque l'orateur put l'apaiser.

M. L. O. Maillé, un des orateurs, voulut, comme d'habitude, établir les responsabilités de chacun dans l'impasse où nous nous débattons; tout alla bien lorsqu'il s'attaqua à Borden, mais dès qu'il eut le malheur «de froisser les sentiments lauriéristes», ce fut le déclenchement d'un tollé général. L'orateur dut se retirer pour revenir à la fin de la soirée, sans plus de succès d'ailleurs.

Pendant l'assemblée les orateurs organisèrent une collecte pour défrayer les dépenses et en récoltèrent 161 $.

Les orateurs: MM. Lafortune, Pearson, Maillé, Villeneuve, Mongeau, Bernier et Lamalice n'ont fait que ressasser les arguments employés depuis le début de la campagne anticonscriptionniste.

M. Villeneuve fit deux discours et termina l'assemblée. La foule était montée, lorsque le dernier mot des discours fut prononcé, les drapeaux s'agitèrent, les coups de feu redoublèrent, quelques-uns chantaient et criaient, ce fut un tumulte général pendant quelque temps. Enfin tous partirent en procession en hurlant en cadence: «À bas, à bas la conscription!»

Le défilé passa par les rues Garnier, Papineau, Parc Lafontaine, Montcalm et Sainte-Catherine, et les coups de feu attirèrent nombre de gens aux fenêtres et aux portes.[...]

Sir Robert Laird Borden, premier ministre du Canada de 1911 à 1920.

Le samedi 11 août 1917

# Stériles violences

Henri Bourassa

Dès le début de l'agitation anticonscriptionniste, nous avons signalé le danger des provocations à la violence. Un instant calmés, les démagogues ont repris comme de plus belle leur stérile et criminelle besogne. Chaque soir, ils versent au peuple, leur dupe d'aujourd'hui, leur victime de demain, le gros vin de la haine, de la vengeance et de la colère aveugle. Qu'un certain nombre de ces fomentateurs d'émeute soient sincères, c'est possible. À ceux-là il devrait suffire de démontrer l'inutilité de leur œuvre. Loin d'éloigner la menace de la conscription, ils en hâtent l'échéance et ils affaiblissent considérablement les chances de faire un obstacle sérieux à la loi scélérate. Ils travaillent au contraire, et fort efficacement, à en faire une âme meurtrière contre leur ville, contre leur province, contre leurs compatriotes.

Deux catégories d'individus veulent la conscription : ceux qui croient réellement que le Canada doit se saigner à blanc pour la guerre européenne ; et ceux qui veulent profiter du prétexte de la guerre pour se ruer sur la province de Québec. La seule manière de tenir tête à ces deux éléments et de faire échec à la mesure tyrannique, c'est de maintenir l'opposition à la loi sur un terrain où puissent se rencontrer tous les adversaires sincères du projet de loi.

Représenter la conscription comme une mesure exclusivement dirigée contre les Canadiens français, c'est paralyser l'action de ceux qui s'opposent à la loi dans l'intérêt général de la nation. Conseiller la résistance violente au nom des seuls intérêts de la race française ou de la province de Québec, c'est décupler la force des sectaires haineux qui veulent la conscription surtout pour foncer sur les « d....d Frenchmen ». Une foule d'adversaires de la conscription, de race et de langue anglaises, se joindront à nos ennemis pour écraser toute tentative d'insurrection, ou du moins leur laisseront toute latitude de rétablir à leur manière l'ordre et la paix publique. Au premier acte de violence, la loi martiale sera proclamée, le régime militaire substitué à l'autorité civile ; et, comme bien l'on pense, le gouvernement ne remettra pas le commandement à des officiers trop enclins à la clémence. [...]

Le lion, symbole de l'Empire britannique, est attaqué à coups de plumes par Henri Bourassa et Armand Lavergne.
Caricature d'époque de Fergus Kyle publiée le 18 août de 1912.

Mais, nous demande-t-on de toute part, si vous désapprouvez la révolte et la violence, quelle méthode préconisez-vous pour faire échec à la loi de conscription?

De préventif certain, nous n'en connaissons pas. Un peuple n'échappe pas aux conséquences de ses actes ou de son inaction, ni aux conséquences des actes ou de l'inaction de ceux en qui il a longtemps mis sa confiance. Le plus et le mieux qu'il puisse faire, c'est de les atténuer et d'en empêcher le prolongement et la perpétuation en supprimant les causes.

Après avoir laissé les chefs, tous les chefs, nous plonger jusqu'au cou dans la guerre à outrance, il ne restait qu'un moyen légitime et efficace d'empêcher la conscription: c'était de créer un mouvement d'opinion assez puissant pour empêcher le gouvernement de la proposer; c'était ensuite de prolonger le mouvement afin de fortifier l'opposition parlementaire. Une fois la loi votée et sanctionnée, il ne restera d'autre ressource que de favoriser l'élection du plus grand nombre possible de candidats anticonscriptionnistes, et de les lier par l'engagement positif et précis de faire abroger la loi. [...]

On commence à parler de résistance passive. C'est chose fort grave et très complexe, qui relève tout d'abord de la conscience. La résistance passive à une loi manifestement injuste, tyrannique, imposée sans droit et sans nécessité,

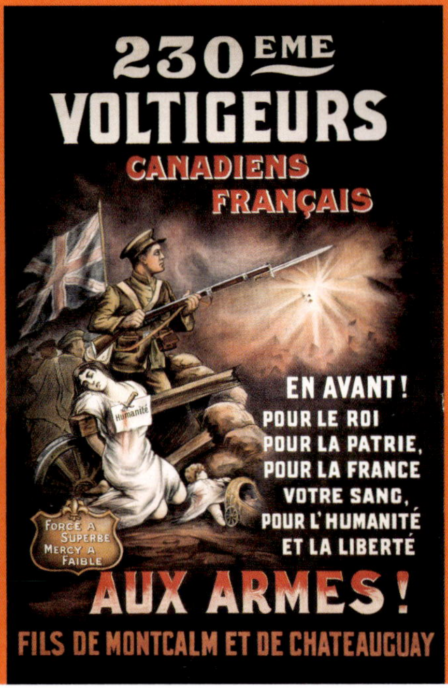

est assurément légitime. Elle peut même, en certaines occasions, devenir un devoir. La loi de conscription entre-t-elle dans la catégorie des mesures tyranniques qui justifient la résistance passive? Pour ceux qui jugent la guerre un crime et un mal en soi, oui; pour les autres, il serait téméraire de l'affirmer. Il ne suffit pas qu'une loi paraisse odieuse ou vexatoire pour justifier la résistance passive. Toute loi paraît à quelques-uns odieuse, vexatoire ou injuste. Que deviendrait l'ordre public, si chacun avait le droit de résister à chaque loi qui lui déplaît? Pour ma part, je ne prendrai jamais la responsabilité de conseiller la résistance passive à la loi de conscription; et ceux qui n'ont pas de scrupule ont le strict devoir d'en faire envisager toutes les conséquences. Dire aux conscrits: «Résistez et vous en serez quittes pour deux ans de prison», c'est tromper odieusement ceux qu'on prétend aviser. D'abord, la durée de l'emprisonnement – au bagne et non à la prison – peut aller jusqu'à cinq ans. Et les condamnés restent soldats quand même, pendant toute la durée de la guerre et jusqu'à l'expiration de la période de démobilisation qui se prolongera longtemps. Tout acte d'insubordination, toute infraction à la discipline et aux lois militaires, dont ils seront accusés durant leur internement, seront jugés par les autorités militaires, selon les lois militaires. C'est-à-dire qu'une foule d'actes ordinairement passibles de peines légères pourraient entraîner, pour eux, la peine de mort. C'est de cette façon qu'on a réglé le cas de plusieurs réfractaires, en Angleterre. Voilà ce qu'on n'a pas le droit de cacher à ceux à qui l'on conseille la résistance passive.

Quant aux actes de violence, il n'en est aucun qui soit légitime ou excusable. Tirer sur un officier recruteur, c'est un crime inutile et une injustice manifeste : c'est punir l'instrument irresponsable. Menacer la vie ou les biens de ceux que l'on tient responsables de la loi tyrannique n'est pas davantage permis. C'est détruire à sa base morale le seul motif de légitime résistance à la servitude militaire : l'objection de conscience à l'emploi de la violence.

Ceux qui conseillent ou inspirent ces actes de violence sont des criminels ou des inconscients. Ils jettent dans la voie du crime de pauvres jeunes gens qui en seront les premières victimes. Ils attirent sur une foule d'innocents de sanglantes représailles. Ils mettent en danger les libertés de tout un peuple. Ils se font les agents les plus efficaces des ennemis de notre race. Que la plupart ne fassent qu'inconsciemment cette odieuse besogne, je veux le croire. Mais s'ils s'en trouvaient parmi eux qui fussent à la solde de l'ennemi, il ne faudrait pas trop s'en étonner.

Nombre d'historiens protestants ont accepté la théorie que la Conspiration des Poudres fut provoquée sinon organisée par Robert Cecil afin de justifier une persécution générale des catholiques. Il y a parmi nous des énergumènes fort capables de pousser quelques Canadiens français à des actes de violence afin de provoquer une explosion de colère dans tout le Canada anglais et empêcher l'accord de tous les vrais Canadiens qui veulent sauver les débris de l'ordre social. Aucun Canadien français n'a le droit de servir ces calculs abominables.

Ces paroles ne plairont pas à tout le monde. Peu importe. Nous n'avons pas été les complices des endormeurs. Nous ne serons pas les complices des démagogues.

# 1914-1918

Mourad Djebabla

« Quand l'Angleterre est en guerre, le Canada est en guerre. Il n'y a pas de distinction. »

Le 4 août 1914, la Grande-Bretagne déclare la guerre à l'Empire allemand, après que ce dernier eut militairement violé la neutralité du territoire belge. Au cours d'une séance de travail consacrée à l'effort que devra fournir la Grande-Bretagne dans le conflit, Sir Edward Grey, ministre britannique des Affaires étrangères, déclare: « Assurons-nous maintenant que toutes les ressources du Royaume-Uni, et aussi bien du vaste empire dont il est le centre, seront jetées dans la balance. »

Derrière l'*Union Jack,* c'est donc tout un empire, présent sur tous les continents et dont le Canada relève en tant que dominion, qui se retrouve *de facto* engagé dans la lutte. Comme l'avait déjà remarqué en 1910 Sir Wilfrid Laurier: « Quand l'Angleterre est en guerre, le Canada est en guerre. Il n'y a pas de distinction. »

Dès lors, même si, à l'été 1914, les Canadiens considèrent que ce conflit européen est bien éloigné de leur territoire américain, le gouvernement fédéral, lui, tient pour acquis que « l'état de guerre [...] existe entre le Royaume-Uni et les dominions, colonies et dépendances de l'empire, d'une part, et l'Allemagne, d'autre part ».

Après avoir cru que cette nouvelle guerre ne serait l'affaire que de quelques jours, l'humanité découvre, à mesure qu'elle se prolonge, l'horreur des nouveaux procédés pour tuer.

Le solliciteur général du Canada, Arthur Meighen, affirme ne pas vouloir hésiter à mettre le Canada en banqueroute pour sauver l'Empire. Contre de pareils impérialistes, des voix s'élèvent, en particulier au Québec et dans le milieu nationaliste canadien-français. Le directeur du *Devoir,* Henri Bourassa, s'en fait le principal porte-parole. S'il ne s'oppose pas formellement à la guerre ni à l'idée de soutenir les Alliés par la production de vivres et de munitions au Canada, il critique par contre la politique du premier ministre, Robert Borden, qui, d'année en année, revoit toujours à la hausse le nombre de Canadiens à devoir envoyer au front pour soutenir les armées de la Grande-Bretagne. En 1916, il formule cette remarque, dans *Le Devoir*:

> Le Canada aurait pu intervenir comme nation liée à l'Angleterre par des attaches politiques, à la France par des motifs de sentiments et d'intérêt, sans compromettre en rien son état politique et sans ébranler à fond son équilibre économique. Mais, pour cela, il eût fallu réserver

expressément les solutions constitutionnelles et ne reconnaître aucune sorte d'obligation morale ou légale à participer à la guerre, comme possession de la Grande-Bretagne ou comme partie intégrante de l'Empire britannique.

Pour le fondateur du *Devoir,* le Canada ne doit jamais perdre de vue son avenir propre. Il ne rejette pas une participation du pays à la guerre, mais en tant qu'État indépendant, c'est-à-dire à même de définir seul sa contribution en fonction de ses capacités réelles. Au sein de la société canadienne en guerre, cette position est soutenue par le biais du journal *Le Devoir,* dont les articles contrastent, par les positions qu'ils défendent, avec ceux d'autres grands quotidiens québécois, tels *La Presse*, *L'Événement*, *The Gazette* ou le *Montreal Star*.

En juin 1915, le gouvernement canadien a engagé un censeur en chef, Ernest J. Chambers, qui occupera son poste durant toute la guerre. Ce dernier s'assure de la collaboration des principaux grands imprimés canadiens pour qu'ils servent et appuient l'effort de guerre canadien. Dans cette optique, *Le Devoir* cause bien des maux de tête à Ernest J. Chambers, qui, à maintes occasions, conseille au gouvernement canadien de tout simplement fermer le journal. Mais les hommes politiques se méfient de la réaction que pourrait provoquer, au Québec, une telle censure du *Devoir*. Le premier ministre Borden ne veut en aucun cas faire d'Henri Bourassa un martyr.

Avec l'appui du gouvernement, le censeur tente donc plutôt d'isoler *Le Devoir* en rappelant à l'ordre les journaux canadiens qui se laissent aller à citer dans leurs pages les propos d'Henri Bourassa contre la guerre.

Durant la Première Guerre mondiale, *Le Devoir* porte un regard critique sur l'effort de guerre canadien, mettant sans cesse en garde le gouvernement et ses zélateurs contre les risques qu'un soutien trop important à la Grande-Bretagne fait courir à l'économie et à la société canadiennes.

MONTREAL, JEUDI 7 NOVEMBRE 1918

DERNIÈRE HEURE

VOL. IX. — No 262

CALENDRIER

DEMAIN

LE DEVOIR

Toutes les nouvelles par nos rédacteurs, nos correspondants et les services de dépêches du monde entier

L'armistice est signée avec l'Allemagne

LES ALLIES A SEDAN

Un message officieux venu d'Europe annonce à Washington que les Allemands se sont rendus aux conditions de Foch.---La confirmation officielle n'est cependant pas encore arrivée.

LES PERTES ANGLAISES

Les troupes américaines entrent dans la partie de la ville située sur la rive droite de la Meuse — Gand abandonné.

VOLUME IX. — No 265

MONTREAL, LUNDI 11 NOVEMBRE 1918

Abonnements par la poste :

DEUX SOUS LE NUMERO

LE DEVOIR

Rédaction et administration : 43, RUE SAINT-VINCENT MONTRÉAL

Directeur : HENRI BOURASSA.

TÉLÉPHONES : ADMINISTRATION : Main 7461 RÉDACTION : Main 7460

FAIS CE QUE DOIS !

Officiel : LA GUERRE EST TERMINÉE

L'armistice a été signé à minuit et les hostilités ont cessé à 11 heures ce matin (temps à Paris) soit à 6 heures (temps de Montréal) --- Voir détails en pages 2 et 8

OUBLIEZ PAS

Henri BOURASSA.

Henri Bourassa critique vertement l'une des clés de voûte de la propagande canadienne, qui justifie une participation à la guerre en présentant le Canada comme menacé par des projets allemands d'invasion. Bourassa y répond en rappelant que le vrai devoir de l'heure, pour les Canadiens français, n'est pas tant de servir de chair à canon pour les Britanniques que de défendre la langue française en Amérique du Nord, alors bien malmenée en Ontario, à partir de 1915, à la suite de l'adoption du tristement célèbre Règlement XVII, qui restreint l'usage du français dans les écoles fréquentées par des francophones.

À partir de 1917, *Le Devoir* cesse sa campagne d'opposition systématique à l'effort de guerre du gouvernement canadien. De nouvelles lois renforcent alors la censure en donnant plus de pouvoir de contrôle au censeur en chef du Canada. À partir de cette date, avant de publier des articles qui pourraient être considérés comme litigieux ou préjudiciables à l'effort de guerre canadien et britannique, le journal doit au préalable les soumettre au censeur en chef du Canada pour obtenir son aval.

À la fin de la guerre, *Le Devoir*, porte-drapeau de l'opposition à un effort de guerre canadien jusqu'au-boutiste, rejoint malgré lui les rangs de la presse canadienne soumise à la censure.

## Après-guerre

Au Monument-National, le 28 mai 1919, Bourassa affirme, non sans raison, que la guerre qui vient de se terminer «a aggravé les maux existants et en a créé de nouveaux». Il montre du doigt les guerres civiles, les profits scandaleux réalisés par des entreprises, la raréfaction des produits manufacturés autant que des denrées. En un mot, dit-il, «tout est mûr pour les Soviets». Catholique, conservateur, traditionaliste, Bourassa craint les suites de la révolution russe de 1917, au contraire de quelques rares esprits avancés, telle la militante syndicale Éva Circé-Côté. Comme nombre de ses compatriotes, Bourassa s'inquiète terriblement de la montée des idéologies de gauche sur la scène internationale.

Jusqu'au début des années 1950, *Le Devoir* s'opposera avec énergie au communisme, qu'il considère comme une «tyrannie collectiviste», même dans ses manifestations les plus timides. Cette crainte du communisme et une méfiance à l'égard des institutions démocratiques conduiront *Le Devoir*, entre autres choses, à faire la promotion d'un repli identitaire farouche au plus fort de la crise économique des années 1930.

Les premiers chars d'assaut font leur apparition en 1916. L'aviation appartient aussi à ces nouveautés techniques qui permettent une plus grande destruction.

EVO

cultivateurs de la

Le congrès agricole ouvert
tion des agriculteurs d
sionnelle — La constit
liques — M. Laurent B
de toute affiliation poli

Plus de deux mille cultivate
mouski, préside les sé
tiennent — Le crédit a
les écoles — Un grand

eau de ratz sauvaiges, qui vont
l'eaue… et bons à merveilles
menger, desquelz firent pré-
nt audict capitaine, qui leur
onna des cousteaulx et patenos-
es pour récompance. Nous leur
mandasmes par signes si c'es-
it le cheminn de Hochelaga; et
nous monstrèrent que ouy, et
'il y avoyt encores troys jour-
es à y aller.

rtier continue son voyage
deux navires. Il arrive à Ho-
aga.

"Se randirent audavant de
us de mil personnes, tant hom-
es, femmes, que enffans, les-
elz nous firent aussi bon ra-
eul que jamais père fist à enf-
nt, menant une joye merveilleu-
: car les hommes en une ban-
dansoient, et les femmes de
ur part, et les enffans de l'aul-
. Et après ce, nous aportèrent
rce poisson, et de leur pain,
ict de groz mil, lequel ils gec-
ent dedans nosdictes barques,
sorte qu'il semblait qu'il
mbast de l'ayr. Voyant ce, le
ppitaine descendict à terre, ac-
mpaigné de plusieurs de ses
ns; et si tost qu'il fut descen-
, se assemblèrent tous sur luy
sus les aultres, en faisant une
ere inestimable Et appor-
ent les femmes leurs enffans
rassées, pour les faire toucher
dict cappitaine, et lès aultres
i estoient en sa compaignye,
faisant une feste, que dura
s de demye heure. En voyant
dict cappitaine leur largesse
bon vouloyr, fict assoeir et
ger toutes les femmes et leur
nna certaines patenostres d'es-
ng, et aultres menues besoi-
es, et à partie des hommes
s cousteaulx."

ces faits que nous connais-

Québec, 2 (D. N. C.) — Le congrès des cultivateurs de la province de Québec, sous la présidence du chanoine Roy, de Rimouski, prend une importance de plus en plus grande tant par les questions mises à l'étude que par le nombre des congressistes présents.

La présence de plus de deux mille cultivateurs a surpris les organisateurs de ce congrès et presque toutes les régions de la province sont représentées. Le congrès s'est prononcé unanimement en faveur d'une association professionnelle sous le nom d'"Union catholique des cultivateurs de la province de Québec".

La constitution de cette association, dont nous donnons les détails plus loin, est analogue à celle des syndicats ouvriers catholiques.

Toute idée politique en est bannie et l'Association ne devra jamais mousser la candidature d'un de ses membres ni d'aucune autre personne. Les membres seront toujours libres de conserver leur opinion politique.

chapitre 2

# DÉFENSE

# À L'OMBRE DES ANNÉES FOLLES

Jean-François Nadeau

> « L'Église en mène large et s'oppose à tous les plaisirs modernes, qu'elle associe à la luxure. »

Les années 1920, pour tout un monde, furent celles des traversées transatlantiques, de l'alcool, des volutes de fumée, des voitures, des clubs, des Crésus américains, du nudisme allemand, des allures de femmes-garçons, de la danse, du cinéma muet et de l'inflation rapide. C'est l'époque où Aristide Briand signe les accords de Locarno pour préserver la paix fragile de 1918. C'est aussi celle de Benito Mussolini, admiré par des hommes aussi différents que Churchill, Gandhi et Roosevelt, en qui l'on voit un orateur capable d'assécher les marais pontins et de faire arriver les trains à l'heure.

Au Canada français, même si le pays est entré dans l'ère de l'industrialisation, la faveur des élites nationalistes va encore à des mouvements qui proposent instamment l'agriculture comme idéal. L'économie continue de dépendre beaucoup de l'exploitation des ressources naturelles par des intérêts étrangers. L'Église en mène large et s'oppose à tous les plaisirs modernes, qu'elle associe à la luxure.

L'édifice de la rue Saint-Vincent dans lequel *Le Devoir* logera du milieu des années 1910 au milieu des années 1920.

Au *Devoir,* Henri Bourassa s'inquiète de l'accélération de la course du monde. Ces années marquent aussi, pour *Le Devoir,* mais en particulier pour son fondateur, l'abandon d'un certain nationalisme après la condamnation papale de l'Action française de Charles Maurras en 1926. Bourassa recentre alors ses convictions autour d'un catholicisme de tous les instants.

Par l'entremise de la voix de son directeur, *Le Devoir* reconnaît à l'Église une suprématie complète. « Plus que jamais, écrit Bourassa le 28 février 1934 au cardinal Villeneuve, le monde a besoin d'entendre – au sens complet du mot – la parole du Pape. C'est ce que je disais à Sa Sainteté Pie XI, au cours d'une audience qu'il daignait m'accorder en 1926. »

De cette rencontre avec le pape, Bourassa conservera l'idée du danger du « nationalisme dans l'Église ». Cet enthousiasme pour la doctrine de Rome le rend aussi encore plus méfiant à l'égard du capitalisme et du communisme.

SALON de l'AUTOMOBILE
10 AM
à
11 P.M.
Jan. 19 au 26
au
STADIUM
coin DELORIMIER et ONTARIO
MONTREAL — ADELSTAN LÉVESQUE GÉRANT GÉNÉRAL

SALON d'AVIATION
Du 4 au
11 Mai
1929
Midi
11 p.m.
STADIUM
Delorimier & Ontario
Montreal
VESQUE Gérant-Général

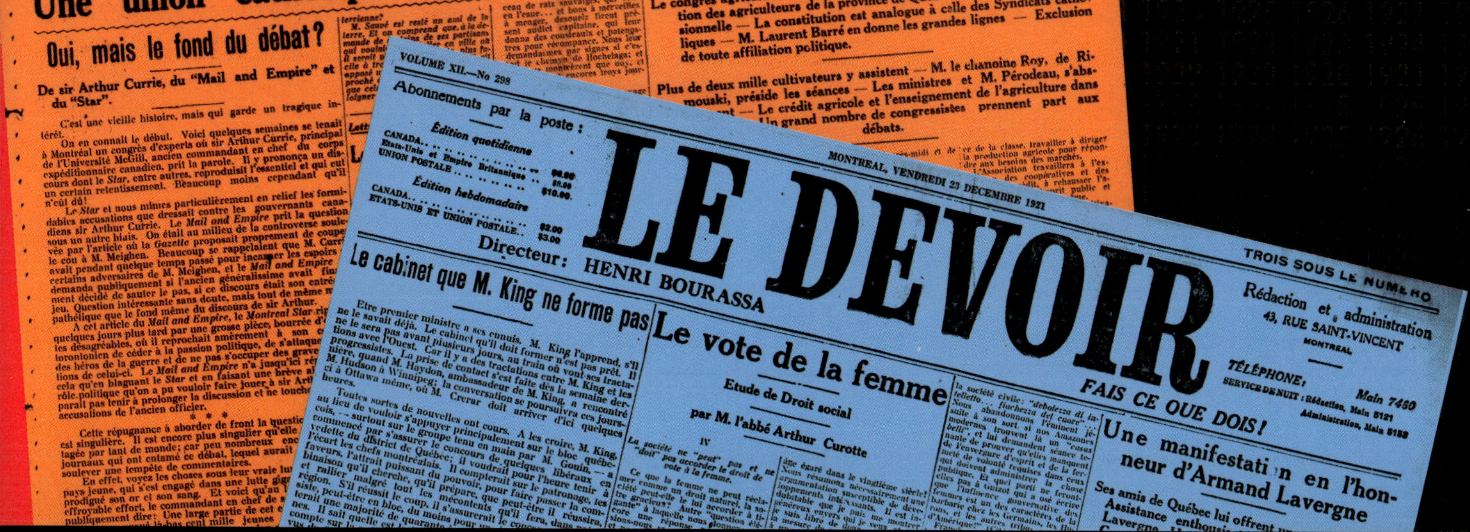
TROIS SOUS LE NUMERO
MONTREAL, JEUDI, 2 OCTOBRE 1924
Volume XV — No 232
Abonnements par la poste:
LE DEVOIR
Rédaction et administration
336-340 NOTRE-DAME EST
MONTREAL
FAIS CE QUE DOIS!
Directeur: HENRI BOURASSA
Une union catholique des cultivateurs de la province fondée
Oui, mais le fond du débat?
De sir Arthur Currie, du "Mail and Empire" et du "Star".
VOLUME XII.—No 298
Abonnements par la poste:
MONTREAL, VENDREDI 23 DECEMBRE 1921
LE DEVOIR
TROIS SOUS LE NUMERO
Rédaction et administration
43, RUE SAINT-VINCENT
MONTREAL
Directeur: HENRI BOURASSA
FAIS CE QUE DOIS!
Le cabinet que M. King ne forme pas
Le vote de la femme
Etude de Droit social
par M. l'abbé Arthur Curotte
Une manifestation en l'honneur d'Armand Lavergne

La religion catholique occupe une place centrale dans la pensée de Bourassa. Ici, la basilique Notre-Dame où sa parole se fera entendre, lors du XXI$^{e}$ Congrès eucharistique international.

« Ovationné, acclamé, Henri Bourassa est alors le chef de file incontesté des nationalistes. »

## Les droits du français

Bourassa tonne volontiers lorsqu'il est question de défendre la langue française en Amérique. Son discours de Notre-Dame, célèbre, analysé par la suite par des générations d'étudiants, exprime un principe que défend son journal de toutes ses forces: la langue française est la gardienne de la foi catholique, et inversement.

Le discours de Notre-Dame donne le ton à tout l'argumentaire du journal en matière linguistique. En septembre 1910, à l'occasion du XXI$^{e}$ Congrès eucharistique international qui se tient à Montréal, à la basilique Notre-Dame, Bourassa se retrouve avec le gratin du clergé et de la politique canadienne. Devant ce beau parterre de personnalités, l'archevêque de Westminster, M$^{gr}$ Francis Bourne, expose une thèse que le clergé canadien-anglais partage d'emblée. Il soutient que l'avenir de l'Église canadienne dépend de la puissance, du prestige et de l'influence de la langue et de la culture anglaises, majoritaires en ce pays. Selon le prélat britannique, il ne saurait être question de dissocier la langue anglaise et la religion catholique. Il faut, en un mot, que l'Église favorise l'épanouissement de la langue anglaise partout au Canada. Les efforts pour protéger et promouvoir le français hors Québec sont donc, à ses yeux, aussi vains qu'inutiles.

Ces attaques directes contre les nationalistes francophones, surtout ceux qui, comme le directeur du *Devoir* et ses ouailles, font des pieds et des mains pour protéger et promouvoir, hors Québec, les écoles françaises, dites « séparées », ont l'art de hérisser M$^{gr}$ Bourne.

À ce congrès de 1910, tous les yeux se tournent vers l'orateur suivant, Henri Bourassa. Mettant de côté l'allocution qu'il avait préparée, Bourassa sert une réplique cinglante à l'archevêque anglais. L'Église, dit-il, doit accorder à chacun le droit absolu de prier Dieu dans sa propre langue, celle de ses parents, de ses ancêtres, de son pays, à tous ses compatriotes « qui vivent à l'ombre du drapeau britannique, du glorieux étendard étoilé, et surtout sous l'aile maternelle de l'Église catholique ». « N'arrachez à personne, ô prêtres du Christ ! ce qui est le plus cher à l'homme après le Dieu qu'il adore », s'écrie le tribun, dans une envolée qui traverse le siècle et en fait le plus ardent héros du célèbre slogan: « La langue, gardienne de la foi ».

Ovationné, acclamé, chef de file incontesté des nationalistes qui se cherchent un messie, Bourassa a le panache et l'autorité pour former une troisième voie inédite, entre les rouges et les bleus, et diriger un nouveau parti qui galvanise les forces vives de la nation canadienne-française, de la « race », comme on disait.

À l'instar de Louis-Joseph Papineau, son grand-père maternel, soixante-dix ans plus tôt, Bourassa incarne l'âme ulcérée de son peuple. Mais il fait volontiers la sourde oreille, altier, fier, indépendant, se contentant de son rôle irremplaçable de rassembleur et de catalyseur.

*Le Devoir* n'avait pas six mois lorsqu'il s'engage dans sa première bataille pour la langue française. Oh ! c'était pour une affaire plutôt banale : dans les transports publics, les billets étaient unilingues anglais ! Le député Armand Lavergne avait fait le voyage en bateau de Montréal à Québec. Tout y était unilingue anglais, raconta-t-il dans *Le Devoir* : son billet, le menu, le personnel, tout. C'en était trop. Il fit modifier le Code civil pour que les billets soient dorénavant produits dans les deux langues. « Question de justice », approuva Georges Pelletier.

La place grandissante que prend le catholicisme dans la pensée de Bourassa à compter de la mort de sa femme, en 1919, le fera cependant reculer sur le front linguistique dans l'affaire de *La Sentinelle*, un journal franco-américain qui mène la lutte en faveur des Canadiens français, mais qui est bientôt conspué par l'Église catholique pour avoir osé discuter ses directives religieuses en matière linguistique. Bourassa se soumet en cette affaire à l'autorité religieuse, à la grande surprise de ceux qui se souviennent de lui sous un jour plus indépendant.

*Le Devoir* des années d'après-guerre va situer sa lutte linguistique sur un théâtre institutionnel. Il continue de réclamer, entre autres choses, le droit à des écoles séparées pour les communautés canadiennes-françaises de la diaspora, c'est-à-dire des établissements propres à transmettre une culture française. Mais il revendique surtout une juste place du français dans les manifestations quotidiennes du pouvoir de l'État, en particulier dans les documents officiels.

En 1927, *Le Devoir* livre ainsi bataille pour réclamer des timbres-poste bilingues, puis, en 1937, des billets de banque bilingues. Pour certains groupes nationalistes, c'est trop peu. D'autres jugent au contraire que ce trop peu est déjà espérer beaucoup d'un système dominé par une culture toute britannique.

Bourassa et sa famille, peu de temps avant la mort de sa femme, Joséphine Papineau.

# La défense de la langue française

Dès sa fondation, *Le Devoir* affirme la nécessité de défendre la langue française et sa culture sur l'ensemble du territoire canadien. Mais le pays du *Devoir* n'a pas de frontière politique au sens strict. Il comprend en fait toute la diaspora canadienne-française et englobe aussi bien la Nouvelle-Angleterre que l'ensemble du territoire canadien, d'un océan à l'autre. L'abondante correspondance d'Henri Bourassa témoigne de ce rayonnement du *Devoir*. Bourassa voyage alors presque autant que son journal et consigne dans des carnets des impressions vivantes de ses nombreux interlocuteurs.

Le combat du *Devoir* se manifeste par l'entremise du journal d'abord, mais aussi par une maison d'édition et une agence de voyages. Le but officiel des voyages du *Devoir*: renforcer le sentiment d'appartenance à la communauté canadienne-française et à la religion catholique. Le journal cherche par la même occasion à susciter des abonnements. En 1924 et en 1927, les pèlerins qui se rendent visiter les Acadiens à l'initiative du *Devoir* sont nombreux. On admire, comme l'écrira Omer Héroux, «le grand effort de survivance qui est le leur».

Voyage du Devoir en ACADIE, 1924
8 HORTON LANDING — Bénédiction de la Croix commémorative de l'embarquement des déportés

Le 1er janvier 1906, Léo-Ernest Ouimet, pionnier du septième art en nos terres, ouvrait le Ouimetoscope, premier cinéma permanent de Montréal, qui connut un grand succès. Ouimet s'était déployé tous azimuts, en amont comme en aval de cette industrie du septième art alors montante : exploitant de salle, distributeur, réalisateur, producteur. Condamné par l'Église, écorché par des revers de fortune, il finit sa vie dans une relative pauvreté comme gérant d'une succursale de la Commission des liqueurs du Québec.

## Le vendredi 12 août 1927

Jean Secoult

# Les dangers du cinéma !

La fermeture du cinéma le dimanche, voilà ce que la loi religieuse demande et ce que la loi civile sortant de l'oubli du code doit exiger.

***

Aller au cinéma la semaine n'est déjà pas bien, y aller le dimanche, c'est manquer de logique chrétienne, c'est désobéir à l'autorité religieuse qui s'est prononcée clairement sur cette violation du jour du Seigneur.

***

Sommes-nous catholiques ? Si oui, nous devons nous soumettre à l'autorité religieuse en nous abstenant non seulement du cinéma le dimanche, mais en sauvant malgré eux nos frères aveuglés, fermons le cinéma le dimanche.

# UNE RELATION ORAGEUSE AU CINÉMA

Yves Lever

« Beaucoup de jeunes ménages, jadis heureux, doivent leurs malheurs à la fréquentation du cinéma. »

Inféodé à l'Église catholique du Québec pendant ses premières décennies, *Le Devoir* en épouse les positions sur le cinéma. Au départ, il s'intéresse peu à la question. Tout au plus, quelques entrefilets signalent un film à ne pas fréquenter ou un élément lié à la censure qui vient de se mettre en place. Puis, au début des années 1920, l'Église entreprend une lutte effrénée et constante contre toutes les formes de cinéma et *Le Devoir* s'en fait le porte-parole privilégié.

Entre autres attaques, il reproduit, le 30 avril 1920, de larges extraits des conférences des avocats Arthur Laramée et Euclide Lefebvre (qui publiera peu après la brochure *Le cinéma corrupteur*), dont le message peut se résumer ainsi : « Les cinémas sont des foyers de corruption. Les enfants y apprennent à voler, à désobéir à leurs maîtres, à leurs parents. C'est là qu'on ridiculise le mariage, les autorités légalement constituées, etc. Ainsi, le cinéma est une prime à l'immoralité. Beaucoup de jeunes ménages, jadis heureux, doivent leurs malheurs à la fréquentation du cinéma. »

Un événement capital touchant la diffusion du cinéma marque l'année 1926. En avril, les producteurs américains lancent un ultimatum : ils cesseront de distribuer leurs films au Québec si les règles de la censure ne sont pas assouplies. Le premier ministre Taschereau ne se laisse pas intimider et défend le Bureau de censure. Plus que les autres quotidiens, *Le Devoir* publie des dizaines d'articles, mais il adopte la position inverse de ses concurrents. Un long éditorial de Louis Dupire (19 avril), titré « Prenons tout de suite l'offensive ! », donne le ton : « Les producteurs de cinéma américain nous menacent d'un grand... bonheur pour le premier août – Aidons-les à le réaliser. [...] Le film américain fait une œuvre mauvaise. Il est vulgaire. Il pèche contre le bon goût aussi souvent que contre la morale. [...] Démoralisateur, le cinéma américain est aussi dénationalisateur. »

Dès ce jour, *Le Devoir* commence à publier des lettres d'appui au Bureau de censure et surtout à la déclaration de Taschereau. Il y en a des dizaines dans les semaines suivantes, venant de toutes les organisations catholiques possibles, des sociétés Saint-Jean-Baptiste à la Ligue du cinéma et des bonnes mœurs de Québec en passant par des sections montréalaises et des environs de l'Association catholique de la jeunesse canadienne-française (ACJC), les Voyageurs de commerce, différents comités paroissiaux, les tiers ordres, le Syndicat des plombiers, la St. Patrick Society, etc. Plusieurs de ces textes se plaisent à parler de « camelote de la juiverie américaine », de ces « magnats du film judéo-américain » ou de ce « trust judéo-américain », reflétant l'antisémitisme présent depuis quelques années dans certains milieux catholiques. Finalement, la menace des producteurs n'est pas mise à exécution et la censure ne diminue en rien sa sévérité.

*Le Devoir* profite de l'affaire pour souligner à ses lecteurs qu'il ne fait aucune publicité pour les salles de cinéma, pour rester cohérent dans

Affiche du film *Maria Chapdelaine* de Julien Duvivier, 1934.

ses convictions religieuses. Pas de publicité, et pas de critique non plus, sauf pour des films au sujet exceptionnel, comme *La passion de Jeanne d'Arc* de Carl T. Dreyer en 1930 ou bien la *Maria Chapdelaine* que Julien Duvivier vient tourner en 1934 à Péribonka.

Un événement dramatique vient canaliser les passions le 9 janvier 1927 : un incendie au Laurier Palace, salle de cinéma de Montréal, cause la mort de 78 enfants. *Le Devoir* ne se laisse damer le pion dans la surenchère mélodramatique que par *La Presse*. Il réclame encore, comme toujours, la fermeture des salles et l'interdiction pour les moins de seize ans.

En 1936, changement de perspective: l'encyclique *Vigilanti Cura* de Pie XI décrète que le cinéma n'est pas mauvais en soi, qu'il est un outil neutre qui peut servir pour le bien si on éduque les spectateurs. *Le Devoir* prend son rôle éducatif au sérieux. Dès février 1937, il commence à publier des cotes de convenance pour les films nouveaux. Cette rubrique, intitulée *Ciné-guide,* donne quelques informations sur le film (noms importants du générique, résumé de l'intrigue), auxquelles s'ajoute une évaluation, parfois fournie par la revue française *Choisir*. Suit la cote : « Pour tous » (ce qui veut dire ceux qui ont plus de seize ans, car tous ceux qui ont moins de seize ans sont interdits dans les salles depuis 1928), « Pour adultes », « Pour public averti ». C'est un avant-goût des cotes morales que l'Église va instituer en 1948, et que *Le Devoir* va évidemment reproduire.

Comme d'habitude, un nouveau gouvernement change le personnel du Bureau de censure pour y nommer des amis. En 1945, Maurice

L'incendie du Laurier Palace en 1927 canalise les passions à l'égard du cinéma.

Duplessis nomme à la présidence Lucien Desbiens, journaliste au *Devoir*. Deux ans et demi plus tard, sans explication, il le remplace par Alexis Gagnon, chroniqueur politique au *Devoir* depuis vingt ans, un grand ami et fidèle partisan de ses politiques. C'est ainsi que la faction réactionnaire du *Devoir* le quitte pour aller soutenir la « Grande Noirceur » au Bureau de censure jusqu'en 1961.

Dans les années 1950, c'en est fini de l'appui du *Devoir* à l'Église en matière de cinéma. Il n'a toujours pas de chroniqueur ou de critique attitré, mais Gilles Marcotte y signe des textes importants.

L'évolution du quotidien atteint son point culminant en 1958, lors de l'affaire *Maxime,* un film d'Henri Verneuil outrageusement mutilé par les censeurs, quand André Laurendeau vient situer la problématique à un autre niveau (7 novembre). L'événement, c'est que le film n'a finalement pas été présenté alors qu'il devait ouvrir la Semaine du film français (3 au 9 novembre 1958). Laurendeau prend une position ferme sur la traditionnelle question des relations entre l'art et la censure :

> Le but de l'œuvre d'art n'est pas la morale, c'est la beauté […].

**« Le but de l'œuvre d'art n'est pas la morale, c'est la beauté. »**

> […] J'ai le sentiment que les masses ont évolué plus vite que nos censeurs. […] On ne saurait leur imposer les mêmes barèmes qu'il y a trente ans…

Dorénavant, *Le Devoir* s'alignera sur ces principes. Il se rangera du côté des contestataires de la censure lors de l'affaire *Hiroshima mon amour,* en 1960. Dès la publication, en 1962, du rapport du Comité provisoire pour l'étude de la censure du cinéma dans la province de Québec, dit « rapport Régis », Laurendeau s'en fera un défenseur. Bientôt, des chroniques régulières de Jean Basile ou d'Alain Pontaut feront du quotidien la meilleure référence sur le cinéma d'ici et d'ailleurs.

## Le lundi 17 décembre 1923

# Contre la danse, le cinéma, les clubs et la mode

### Extraits de la Lettre pastorale de son Éminence le cardinal Bégin aux fidèles de son diocèse publiée dans *Le Devoir*

**Le Cardinal Bégin interdit les danses lascives modernes aux diocésains de Québec – Le cinéma, les vêtements immodestes, les clubs neutres – Les bons journaux.**

[…] Le Congrès eucharistique a fait, une fois de plus, éclater aux yeux de tous la foi et la piété de notre peuple et son empressement à répondre aux appels de l'Église. L'assistance toujours nombreuse de prêtres et des fidèles aux multiples réunions d'étude et de prière, les manifestations des enfants, des jeunes gens et du grand public; la présence et le concours de l'autorité civile, et surtout les heures d'adoration dans toutes les églises de la ville, la nuit de garde des ouvriers à Saint-Sauveur, les innombrables communions d'hommes, de femmes et d'enfants, et la procession triomphale, terminant dans une apothéose inoubliable ces glorieuses journées eucharistiques, tout a contribué à faire de ce Congrès une fête religieuse des plus splendides et des plus salutaires. […]

Pour répondre à une autre exigence des temps actuels, le Synode, faisant écho aux invitations pressantes de Léon XIII et de ses successeurs, recommande avec instance la lecture des bons journaux, et spécialement de ceux qui, comme disait déjà le Concile Plénier, «libres de toute attache aux partis politiques, se consacrent particulièrement à la défense des intérêts religieux». Vous trouverez dans l'ordonnance qui concerne les bons journaux, une nouvelle expression de notre volonté sur ce sujet d'importance capitale, en même temps que notre vif désir de voir le journal *L'Action Catholique*, dont nous avons suscité et approuvé la fondation, pénétrer dans tous les foyers et y recevoir l'appui et

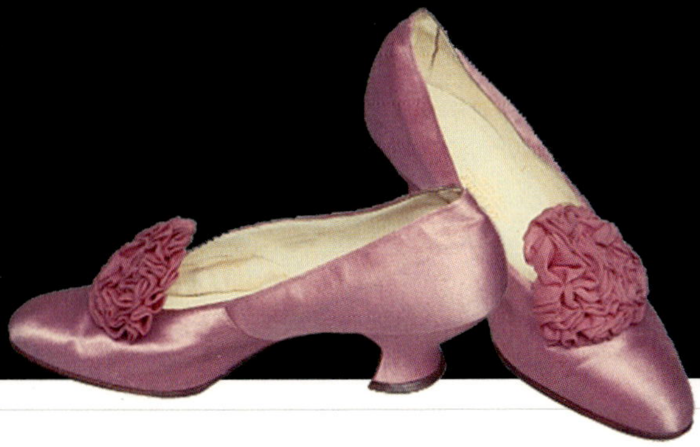

Malgré les condamnations de l'Église, relayées entre autres par *Le Devoir*, les cinémas fleurissent à Montréal au début du XX^e^ siècle.

l'encouragement dont il a besoin pour remplir avec fruit la mission qui lui est confiée.

Outre ces moyens généraux de promouvoir le bien et de combattre le mal, nous avons dû, Nos très chers Frères, adopter et prescrire dans le Synode des mesures énergiques de répression contre certains maux qui menacent insidieusement vos âmes, et dont l'influence pernicieuse est capable de mener aux abîmes, si nous ne savons les enrayer à temps.

Et d'abord, nous vous mettons en garde contre le mauvais théâtre, qui envahit de plus en plus audacieusement la scène et la toile cinématographique. Hélas ! ce qui pourrait être un si efficace moyen de saine instruction, d'honnête et utile récréation, est devenu l'un des pires instruments de déformation morale et religieuse aux mains des ennemis de notre foi et de notre mentalité.

Des enquêtes sérieuses, faites à Québec sous notre direction, nous ont convaincu, en particulier, que le cinéma, tel qu'il est aujourd'hui, constitue pour la plupart des spectateurs un danger grave, sinon une occasion prochaine de péché mortel. Aussi, nous vous avertissons qu'on ne peut assister sans discernement à toute espèce de représentation ; et nous conjurons tous les bons citoyens de se coaliser pour purger notre ville d'un genre de théâtre qui la déshonore, et qui entraînera, s'il est maintenu, la condamnation de salles où il se donne.

Nous prohibons ensuite positivement les danses lascives, quelque nom qu'elles portent, afin d'opposer une digue efficace à la vague montante du néo-paganisme. Vous savez, Nos très chers Frères, avec quelle vigueur les Pères de l'Église ont stigmatisé les danses vives, que le monde païen avait en honneur. Puisque le monde moderne veut remettre en honneur des danses de ce genre, nous devons user contre elles des mêmes armes que les Pères pour préserver vos âmes contre la contagion mortelle. [...]

Il est, dans les mœurs, une autre forme du paganisme renaissant ; c'est celle des modes indécentes, que nous avons la douleur de voir

Automne
Hiver-
1926-1927
Dupuis Frères
LIMITÉE
MONTRÉAL - QUÉ.
MANTEAU A23-15 $29,50
CHAPEAU A20-128 $3,98
Description en page 1
COMPTOIR POSTAL
DUPUIS FRERES LIMITEE.
DUPUIS

pénétrer dans trop de familles pourtant chrétiennes. Nous avons encore présentes à la mémoire, Nos très chers Frères, les graves et fortes paroles de Benoît XV à ce sujet: «La femme, disait-il le 21 octobre 1919, n'a pas seulement le devoir d'être vertueuse, mais aussi celui de se montrer telle dans sa façon de se vêtir…»

[…] Il est également, Nos très chers Frères, un autre abus contre lequel nous avons résolu de sévir avec la dernière énergie; nous voulons parler de la contrebande de boissons enivrantes.

Vous savez tous quelle lutte vigoureuse ont menée dans le diocèse en faveur de la vertu de tempérance notre bien-aimé Coadjuteur et la pléiade d'apôtres, ecclésiastiques et laïques, qui ont secondé ses efforts. […] Ils avaient à peu près terrassé l'ennemi, et nous nous plaisions à entrevoir la fin des ravages causés par les excès de l'alcool. Mais hélas! voici que se répand un peu partout l'intolérable abus que nous dénonçons, et, en particulier, la fabrication subreptice d'un alcool plus nuisible que tout autre à la santé du corps et de l'âme; poison mortel qui s'attaque aux forces vives de l'individu, de la famille et de la société et qui, si nous ne réagissions aucunement, accumulerait bientôt des ruines irréparables.

Nous avons donc voulu réagir, et en vertu de notre autorité pastorale, nous avons prohibé et prohibons sous peine de désobéissance grave la fabrication, la vente et l'importation clandestines des boissons enivrantes, tel que les défend déjà la loi civile.

[…] Enfin, nous avons le devoir de vous mettre en garde contre un danger propre aux pays mixtes comme le nôtre, celui des clubs sociaux neutres, où la bonne entente, sûrement, très désirable entre les éléments d'une population d'origine et de croyance diverses, peut aisément dégénérer en indifférentisme religieux sinon national. […]

Le lundi 19 mars 1928

# La page féminine

Jeanne Métivier

À l'automne 1911, *Le Devoir* constate qu'il n'a pas fait à son lectorat féminin une place aussi large qu'il le souhaitait dès les premières heures de sa publication. On inaugure donc une «page féminine». Au fil du temps, les ambitions de cette page, qui deviendra quotidienne en 1928, changent beaucoup. Les horizons s'ouvrent, comme celui des emplois au journal lui-même: aujourd'hui, les femmes sont majoritaires au *Devoir*.

Chères lectrices, je suis heureuse et flattée d'avoir été choisie pour inaugurer la Page féminine quotidienne. Je me propose d'utiliser l'espace mis à ma disposition le plus utilement possible en parlant des choses qui intéressent femmes et jeunes filles et qui les aident aussi à l'accomplissement de leur devoir social.

Cela m'est très doux de penser que je vais pouvoir collaborer à l'œuvre sociale qu'accomplit depuis plusieurs années *Le Devoir*, et puisque vous êtes vous-mêmes, chères lectrices, jeunes filles ou mères de famille, à la première base de la société, il est bien juste que *Le Devoir* vous consacre quotidiennement une de ses pages. La Page féminine vous entretiendra tous les jours de choses utiles et agréables.

Le foyer, chères lectrices, aura sa large part dans ces colonnes qui vous seront dédiées: l'art d'arranger le *home* pour le rendre attrayant et pour y vivre sans ennui; n'est-ce pas une question très importante de nos jours, où les multiples attractions extérieures tendent de plus en plus à éloigner la femme de son chez-soi? La mode féminine: voilà encore un sujet qui ne sera pas oublié dans la page, car, vous savez, la coquetterie (la bonne coquetterie, j'entends) est une vertu chez la femme, et si «l'habit ne fait pas le moine», il arrive souvent qu'une femme soit jugée d'après ses toilettes. Par des suggestions variées, présentations de patrons accompagnées de vignettes, vous verrez que la simplicité n'exclut pas l'élégance: bien plus, je dirai que l'une n'existe pas sans l'autre.

Et puis, je suis sûre que vous aimez toutes la lecture: la page vous entretiendra de livres nouveaux et intéressants; elle vous donnera en outre des comptes rendus de réunions féminines, conférences sur des questions sociales, éducationnelles, musicales, que sais-je?, et sur une foule d'autres sujets qui, je l'espère, sauront vous intéresser.

Comme cette page est dédiée spécialement aux dames et aux jeunes filles, nous essaierons de la leur rendre la plus intéressante possible

et, pour ce faire, nous demandons à toutes celles qui le peuvent de bien vouloir nous envoyer leurs suggestions quant aux sujets qu'il leur semblerait bon de traiter dans la page. Nous publierons aussi les recettes, conseils pratiques, etc., que voudront bien nous envoyer nos lectrices : elles collaboreront ainsi à la page et contribueront à la rendre attrayante et vivante.

Parce qu'une Page féminine est formée, est-ce à dire que le Coin des enfants sera négligé ? Je m'en garderais bien : et comme le disait tante Annette dans ses dernières et si émouvantes causeries, les petites fleurs de son parterre ne seront pas fauchées, et la nouvelle directrice est trop heureuse de leur donner un petit coin bien à elles.

# L'ÉDUCATION

## DANS UNE SOCIÉTÉ EN MUTATION

Marie-Andrée Chouinard

Sitôt fondé, *Le Devoir* dévoile l'importance qu'il accordera aux questions d'éducation, souvent intimement liées à des enjeux politiques. Le débat enflammé que soulève, en Ontario, l'abolition de l'enseignement en français dans les écoles élémentaires publiques irrite dès le premier souffle du journal le fondateur Henri Bourassa, qui fait de cette question de protection des droits des minorités francophones en terrain scolaire un de ses principaux chevaux de bataille.

Accablant constat? Cent ans plus tard, le quotidien doit encore garder l'œil ouvert sur ce type de querelles, qui marient les affaires scolaires et la bataille linguistique. La Cour suprême du Canada vient tout juste d'invalider la loi 104, imaginée par le Québec pour mettre fin au subterfuge des écoles-passerelles et protéger sa Charte de la langue française de tout détournement. *Le Devoir* s'est offusqué de cette décision unanime des hauts magistrats.

Au moment où naît *Le Devoir,* le réseau scolaire québécois est dominé par le clergé ; il tente de scolariser les francophones, dont le niveau d'instruction est bien en deçà de celui du reste de la population canadienne, et mise sur le développement fulgurant de ses écoles techniques dans cette société en pleine industrialisation. La gratuité scolaire et la création possible d'un ministère de l'Instruction publique, centralisateur, sont au cœur des débats et ces projets n'enchantent guère le directeur Bourassa, qui exprime, en mars 1910, ses craintes de voir ces réformes permettre aux sectaires de « mettre la main sur tout le régime et le personnel de l'enseignement public et d'imposer l'école sans Dieu ». L'école gratuite serait « une arme aux mains de l'État contre le droit de l'Église et des parents ».

***Le Devoir* suggère une campagne d'intense propagande afin d'amener aux écoles le plus grand nombre d'élèves possible.**

L'école d'Émilie Bordeleau n'a pas existé qu'au petit écran. *Le Devoir,* préoccupé du bas salaire des institutrices, épouse la cause de ces dernières. Dans un éditorial destiné à appuyer des revendications relatives à la hausse de la caisse de retraite, Omer Héroux écrit, en décembre 1910, un texte percutant intitulé « Crevez de faim ! » Il vilipende le gouvernement libéral de Lomer Gouin pour sa pingrerie envers ces femmes. Les hommes politiques « finiront par détendre les cordons de cette bourse qui s'ouvre si facilement pour récompenser les domestiques zélées et qui reste obstinément fermée devant les réclamations des parias de l'enseignement ; ils finiront, sous la poussée de l'opinion publique, par rendre justice à celles qui peinent et qui souffrent ».

Avant 1943, année où est adoptée une loi qui rend la fréquentation scolaire obligatoire pour les enfants de six à quatorze ans, les efforts se multiplient, et jusque dans les médias, pour faire valoir les charmes de l'école au regard des gains que procure un travail, même effectué par un enfant. Ainsi, dans un numéro du *Devoir* d'août 1942, un bloc-notes intitulé « L'heure des classes » rappelle à l'ordre ceux qui seraient

Les trois incendies successifs de ses édifices du Quartier latin, entre 1919 et 1922, de même qu'un nombre grandissant de nouvelles facultés, poussent l'Université de Montréal à chercher un emplacement plus spacieux et sécuritaire. Dans les années 1920, l'Université fait l'achat d'un terrain sur le versant nord du mont Royal, et c'est l'architecte Ernest Cormier qui dessine les plans du nouveau campus. La crise économique oblige toutefois l'Université à ralentir les travaux. Il faut attendre 1943 pour que l'Université occupe complètement ses nouveaux bâtiments. En 1968, on crée une première université d'État au centre-ville de Montréal. Ce sera l'UQAM.

«tentés de sacrifier l'avenir au présent». Quelques semaines avant la rentrée des classes, le journal voit l'occasion de poursuivre «une campagne d'intense propagande afin d'amener aux écoles le plus grand nombre d'élèves possible». La perspective d'un travail lucratif – «les enfants d'âge scolaire peuvent gagner plus d'argent que jadis» – ne doit pas faire oublier «l'avantage que procurerait aux enfants un plus long séjour à l'école», écrit *Le Devoir* dans un autre texte à saveur éditoriale.

*Le Devoir,* de tout temps, se préoccupe de l'importance de s'instruire pour la «jeunesse canadienne-française». Dans un éditorial intitulé «Si vous ne voulez pas être des manœuvres...», publié le jeudi 25 août 1927, quelques jours avant l'ouverture des collèges, des couvents, des écoles communes et de l'université, Omer Héroux appelle ses «jeunes compatriotes» à ne pas manquer une seule chance de s'instruire:

> L'avenir ne sera facile pour personne dans le Montréal de demain. Les jeunes Canadiens français seront obligés de s'ouvrir un chemin au milieu de concurrents de toute sorte.
> [...] C'est pourquoi nous répétons encore une fois à tous nos jeunes compatriotes: «Si vous ne voulez pas être des manœuvres, de simples domestiques dans votre propre pays, profitez de toutes les heures qui passent, armez-vous!... »

Il évoquait, bien sûr, l'enrichissement des connaissances.

L'éducation a fourni d'autres moments forts au journal: sous le pseudonyme de Candide, l'éditorialiste André Laurendeau publie, en 1959, un texte intitulé «Le joual», dans lequel il s'effraie de «l'effondrement que subit la langue parlée au Canada français». S'alarmant du charabia des adolescents, il écrit: «Tout y passe: les syllabes mangées, le vocabulaire tronqué ou élargi toujours dans le même sens, les phrases qui boitent, la vulgarité virile, la voix qui fait de son mieux pour être canaille... [...] Une conversation de jeunes adolescents ressemble à des jappements gutturaux.»

Ce texte eut un effet immédiat. Un frère mariste, Pierre-Jérôme – Jean-Paul Desbiens de son vrai nom, le frère Untel pour la postérité –, répondit à Laurendeau. Suivit un échange de lettres, ciblant, entre autres, la qualité du système d'enseignement, et qu'accueillit *Le Devoir* en ses pages, dont résultèrent les célèbres *Insolences du frère Untel*. Peu après, Gérard Filion, directeur du journal, publiait un ouvrage de réflexion critique sur l'éducation, *Les confidences d'un commissaire d'écoles*. Cela le mènera tout droit à la vice-présidence de la commission Parent, qui marqua un virage révolutionnaire en éducation.

Cette commission d'enquête sur l'éducation est ardemment souhaitée. Laurendeau écrit, le 15 novembre 1960: «Nulle tâche ne nous apparaît plus difficile à réussir – mais en même temps plus urgente.»

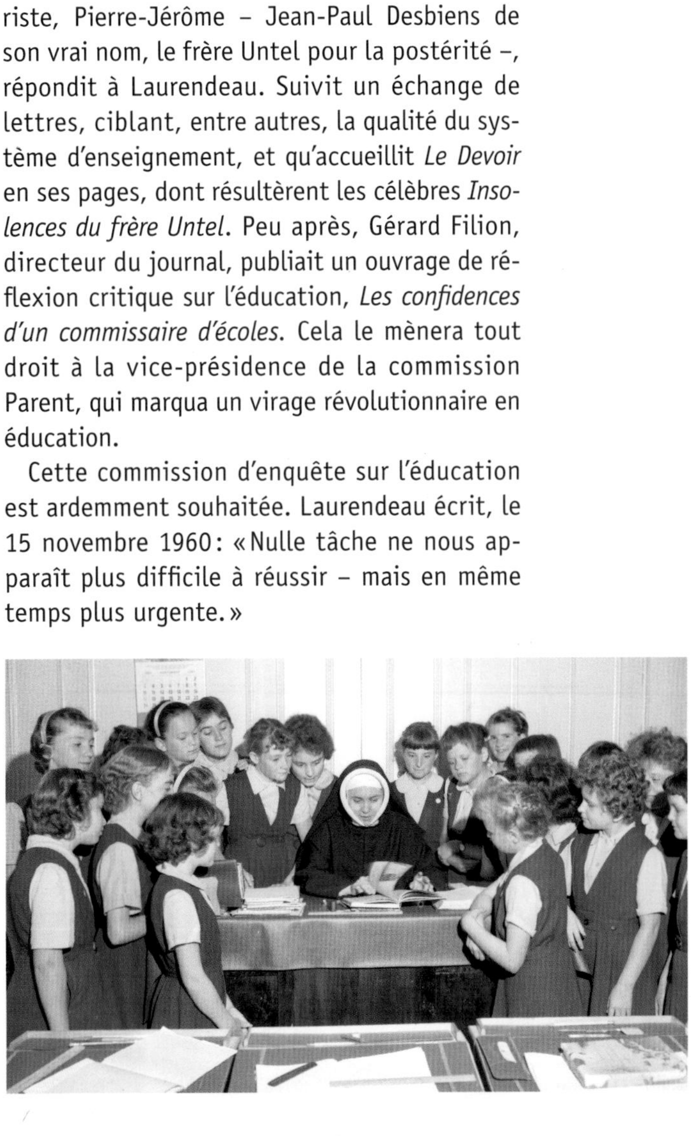

Jusqu'au début des années 1960, l'enseignement est confié le plus souvent aux communautés religieuses.

Le jeudi 25 août 1927

# Si vous ne voulez pas être des manœuvres...

Omer Héroux

Voici l'automne. Cela veut dire non seulement la réouverture des collèges, des couvents, des écoles communes et de l'Université, mais encore celle de toutes les écoles spéciales, de tous les cours, de toutes les conférences qui s'adressent au public.

Il est au moins une chose dont on ne peut se plaindre à Montréal : c'est du manque de moyens de s'instruire. L'enseignement classique n'est pas encore aussi facilement accessible qu'on le pourrait souhaiter – c'est une lacune qu'on s'occupe présentement à combler – mais, par contre, combien de cours sont gratuits ou à peu près !

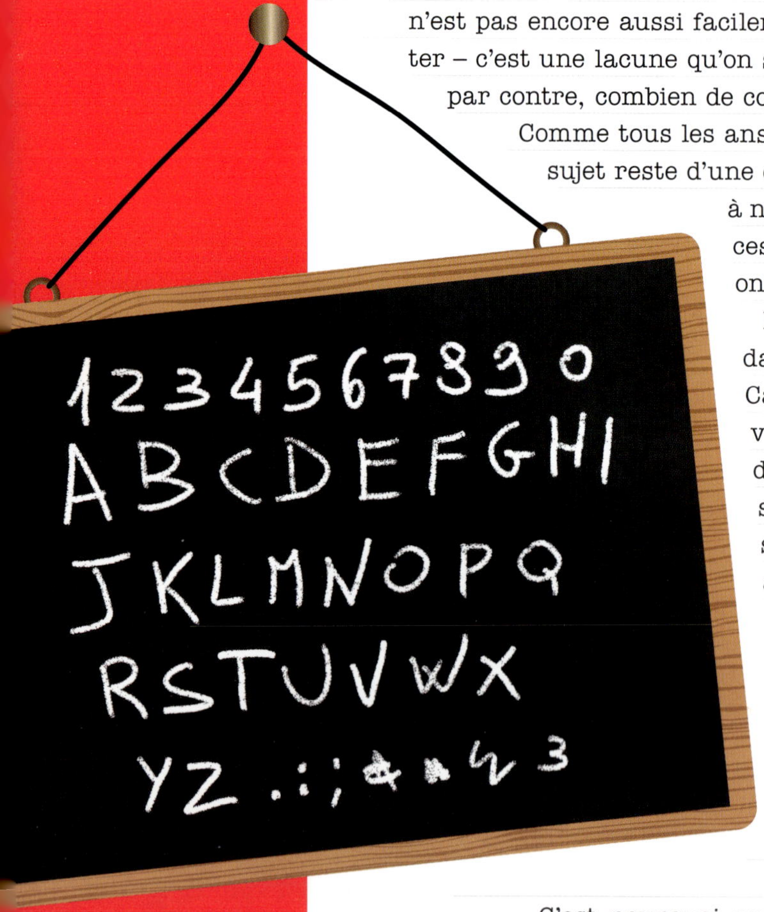


Comme tous les ans – mais il faut bien y revenir, puisque le sujet reste d'une constante actualité – nous revenons dire à nos jeunes compatriotes : « Profitez donc de ces leçons ! Suivez l'exemple de ceux qui en ont tiré déjà un si grand avantage ! »

L'avenir ne sera facile pour personne dans le Montréal de demain. Les jeunes Canadiens français seront obligés de s'ouvrir un chemin au milieu de concurrents de toute sorte. Et de rudes concurrents souvent ! Nous savons, ou nous devrions savoir, avec quelle énergie, avec quelle admirable ténacité certains immigrants et fils d'immigrants préparent leur route. Pour percer, pour arriver, sinon au premier rang, du moins à un rang convenable, il faudra avoir travaillé, s'être acquis une compétence réelle.

Cette compétence, c'est aux heures de la jeunesse qu'il convient d'en poser les bases.

C'est pourquoi nous répétons encore une fois à tous nos jeunes compatriotes : « Si vous ne voulez pas être des manœuvres, de simples domestiques dans votre propre pays, profitez de toutes les

Un groupe d'immigrants en novembre 1927 à bord du navire qui les conduit au pays.

heures qui passent, armez-vous! Faites que ceux qui naturellement devraient vouloir utiliser vos services puissent se reposer avec confiance sur vous! Faites que les autres, à l'occasion, soient obligés de s'incliner devant votre compétence! [...] »

L'expérience le démontre : ce ne sont pas les aptitudes qui manquent aux Canadiens français ; mais nous le savons tous, ces aptitudes naturelles restent trop souvent à demi ou à peine utilisées parce que nous n'avons pas su travailler assez. [...]

Il faut donc agir – et tout de suite.

Omer Héroux (1876-1963) est un des principaux animateurs de la rédaction du journal.

Sous le Jésus de plâtre et la figure d'un prélat de l'Église, les pupitres de bois sont soigneusement alignés dans les écoles.

Le 30 mai 1922, Georges Pelletier répond à Bourassa, qui a noté des incorrections typographiques dans le journal. Bourassa est alors à Rome. « Nous faisons de notre mieux, écrit Pelletier, et il y a certainement place à quelque amélioration ; mais là encore, nous constatons comme vous que les machines américaines, avec lesquelles nous faisons le journal, n'ont pas des caractères typographiques aussi ouverts et aussi lisibles que les machines européennes. »

Toutes les machines à composer et les fondeuses de caractères sont alors américaines. Le matériel d'imprimerie et les appareils de clicherie laissent à désirer, de même que les rouleaux des presses. « Mais naturellement, explique Pelletier, avec la pénurie où nous sommes, il n'y a pas de grosses dépenses à entreprendre. »

Des pressiers de l'atelier du *Devoir* en septembre 1925 : cravate, nœud papillon et veste sont portés même à l'atelier.

LE DEVOIR 26-9-25

# ÉDITEUR DE LIVRES ET DE BROCHURES

Paul Bennett

**Les éditions du *Devoir* cherchent à ajouter quelques modestes apports à la littérature canadienne et surtout faire pénétrer plus avant les idées politiques et sociales que le journal croit nécessaires au bien public.**

Qui se souvient encore aujourd'hui que *Le Devoir* fut, à une certaine époque, particulièrement entre 1910 et 1930, l'un des plus importants journaux-éditeurs de livres et de brochures au Québec ? Contrairement à ce qu'on serait porté à croire, *Le Devoir* ne publia pas seulement d'innombrables textes et conférences de son fondateur, Henri Bourassa (pas moins de 70, dont 15 en anglais !), et d'un autre ténor nationaliste, Lionel Groulx, mais aussi des dizaines de romans, de récits, de recueils de poésie et d'essais – mais une seule pièce de théâtre – d'auteurs connus ou aujourd'hui oubliés.

Le recueil de poésie posthume *Le Cap Éternité* (1919) de Charles Gill, *Le miroir des jours* (1912) et *Lauriers et feuilles d'érable* (1916) d'Albert Lozeau, le roman *Nord-Sud* (1931) de Léo-Paul Desrosiers, *Les rapaillages* (1916) de

Lionel Groulx, ainsi que des essais importants de Victor Barbeau (*Pour nous grandir* [1937]), d'Édouard Montpetit et de Georges-Henri Lévesque, ont tous paru d'abord au *Devoir*, dans le droit fil de la « ligne éditoriale » fixée par Henri Bourassa et ses successeurs.

Car *Le Devoir* ne fut pas qu'un simple imprimeur, contrairement à d'autres revues et journaux de l'époque, mais un véritable éditeur qui acceptait et parfois même sollicitait les manuscrits en fonction du « programme » social, politique et religieux défini par son fondateur. Dans un discours prononcé à l'occasion du cinquième anniversaire du *Devoir*, le 14 janvier 1915, Henri Bourassa expliquait en effet que, pour lui, les livres, les brochures et les conférences étaient des « modes d'action » visant à

**À gauche** L'écrivain Charles Gill (1871-1918) sera l'un des auteurs publiés par *Le Devoir*.
**À droite** La salle de rédaction du *Devoir* dans les années 1920.

Georges Pelletier pris sur le vif
par le photographe de la revue
*L'œil* le 15 juin 1942.

Sur la couverture de *Figurines*, le premier recueil de poésie d'Édouard Chauvin, une illustration de Lucien Parent représente l'intérieur de L'Arche, cet atelier d'artistes du Vieux-Montréal où se réunissaient régulièrement peintres, poètes, romanciers, journalistes, musiciens et comédiens.

« ajouter quelques modestes apports à la littérature canadienne et surtout faire pénétrer plus avant les idées politiques et sociales qu['il] croy[ait] nécessaires au bien public ».

Si l'on rassemble les données des quelques études sur le sujet effectuées par le Groupe de recherche sur l'édition littéraire au Québec de l'Université de Sherbrooke, on arrive au chiffre impressionnant d'environ 500 ouvrages (dont la moitié environ de brochures) publiés par le service de l'imprimerie du *Devoir* entre 1910 et 1953, année de la publication de *Splendeurs et misères de l'Inde* de Gérard Filion, dernier ouvrage répertorié portant la griffe du *Devoir* ou de L'Imprimerie populaire. De 20 % à 25 % de toute cette production peut être qualifiée de littéraire.

Il n'est pas surprenant que *Le Devoir* ait publié autant de livres et de brochures puisque, dès la fondation du journal, le volet éditeur-imprimeur était envisagé comme une source de revenus aussi indispensable à la viabilité du journal que la publicité et les « travaux de ville » (impression de cartes professionnelles, de circulaires, d'affiches, de catalogues, etc.) effectués, eux aussi, à l'imprimerie du *Devoir*. Plus tard furent ajoutés d'autres services auxiliaires qui permettaient d'éponger (un peu) les déficits annuels chroniques du journal, comme le service de librairie et, en 1924, un service des voyages.

Après la Seconde Guerre mondiale, *Le Devoir*, dirigé alors par Gérard Filion, cessa progressivement ses activités d'éditeur-imprimeur, tout simplement parce que ses presses étaient devenues désuètes et que l'imprimerie, bien qu'encore rentable, ne l'était pas suffisamment pour justifier les investissements considérables

Les brochures publiées au *Devoir* traitent le plus souvent de sujets d'actualité, en reproduisant soit des séries d'articles déjà parus dans le journal, soit le texte de conférences, soit des documents.

Blanche Lamontagne-Beauregard (1889-1958) connaîtra le succès en 1913 avec un livre publié par *Le Devoir*.

qu'elle aurait nécessités pour demeurer concurrentielle. L'imprimerie fut définitivement fermée en 1967 et l'impression du journal, confiée à l'imprimerie Dumont, achetée deux ans plus tard par Quebecor.

## Des auteurs connus et… moins connus

Si *Le Devoir* publia nombre d'ouvrages d'illustres inconnus et de toute nature, allant de la monographie de paroisse au plaidoyer pour la tempérance en passant par quelques tracts aux accents antisémites des Jeune-Canada (*Notre nationalisme* d'André Laurendeau, en 1935), il édita par ailleurs nombre d'œuvres de poètes, romanciers et essayistes entrés depuis dans l'histoire littéraire (les Charles Gill, Albert Lozeau, Léo-Paul Desrosiers), mais aussi les œuvres d'auteurs en vogue à l'époque et aujourd'hui tombés dans l'oubli : Blanche Lamontagne-Beauregard (*Par nos champs et nos rives* [1917]), Fadette (pseudonyme d'Henriette Dessaulles, cousine d'Henri Bourassa), Monique (pseudonyme d'Alice Pépin Benoit ; *Brins d'herbe* [1920]), Michelle Le Normand (pseudonyme de Marie-Antoinette Tardif, devenue, en 1922, M^me^ Léo-Paul Desrosiers ; *Autour de la maison* [1916]), Yvonne Charette (*Nuances* [1919]), ou encore le poète Louis-Joseph Chagnon (*La chanson des érables* [1925]).

La plupart de ces auteurs travaillaient comme journalistes ou chroniqueurs réguliers au *Devoir*. Or, malgré ce statut privilégié, ils devaient pour la plupart payer de leur poche pour y être édités – c'était d'ailleurs l'usage à l'époque. Seules exceptions à cette règle de l'édition à compte d'auteur : Henri Bourassa lui-même et les rares auteurs que le directeur du *Devoir* sollicitait, par exemple Lionel Groulx et Blanche Lamontagne-Beauregard (*Visions gaspésiennes* [1913]).

Première femme au Québec à publier sous son nom véritable plutôt que sous un pseudonyme, Blanche Lamontagne fut aussi un des rares auteurs maison à tenir tête à Bourassa… En effet, après que le directeur du *Devoir* eut publié, en 1918, une série d'articles véhéments contre le vote des femmes, la poétesse gaspésienne se brouille avec lui et ne reviendra aux éditions du *Devoir* qu'en 1928, après l'effacement progressif de Bourassa de la direction du journal.

Certains livres publiés par les éditions du *Devoir* (souvent en format de poche et à petit prix, sur un papier de mauvaise qualité) connurent un succès considérable pour l'époque, comme *Les rapaillages* (1916) de l'abbé Lionel Groulx, dont le tirage atteignit 8000 exemplaires avant que les droits ne soient cédés, en 1919, à un autre éditeur (Bibliothèque de l'Action française). Ce recueil de « souvenirs » aux

Quelques culs-de-lampe utilisés par le service d'éditions du *Devoir*.

forts accents passéistes et régionalistes donnera d'ailleurs lieu à un véritable déferlement de récits du terroir, allant des *Récits laurentiens* (1919) du frère Marie-Victorin aux *Vieilles choses, vieilles gens* (1926) de Georges Bouchard. Victor Barbeau ne se gênera pas, dans *La Presse,* pour qualifier tous ces chantres du terroir de « pontifes de l'heure des vaches ».

Pour sa part, Léo-Paul Desrosiers, correspondant parlementaire du *Devoir* à Ottawa de 1922 à 1928, amorça sa carrière littéraire aux éditions du *Devoir,* où il fit paraître un recueil de nouvelles (*Âmes et paysages* [1922]), puis un roman (*Nord-Sud* [1931]) bien accueilli par le public et la critique, qui lui valut même une médaille de l'Académie française. Sa carrière d'écrivain se confirma avec un autre recueil de nouvelles publié aux éditions du *Devoir* (*Le livre des mystères* [1936]), mais surtout avec son roman *Les engagés du Grand Portage,* publié chez Gallimard en 1938.

Si la très grande majorité des ouvrages littéraires publiés au *Devoir* creusaient le sillon nationaliste et régionaliste soutenu par le journal, quelques rares ouvrages s'écartent heureusement de cette voie, comme les recueils de poésie d'Édouard Chauvin (*Figurines* [1918]) et de Jean Nolin (*Les Cailloux* [1919]), salués dès leur sortie pour leur ton léger, leur humour irrévérencieux et leur refus de tout lyrisme patriotique ou religieux, à contre-courant de l'idéologie dominante.

Quant aux brochures, qui traitaient de sujets d'actualité (crise de la conscription, affaires des écoles de langue française en Ontario et au Manitoba, vote des femmes) et regroupaient le plus souvent des textes déjà publiés dans *Le Devoir,* leur tirage pouvait dépasser les 30000 exemplaires, à l'exemple du discours que Bourassa prononça à l'occasion du XXIe Congrès eucharistique international, tenu à Montréal, en 1910.

D'après les recherches effectuées en vue de ce texte aux Archives nationales du Québec et au Centre de recherche Lionel-Groulx, on peut conclure que le choix des manuscrits et le travail d'édition étaient en grande partie assurés soit par Georges Pelletier, secrétaire à la rédaction, puis gérant-administrateur du journal avant d'en devenir le directeur, en 1932, soit par le rédacteur en chef Omer Héroux, ou encore directement par le directeur de l'imprimerie (Daniel Brosseau à compter de 1919).

Avant l'arrivée de véritables éditeurs professionnels, au milieu des années 1920, tels Albert Lévesque ou Louis Carrier, *Le Devoir* joua un rôle prépondérant en tant que journal-éditeur, à l'instar d'autres journaux ou périodiques comme *L'Événement* et *L'Action catholique* ou, dans les années 1930, l'hebdo *Le Bien public* à Trois-

**Certains recueils publiés par *Le Devoir* sont salués dès leur sortie pour leur ton léger, leur humour irrévérencieux et leur refus de tout lyrisme patriotique ou religieux.**

Rivières. *Le Devoir* ne se contenta pas d'imprimer des livres, comme le fit, par exemple, *Le Soleil* à Québec, mais joua un véritable rôle d'éditeur, ainsi que le reconnaît d'ailleurs Maurice Lemire dans son «Introduction à la littérature québécoise» (*Dictionnaire des œuvres littéraires du Québec, tome II: 1900-1939*).

Si l'on ne peut affirmer que *Le Devoir* comme éditeur brilla par son audace ou par la qualité littéraire exceptionnelle de sa production, il n'en pallia pas moins longtemps la carence d'éditeurs littéraires dignes de ce nom.

## La librairie

Sur cette activité d'imprimeur-éditeur se greffa, dès les premiers mois d'existence du journal, un modeste service de librairie destiné d'abord à diffuser les brochures publiées à l'imprimerie du *Devoir*.

Cette petite librairie, qui occupa des locaux aménagés à cette fin dans l'immeuble de la rue Saint-Jacques, puis dans celui de la rue Saint-Vincent, était dirigée par la secrétaire du gérant d'affaires, M^lle^ Jeanne Pampalon. En plus d'offrir les livres et les brochures édités à l'imprimerie du *Devoir*, la librairie proposait essentiellement des livres religieux et des romans français à bon marché, édités par la Maison de la Bonne Presse, à Paris. La librairie du *Devoir* les recevait un mois après leur parution en France. La majorité des livres étaient acheminés par la poste aux lecteurs à l'extérieur de Montréal.

La Première Guerre mondiale vint cependant paralyser ce service jusque-là florissant. C'est ce que raconte le journaliste Louis Dupire dans un article paru dans le supplément du *Devoir* du 23 février 1935, à l'occasion du 25^e^ anniversaire du journal. Le service de librairie ne fut rétabli qu'après la guerre: on demanda à M^lle^ Pampalon de repérer des soldes d'invendus, qui étaient rachetés par la librairie et écoulés grâce à une publicité «funambulesque» (dit Dupire) mais efficace dans *Le Devoir*. Bien sûr n'y trouvaient place que les ouvrages religieux (de la *Somme théologique* de saint Thomas d'Aquin à l'*Histoire sainte* de Franc-Nohain), de «bons livres» importés de France et quelques ouvrages canadiens, dont ceux qui sortaient des presses du *Devoir*.

Plus tard, dans l'édifice du *Devoir* de la rue Notre-Dame, la librairie eut droit à sa propre entrée, indépendante de celle du journal. L'une des deux portes, côté rue (le 432), donnait directement sur la librairie, qui occupait le rez-de-chaussée, alors que le 434 donnait accès à un escalier étroit qui menait à la rédaction, à l'imprimerie et aux autres services.

Les états financiers annuels indiquent que de 1925 à 1945 le service de librairie enregistra constamment des surplus variant de 21% (les premières années) à 12% (après 1945) du chiffre d'affaires. À l'arrivée de Gérard Filion, en 1947, le service de librairie, qui n'était plus suffisamment rentable au goût du nouveau directeur (un surplus de 913$ seulement en 1947, soit 9442$ en dollars d'aujourd'hui) subit le même sort que le service des voyages (qui existait depuis 1924) et fut démantelé.

L'édifice du *Devoir*,
rue Notre-Dame.

# 1930-1945

1930 1931 1932 1933
1934 1935 1936 1937
1938 1939 1940 1941
1942 1943 1944 1945
1930 1931 1932 1933
1934 1935 1936 1937
1938 1939 1940 1941
1942 1943 1944 1945
1930 1931 1932 1933
1934 1935 1936 1937
1938 1939 1940 1941
1942 1943 1944 1945
1930 1931 1932 1933
1934 1935 1936 1937
1938 1939 1940 1941
1942 1943 1944 1945
1930 1931 1932 1933
1934 1935 1936 1937
1938 1939 1940 1941

**chapitre 3**

# TOURMENTE

# LA CRISE

Jean-François Nadeau

**La désorganisation socioéconomique s'avère favorable à la naissance de nouveaux mouvements politiques, tant à gauche qu'à droite.**

L'effondrement des marchés boursiers, à l'automne 1929, tonne comme un coup de semonce donné au matérialisme. La débâcle financière qui s'ensuit jette à terre les quelques certitudes fragiles de la décennie précédente et encourage bientôt une montée de l'intolérance et de solutions autoritaires plus ou moins improvisées.

Comme dans tous les pays frappés par la crise économique, les dirigeants canadiens estiment tout d'abord que la situation, malgré sa fulgurance, n'est que passagère. Mais la désorganisation des marchés internationaux apparaît bientôt telle que l'on doit changer d'idée. Au pays, le taux de chômage avoisine les 30 %.

En 1935, la crise ne s'est pas encore résorbée. La chute des prix et les fermetures d'usines maintiennent un taux de chômage sans précédent et alimentent de nombreuses remises en question sur le plan politique. La désorganisation socioéconomique favorise la naissance de nouveaux mouvements politiques, tant à gauche qu'à droite. Au Canada français, le corporatisme social, soutenu par l'Église, retient beaucoup l'attention, mais il existe aussi des mouvements certainement plus extrémistes, comme les chemises bleues, ouvertement fascistes, d'Adrien Arcand. Tous cherchent une voie de sortie à la crise, quitte à glisser vers des projets de société qui sapent les fondements démocratiques des institutions.

Au *Devoir*, on fustige notamment les politiques du gouvernement fédéral, qui éloignent les Canadiens français des centres de décision. Sous la direction de Georges Pelletier à compter de 1932, le journal fait la part belle à un prêtre-historien, l'abbé Lionel Groulx, ainsi qu'à ses disciples, qui sont alors de plus en plus nombreux. Plusieurs études ont été consacrées, depuis, à cette période trouble de l'histoire du journal. Certaines sont plus enclines à voir ce qu'elles souhaitent y trouver, mais toutes observent les tendances antidémocratiques, antiparlementaires et anticommunistes qui se dégagent alors de la lecture du quotidien du soir montréalais.

Les chômeurs fréquentent les soupes populaires pour survivre.

Indigné par la situation faite aux travailleurs, le journaliste au chômage Adrien Arcand crée un parti politique ouvertement fasciste qui arbore la croix gammée.

File d'attente de chômeurs devant le refuge Merling à Montréal.

Montréal, mardi 29 oct. 1929
TROIS SOUS LE NUMERO
Rédaction et administration
430 EST NOTRE-DAME
LE DEVOIR
FAIS CE QUE DOIS!
Directeur: HENRI BOURASSA
Formidable dégringolade en bourse à New-York et à Montréal
M. Perron dans Montcalm
L'opinion d'un architec
paysagiste
DERNIÈRE HEURE
LE DEVOIR
Montréal, mardi 29 octobre 1929
CALENDRIER
Les restes de S. G. Mgr Mathieu transportés de l'hôpital à la cathédrale de Régina
Le panique est à son comble en Bourse
La majorité de
DERNIÈRE HEURE
LE DEVOIR
Montréal, lundi 30 janvier 1933
CALENDRIER
DEMAIN
Le DEVOIR est membre de la "Canadian Press", de l'"A.B.C." et de la "C.D.N.A."
La démission ou le congé de M. Gabias
Les funérailles de M. Vaillancourt
M. Daladier forme un cabinet
Les funérailles du Dr Dufresne
Adolphe Hitler devient chancelier d'Allemagne et forme un cabinet
Montréal, samedi 19 janvier 1935
Rédaction et administration
430 EST, NOTRE-DAME
LE DEVOIR
FAIS CE QUE DOIS!
Directeur-gérant: GEORGES PELLETIER
Rédacteur en chef: OMER HEROUX
Les cinq petites Dionne
Une victoire du lait maternel
Le premier grand débat de la se
Montréal, mercredi 26 août 1936
LE DEVOIR
FAIS CE QUE DOIS
Le nouveau ministère Duplessis est assermenté vers une heure
Le plan, voilà ce qui nous manque le plus

Malgré tous les efforts déployés pour sortir de la crise économique, seul le début des hostilités, en 1939, permet vraiment de résorber le chômage endémique qui touche la population canadienne pendant toute la décennie. Comme si le malheur des hommes ne trouvait remède que dans le malheur de l'humanité tout entière.

Georges Pelletier, directeur du *Devoir* de 1932 à 1947.

## Nouvelles positions politiques

Dans les années 1930, *Le Devoir* appuie le parti de Maurice Duplessis contre le gouvernement Taschereau, accusé de toutes les corruptions. Sur la scène municipale, à l'élection de 1936 à la mairie de Montréal, *Le Devoir* appuie la candidature d'Adhémar Raynault contre Camillien Houde. *Le Devoir* publie alors quantité de textes de Lionel Groulx et de la nébuleuse groulxiste. Ce courant de pensée, qui marque une rupture avec le nationalisme proposé par Henri Bourassa, éloigne le fondateur du journal de son quotidien. En 1936, Bourassa déclare à l'historien Robert Rumilly, qui sera un de ses biographes, n'avoir aucun journal à qui confier ses articles. Lorsque Rumilly lui suggère de s'adresser tout simplement au *Devoir,* Bourassa rétorque: « C'est le dernier auquel je voudrais m'adresser. »

## Bourassa dénonce l'antisémitisme

La crise contribue à l'éclosion d'un fort courant xénophobe. Plusieurs mouvements politiques encouragent notamment la haine des Juifs au début des années 1930. *Le Devoir* appuie au moins l'un d'entre eux, les Jeune-Canada. Leurs principaux dirigeants, Pierre Dansereau et André Laurendeau, s'excuseront plus tard de ces sorties, à la lumière de l'expérience européenne. Le fondateur du journal, bien qu'il montre de très forts penchants à droite, défend pour sa part les minorités sans la moindre hésitation. Dans une lettre de 1934 adressée à un évêque, il s'indigne du peu de cas que la population fait alors de la montée d'une campagne de haine pourtant nauséabonde dont des journaux se font les agents:

> Quant au chauvinisme de race, ce n'est pas à l'occasion de la C.C.F. [Co-operative Commonwealth Federation, un parti de gauche fondé en 1932] que je vous en ai signalé le danger. C'est en rapport avec la question juive. Là-dessus, vous voulez bien me concéder que la campagne menée par la petite presse montréalaise est condamnable. Comment se fait-il que pas une voix autorisée, dans la province de Québec, ne se soit fait entendre pour condamner cette campagne? Si un seul journal juif ou protestant avait publié sur notre compte la centième partie des ignominies que l'on prodigue aux Juifs, depuis deux ans au moins, il se serait élevé un tollé de toute part. Je n'admets pas qu'on fasse aux autres ce que l'on ne veut pas subir soi-même. S'il y a des Juifs voleurs, exploiteurs ou violateurs des lois, qu'on les dénonce, qu'on les punisse, pourvu qu'on en fasse autant contre tous les individus, à quelque race ou religions qu'ils appartiennent, qui se rendent coupables des mêmes méfaits. Mais qu'on fasse porter à toute une race la responsabilité des crimes ou des délits de quelques individus, si nombreux qu'ils puissent être, c'est encore ce que je ne puis admettre.

Sur la scène culturelle, on chante aussi la détresse engendrée par la crise. Mary Travers, dite La Bolduc, propulse ses turlutes en chantant le quotidien, tout comme l'écrivain Émile Coderre, alias Jean Narrache, raconte dans ses poèmes les souffrances des siens.

Des peintres se passionnent pour de nouvelles réalités tant picturales que sociales. Jack Beder, d'origine polonaise, s'intéresse comme son ami John Lyman et bien d'autres à l'art moderne. Une de ses toiles, datée de 1938, nous montre un orchestre de jazz au cabaret Montmartre, composé de musiciens noirs, qui nous donne une idée d'une certaine vie nocturne de l'époque à Montréal. Dans l'entre-deux-guerres, la présence de l'écrivain Alain Grandbois dans ce paysage, fait figure d'exception. Fils d'un homme d'affaires fortuné, Grandbois parcourt le monde et fréquente aussi bien Jules Supervielle que Pablo Picasso ou André Malraux. Ses aventures le conduisent tant en Chine, du côté des fumeurs d'opium, qu'en France où, à l'île de Port-Cros, il pose ici en compagnie de la châtelaine Claudie Henry et Auguste Lumière, un des inventeurs du cinéma.

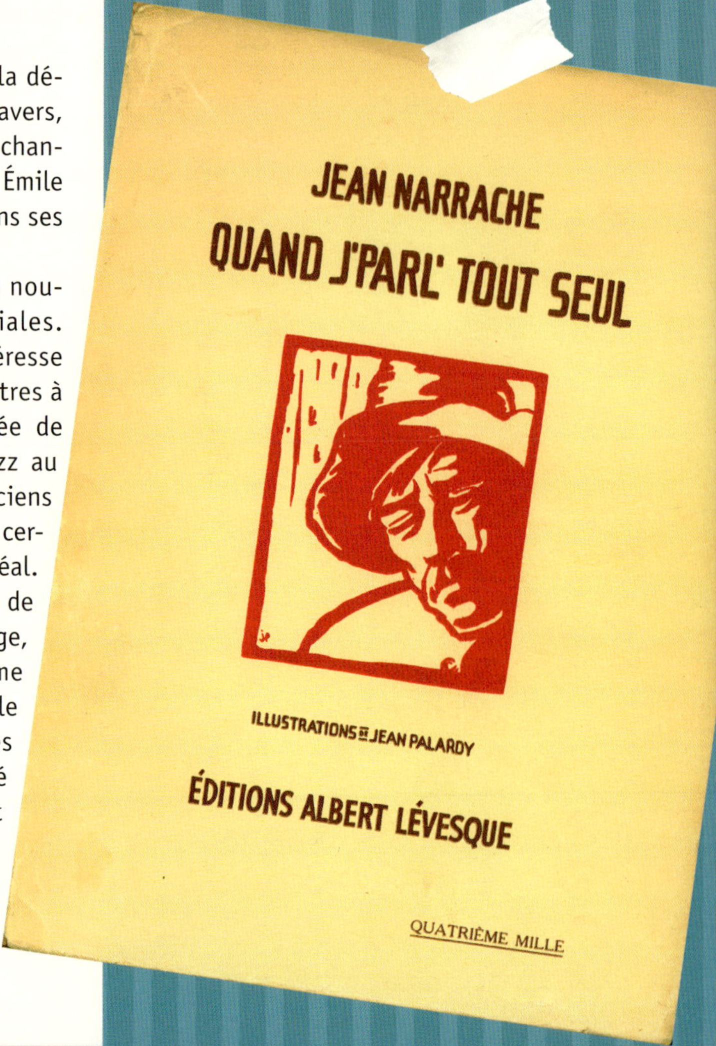

Jack Beder, Cabaret, Montréal, 1938.

Wilfrid Pelletier est chef d'orchestre au Metropolitain Opera de New York avant d'accepter de devenir le premier directeur artistique de l'Orchestre symphonique de Montréal en 1934. D'autres grands noms le suivent, dont Zubin Mehta, Charles Dutoit et Kent Nagano.

Le poète Alain Grandbois, Claudie Henry et Auguste Lumière, un des inventeurs du cinéma.

Le mardi 30 octobre 1934

# Une race ne meurt que si elle se laisse mourir

## Nous souffrons d'une dissolution du sens national

Lionel Groulx

De quoi souffrons-nous? Les uns partent en guerre contre les Juifs et contre les Anglais. Ils sont sur une fausse piste. Le véritable mal est en nous. Nous souffrons d'une dissolution, d'une désintégration de l'idée de nationalité ou, si l'on veut, du sens national. Nous ne sommes si bas que parce que notre âme et notre courage ne sont pas plus hauts.

On peut dire qu'il y a deux éléments à la nationalité: la possession en commun d'un héritage de souvenirs, de gloires, d'épreuves et de traditions, de similitudes ethniques et culturelles aussi, d'une part; de l'autre, la volonté de vivre ensemble à raison des solidarités physiques et spirituelles qui nous rapprochent, et celle de préserver l'héritage commun pour sa valeur même et pour le développement qu'il assure à la personnalité humaine.

Possédons-nous ces éléments de la nationalité? Le premier, oui. Mais savons-nous ce qu'il est, en connaissons-nous la valeur? Bien peu. Quant au second, pouvons-nous dire que nous avons cette conscience qui créerait en nous la force agissante de tous les grands sentiments? Encore moins.

Nous pouvons dire que le pourcentage du sens national dans l'être moral du Canadien français est moyen. Nous avons une connaissance rudimentaire du passé, notre fierté de l'héritage reçu est modeste, comme est modeste aussi notre volonté de le préserver et de le transmettre à nos enfants.

La dissolution du sens national chez nous se voit bien à l'anarchie de notre vie dans l'ordre national, à notre oubli de l'intérêt général, à la prédominance même de l'intérêt particulier sur les intérêts de la collectivité. Nous souffrons dans notre âme nationale.

Le mal d'âme pour ce qui est de notre langue ne se manifeste-t-il pas lui aussi par une comédie?

natio

Prêtre, historien et écrivain, Lionel Groulx (1878-1967) apparaît dans l'entre-deux-guerres comme le maître à penser d'une nouvelle génération de nationalistes qui délaissent le patronage intellectuel d'Henri Bourassa.

Nous voulons que les autres la respectent mais nous ne la respectons pas nous-mêmes, nous nous refusons à voir le rapport qui existe entre elle et le sens national.

Enfin, le mal d'âme se manifeste dans notre vie scolaire. Toutes les raisons exigent que nos écoles soient intensément nationales. Peut-on prétendre qu'elles sont ordonnées aux fins nationales, à la guérison de notre mal d'âme, au redressement de notre vie? Leur programme ne tend-il pas plutôt à développer chez nous l'esprit de servitude, en tout cas à orienter notre jeunesse vers le service de la minorité avec cette insistance que nous mettons à vouloir leur faire apprendre l'anglais d'abord?

Comment nous guérir de notre mal d'âme? Deux méthodes se présentent à nous. L'une vise à faire exécuter le geste national dans l'espoir d'éveiller la vie intérieure. Ainsi l'achat chez nous. L'autre tend à éveiller la vie intérieure pour obtenir que les gestes soient faits. Laquelle des deux méthodes est l'efficace? Je crois aux deux mais surtout à la seconde.

Je dis: criez-formez par l'éducation la conscience collective, le sens national, donnez à une génération un idéal véritable: non seulement la conservation de la langue, mais la création d'un climat spirituel, d'une culture française, d'un État français, et vous aurez créé l'idée-force qui, guidée, inspirée de haut par la foi, nous inspirera une vie véritablement organique, dûment hiérarchisée.

# À L'ORIGINE DES CERCLES DES JEUNES NATURALISTES

Pauline Gravel

Lorsque Conrad Kirouac, connu sous le nom de frère Marie-Victorin, lance dans *Le Devoir*, le 25 novembre 1929, l'idée de créer un jardin botanique à Montréal, le journaliste Louis Dupire lui apporte son appui. Le journal aidera le projet à survivre à de multiples obstacles.

**« Observez, écrivez, dessinez, photographiez des détails ou des ensembles. Essayez de faire l'histoire complète de telle ou telle fleur, de tel ou tel arbre. »**

Quel Québécois ne connaît pas les cercles des jeunes naturalistes (CJN) ? Nombreux sont ceux qui ont participé à ce mouvement qui fait partie du paysage depuis 1931. Plus rares sont ceux qui savent que les CJN ont vu le jour grâce au *Devoir* et que, pendant vingt-trois ans, le quotidien d'Henri Bourassa a publié chaque semaine une rubrique à l'intention des jeunes naturalistes.

Le 3 avril 1930, Omer Héroux signe un éditorial dans lequel il s'indigne de l'absence de jeunes Canadiens français dans les carrières scientifiques. Cherchant des moyens de remédier à la situation, il s'adresse au frère Marie-Victorin, à qui il demande « comment le journal pourrait susciter de la curiosité, de l'intérêt actif autour des questions scientifiques. Il faudrait essayer de frapper entre autres l'esprit des jeunes ».

Avec son collègue Louis Dupire, qui a réussi à obtenir le soutien financier d'Oscar Dufresne, riche industriel de l'époque – le même, pour la petite histoire, qui fut copropriétaire de la cossue résidence de la rue Sherbrooke connue aujourd'hui sous le nom de Château Dufresne –, Omer Héroux imagine d'organiser un concours de botanique, dont Marie-Victorin et son équipe de l'Institut de botanique définissent les règlements.

En manchette de la livraison du samedi 14 juin 1930, sous le titre « Pour connaître notre domaine sous le ciel », Marie-Victorin donne le coup d'envoi du concours, qui consiste à confectionner un herbier d'« au moins 25 plantes et au plus 100 ». Sur trois longues colonnes, le titulaire de la Chaire de botanique de l'Université de Montréal loue les merveilles de la flore et donne des instructions aux futurs participants. « Cette plante qui fleurit au long de la route, examinez-la avec attention. [...] Observez aussi le terrain, le milieu. [...] Observez, écrivez, dessinez, photographiez des détails ou des ensembles. Essayez de faire l'histoire complète de telle ou telle fleur, de tel ou tel arbre », écrit-il. Dans l'article, on spécifie que le concours « est ouvert sans limite d'âge aux étudiants des deux sexes fréquentant les classes de l'enseignement primaire et de l'enseignement secondaire de la province de Québec » et on insiste

L'emblème des Cercles des jeunes naturalistes en 1931 et celui d'aujourd'hui.

sur l'importance d'inclure des « observations personnelles ».

Le jury, qui comprend Marie-Victorin et un représentant du *Devoir,* « se réserve le droit de retenir tel ou tel spécimen qui constituerait un document scientifique important, et de l'offrir – en en donnant crédit au concurrent – à l'herbier de l'Université de Montréal ».

Le concours suscite un véritable engouement. Le 10 novembre 1930, *Le Devoir* rend compte en première page de la séance de remise des prix, qui a eu lieu à l'Université de Montréal !

## Un succès inspirant

Saisissant l'occasion de ce succès, le frère Adrien Rivard prend l'initiative de créer des cercles de jeunes naturalistes en s'inspirant du modèle scout. Marie-Victorin fait la promotion de ce projet dans le cadre d'une l'émission radiophonique diffusée par la station CKAC. Quelques jours plus tard, *Le Devoir* reproduit dans ses pages cette causerie, et Louis Dupire y consacre un éditorial (le 13 mai 1931) dans lequel il apporte son soutien à cette « croisade pacifique pour le retour à la nature ».

Le frère Adrien Rivard fait la tournée des écoles dans l'espoir de créer de nouveaux cercles. La progression est fulgurante: dès 1932, on compte 253 cercles au Québec. En 1940, on en dénombre 462, qui rassemblent 13 500 jeunes. « Les congrégations de sœurs enseignantes sont particulièrement actives à enrôler les jeunes de sorte que les filles forment rapidement la majorité des membres, la proportion atteignant 90 % en 1956 », mentionne l'historien des sciences Yves Gingras.

À partir d'avril 1931, *Le Devoir* consacre une rubrique hebdomadaire, le samedi, aux activités des CJN. Alimentée par les collaborateurs de Marie-Victorin, cette rubrique sera publiée de 1931 à 1954.

En 1955, la direction des CJN s'entend avec Léo Brassard, clerc de Saint-Viateur, pour lancer *Le Jeune Naturaliste,* qui remplace la revue *Le Viateur naturaliste* fondée en 1950. Lorsque l'entente prend fin, l'Association canadienne-française pour l'avancement des sciences (ACFAS) porte secours au naufragé et rebaptise la revue *Le Jeune Scientifique,* qui deviendra, en 1969, le magazine *Québec Science*.

Après avoir crû de façon spectaculaire au cours des années 1930 et être demeuré stable jusqu'à la fin des années 1960, le nombre de CJN décline ensuite rapidement, passant d'un peu plus de 800 en 1960 à un peu plus de 200 en 1970, et à 89 en 1992.

En raison de la pénurie de bénévoles pour l'animation, la formule des cercles a grandement périclité, affirme Robert Lefebvre, directeur général des CJN, qui ont toujours leurs bureaux au Jardin botanique de Montréal. « Les immigrants ne connaissent pas notre mouvement et hésitent à nous confier leurs jeunes. C'est la raison pour laquelle on présente désormais nos activités sous une autre forme visant notamment à attirer les familles. »

Les CJN proposent donc aux familles des ateliers composés d'activités ayant pour thème la botanique, l'entomologie, la zoologie, l'ornithologie, l'astronomie ou la survie en forêt. Ils effectuent aussi, dans les écoles primaires, des animations qui visent à initier les enfants aux sciences naturelles. Certains enseignants décident parfois de fonder un cercle. Le mouvement compte aujourd'hui 56 cercles scolaires.

Marie-Victorin au travail dans son laboratoire de l'Université de Montréal en 1924. Le scientifique à la plume incisive utilisa régulièrement *Le Devoir* pour s'exprimer.

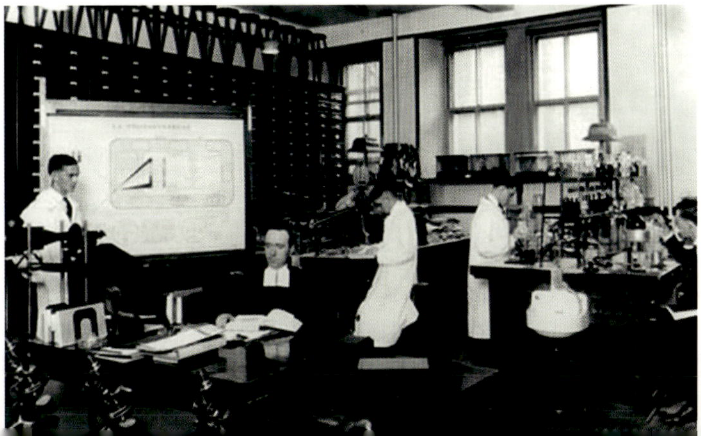

NOTRE ARMÉE
A BESOIN
DE BONS CANADIENS

Favorable, comme lors de la guerre de 1914-1918, à la défense du Canada, mais pas très chaude pour l'idée de voir le peuple canadien-français se battre dans l'uniforme anglais, la direction du *Devoir* appuie le mouvement anti-conscriptionniste. On dénonce la volonté du gouvernement de Mackenzie King de revenir sur sa promesse de ne pas imposer la conscription. Le journal accorde de nouveau sa plus grande attention à Henri Bourassa, qui retrouve une seconde jeunesse en haranguant les foules, ainsi qu'à des jeunes gens tels Jean Drapeau, Michel Chartrand et André Laurendeau, leaders de la Ligue pour la défense du Canada. Ce sont là des années de tensions intérieures extrêmes qui feront écrire à André Laurendeau, rétrospectivement, que plusieurs s'étaient rendus sourds volontairement aux bruits de la guerre.

**Au centre** Au Marché St-Jacques en 1942, Jean Drapeau, Henri Bourassa et le directeur du *Devoir* de l'époque, Georges Pelletier, se déclarent contre la conscription.

**En bas** Camillien Houde prononce un discours. Le maire de Montréal s'oppose lui aussi à la conscription. Il fait campagne pour le «Non» au plébiscite qui se tiendra le 27 avril 1942.

Le samedi 21 février 1942

# Jamais, jamais... a dit M. Lapointe

Georges Pelletier

Il a pu y avoir, pour certains, une ombre de doute, quant à l'opportunité du plébiscite voulu par M. King. On peut dire que sa triple victoire électorale du lundi 9 février fut en réalité le rejet de son projet de plébiscite. Il est dorénavant superflu. Les électeurs ont voté surtout pour le maintien du *statu quo*, c'est-à-dire contre une loi de conscription pour service outre-mer. Les électeurs ont dit simplement, à Québec-Est comme à Welland et à Montréal: «L'effort de guerre du Canada, tel qu'il a été jusqu'ici, nous suffit.» Dans le comté de York-Sud, les électeurs ont dit: «Que l'on commence par la conscription de la richesse.» Cela signifie: «Celle des hommes? À plus tard...» Nulle part on n'a blâmé M. King de n'avoir pas eu jusqu'ici recours à la conscription pour outre-mer. Pourquoi changer d'orientation, maintenant que le danger se rapproche du Canada, si l'on en croit la propagande officielle? Le danger se fait imminent et l'on voudrait éloigner d'ici nos soldats? Ne serait-ce pas faire le jeu d'Hitler?

Pourquoi relever M. King de ses promesses? Les circonstances auraient changé, dit-on. Piètre prétexte. Un député libéral de chez nous, M. Charles-A. Parent (Québec-Ouest-Sud), vient de répondre à cela bien au point, à Ottawa, en disant: «En 1939-1940-1941, l'axe Berlin-Rome-Tokyo existait. Les chefs savaient aussi que la Grande-Bretagne ne pouvait compter sur les mêmes alliés [ainsi sur le Japon et sur l'Italie, liés à Londres en 1914, à Berlin dès 1939, avant même]. Bien plus, l'Allemagne avait averti le monde de sa puissance militaire en réduisant à néant les vaillantes armées polonaises en quelques semaines. Les chefs de la nation canadienne savaient ou devaient savoir quelles étaient les déficiences des armées alliées; et la situation était facile à juger en tenant compte des événements de 1917 en

rapport avec ceux de 1940. Or, en présence de tous ces faits, alors qu'Hitler brûlait les étapes sur le sol d'Europe, on affirmait et réaffirmait qu'il n'y aurait pas de conscription pour service outre-mer. Et même, les adversaires qui avertissaient les chefs que Borden, au Canada, Chamberlain, en Angleterre, avaient dû revenir sur leurs engagements étaient dénoncés comme mauvais citoyens, pour avoir mis en doute la parole d'hommes honnêtes» (Débats du 12 février). Cela dispose des «circonstances qui ont changé». Ce ne sont point tant les circonstances que les politiciens.

Le premier ministre William Lyon Mackenzie King (1874-1950) cherche à se délier des engagements de son lieutenant québécois Ernest Lapointe, qui a promis aux électeurs qu'il n'y aurait pas de conscription comme en 1917.

On sait ce que M. Lapointe dit, en septembre 1939. Quand se posa la question pour notre pays de faire la guerre, M. Lapointe prit des engagements définis. Le 9 septembre 1939, le ministre de la Justice dit ceci, qui est clair: «La province de Québec entière – et je parle ici avec toute ma responsabilité et la solennité que je puis donner à mes paroles – ne voudra jamais accepter le service obligatoire et la conscription en dehors du Canada. J'irai encore plus loin. Quand je dis toute la province de Québec, je veux dire que telle est aussi mon opinion personnelle. Je suis autorisé par mes collègues de la province de Québec dans le cabinet... à déclarer que jamais nous ne consentirons à la conscription, que nous ne serons jamais membres d'un gouvernement qui essaiera d'appliquer la conscription et que nous n'appuierons jamais un tel gouvernement. Est-ce assez clair?... Quatre jamais en autant de lignes: cela n'est-il point des plus affirmatifs? [...]»

Il y a davantage. Au Forum, à Montréal (voir les journaux du samedi 21 octobre 1939), M. Lapointe, dans l'un des plus grands efforts oratoires de sa vie publique longue de 38 ans, disait: «Lorsque la question de la guerre est venue devant le Parlement, j'ai dit à mes

Un parfum de guerre flotte sur les travaux de la Chambre des communes dès 1938.

compatriotes de langue anglaise, franchement, loyalement, que toute la province de Québec est opposée à la conscription, que mes collègues et moi nous sommes opposés à la conscription; je leur ai dit que je ne ferai jamais partie d'un gouvernement qui imposerait la conscription. Cela a été accepté par tout le monde, et ce CONTRAT a été observé, je verrai à ce qu'il soit observé»... Ainsi donc, M. Ernest Lapointe avait l'intime et complète certitude, en juriste averti qu'il était, que dans l'engagement pris entre ses collègues québécois et lui, d'une part, et l'élément majoritaire anglais, de l'autre – de ce dernier élément, MM. King, Ralston, Ilsley, Mackenzie, bref tous les anciens collègues, tant de langue française que de langue anglaise, de M. Lapointe dans le ministère King en étaient et ils en restent, il faut le leur rappeler –, il y avait plus qu'une promesse, plus qu'un accord, qu'un pacte. M. Lapointe disait: «Ce CONTRAT a été observé, je verrai à ce qu'il soit observé.» C'est le juriste qui parle ainsi. Il parle de «contrat». Et c'est cela: un contrat. Le contrat reste, quand même M. Lapointe est mort. [...] Un contrat ne peut se défaire que par l'accord des parties qui, l'ayant conclu, s'accordent plus tard pour l'écarter. Que l'une des parties au contrat s'y refuse et le «contrat» reste. Or le Québec ne veut point, il ne voudra jamais rompre le contrat dont M. Ernest Lapointe fut l'un des auteurs et qu'il avait promis de faire observer.

M. Lapointe tint parole. Tant qu'il vécut, il fit observer ce contrat. Et M. King n'en ferait pas autant? [...]

À la fin de novembre 1941, M. Lapointe mourait. Nous voici maintenant devant M. King. Celui-ci avait-il jamais révélé son projet de plébiscite à M. Lapointe? Lui fit-il entrevoir que l'accord, le pacte, le «contrat» dont M. Lapointe avait parlé au Forum en octobre 1939,

Manifestation anticonscriptionniste orchestrée par les étudiants de l'Université de Montréal au Champ-de-Mars, le 23 mars 1939. Les jeunes gens craignent plus que quiconque l'enrôlement forcé au nom d'une nouvelle guerre impériale.

Il n'y aura pas une nouvelle crise de la conscription, clame Ernest Lapointe, le respecté lieutenant québécois de Mackenzie King. Il met sa parole en jeu et aide, par son appui, le libéral Adélard Godbout à défaire Maurice Duplessis lors des élections de 1939.

Lapointe meurt le 29 novembre 1941. Un cortège, conduit par le premier ministre Mackenzie King, le mène en terre trois jours plus tard. Une promesse électorale est en quelque sorte enterrée avec lui, en raison des conditions de la guerre en Europe.

jurant que lui, M. Lapointe, il le ferait observer, lui M. King, il demanderait dès février 1942 qu'on l'en dégageât en vitesse ? On ne sait. Un grand honnête homme meurt, ayant tout le temps respecté l'engagement très grave pris au nom de sa province, pour sa province et avec sa province. Deux mois plus tard, qui propose d'écarter ce contrat, qui demande d'en être relevé ? L'homme, les hommes qui prirent le plus solennel engagement qui soit, tant à l'endroit de M. Lapointe, chef et représentant de sa province, qu'à l'endroit de celle-ci.

Conduite étrange. Auraient-ils donc oublié en bloc et si tôt M. Lapointe ? Question cruelle ? Elle est opportune et s'impose, surtout après la série de votes de jeudi dernier.

Les libéraux ont-ils presque tous et si vite oublié la parole donnée à l'homme droit et loyal sans lequel le Québec n'aurait peut-être jamais hissé et tenu si longtemps sur le pavois de chef suprême et de premier ministre M. King, ni élu si souvent comme députés tant de gens qui devaient, à la première occasion venue, répudier ensemble leurs promesses anticonscriptionnistes, de 1917 à 1940 inclusivement ? Qu'est-ce donc qui se passe ? Et cela ne serait-il pas un pacte de noire ingratitude envers le chef qu'on prétendit, en novembre dernier, ensevelir dans un deuil éternel ?

**Le lundi 4 septembre 1939**

# L'Europe en guerre -- Le Canada suit -- Blocus anglais du Reich

C'est la guerre !

Nous demandons, simplement, que le Canada fasse une politique canadienne; qu'il s'occupe d'abord de ses intérêts et de son avenir

**Berlin commence par torpiller un paquebot portant 1,400 passagers**

**Le samedi 1er juin 1940**

# Les détachements de troupes alliées affluaient à Dunkerque hier soir (Lire en page 3)

Voici les vacances!

**L'ambassadeur italien en Allemagne rend visite à Hitler**

**Le mardi 9 décembre 1941**

# L'attaque du Japon contre les Etats-Unis fait le bloc américain (VOIR EN P.GE TROIS)

En marge du tragique conflit

**Le Canada est en guerre avec le Japon**

**Le mercredi 19 août 1942**

# Les troupes canadiennes déclenchent une violente attaque sur Dieppe (Voir en page 3)

Le couvre-feu pour les enfants

**En Russie, les Allemands progressent au ralenti**

**Le mardi 17 août 1943**

# La campagne de Sicile s'achève avec la prise de Messine (Voir en page 3)

Elle dépassera les $100,000

L'invasion du continent européen dès cette année?

**Le samedi 21 août 1943**

# La Conférence de Québec se terminera mardi prochain

**Le mercredi 7 juin 1944**

# Les renforts alliés affluent en Normandie par air et par mer

L'adieu et l'au-revoir des députés québécois

**Les réserves tactiques allemandes auraient donné la nuit dernière**

**Le jeudi 7 mai 1945**

# L'Allemagne s'est rendue sans conditions aux Alliés d'Occident et à la Russie, dans une école de France

Devant la capitulation de l'Allemagne

Le problème qui continue de s'imposer à l'attention des électeurs du Canada

Bloc-notes

(par Emile Benoist)

Question de souveraineté

L'un des sénateurs les plus en vue des Etats-Unis, M. Vandenberg, de l'Etat du Michigan, et l'un des dé-

A 2 h. 41 ce matin, heure de France (8 h. 41 hier soir, heure de Montréal)

# LA GUERRE, ENCORE

Sébastien Vincent

Une vaste majorité de la population canadienne-française refuse catégoriquement, tout au long du conflit, l'idée d'une conscription pour le service outre-mer.

En juin 1940, dans la foulée de la défaite de la France, le premier ministre libéral William Lyon Mackenzie King adopte rapidement une série de mesures plaçant le Canada sur un pied de guerre. La Loi sur la mobilisation des ressources nationales, sanctionnée et entrée en vigueur le 21 juin, impose une forme atténuée de service militaire, limité à la défense du Canada.

King insiste : l'enrôlement pour le service outre-mer demeure volontaire. Il souhaite à tout prix éviter une crise politique entre francophones et anglophones semblable à celle que le pays a connue en 1917. Il maintiendra cette position jusqu'en novembre 1944, bien que les résultats du plébiscite d'avril 1942 lui aient permis de s'affranchir de son engagement de ne pas imposer la conscription pour le service outre-mer. *Le Devoir* soutient que la mobilisation nationale renie la promesse faite par les politiciens canadiens-français en poste à Ottawa d'une participation libre, volontaire et modérée. Dans l'ensemble, l'enrôlement obligatoire pour la défense du pays obtient cependant l'assentiment de la population canadienne-française et de la plupart des chefs politiques et religieux du Québec. En témoigne le faible soutien à Camillien Houde, le populiste maire de Montréal, qui a publiquement incité ses concitoyens à se soustraire à l'enregistrement obligatoire. *Le Devoir* approuve son arrestation en faisant remarquer, le 7 août 1940, que Houde s'est conduit en parfait imbécile et qu'il mérite son sort. Cela dit, une vaste majorité de la population canadienne-française refusera catégoriquement, tout au long du conflit, l'idée d'une conscription pour le service outre-mer. En font foi les résultats au plébiscite d'avril 1942, particulièrement au Québec. Craignant que la conscription pour le service outre-mer ne devienne obligatoire, des

Camillien Houde, le tonitruant maire de Montréal, arrive à séduire un électorat important.

WRM-523

milliers d'hommes ont fui, tandis que d'autres ont trouvé précipitamment une épouse afin de repousser au maximum l'éventualité d'être envoyés au front.

Par ailleurs, les Canadiens français, soit les Québécois d'expression française, les Acadiens, les Franco-Ontariens et les francophones de l'Ouest canadien, s'engagent par milliers pour servir outre-mer, et ce, dès la déclaration de guerre du Canada à l'Allemagne nazie, le 10 septembre 1939. Pourquoi ? Essentiellement par goût de l'aventure et du voyage, pour se sortir de la crise économique des années 1930, pour rejoindre un ami, par quête d'idéal, de dépassement de soi ou d'avancement. Très peu par patriotisme.

Ces enrôlés volontaires font d'abord un séjour plus ou moins long en Angleterre, où ils suivent, surtout durant les premières années du conflit, un entraînement souvent médiocre avec un équipement désuet. La majorité sert dans l'infanterie, là où l'on compte le plus fort pourcentage de pertes, au sein des quatre unités composées de francophones: le Royal 22e Régiment, le régiment de Maisonneuve, les Fusiliers Mont-Royal et le régiment de la Chaudière. Des centaines s'enrôlent dans des unités bilingues ou presque, telles que les Royal Rifles ou les Black Watch of Canada. D'autres combattent avec le 4e régiment d'artillerie moyenne, le seul régiment de langue française de l'Artillerie royale canadienne durant la guerre, ou le 425e « Alouette », l'unique escadron bilingue de l'Aviation royale du Canada. C'est sans compter les milliers d'autres qui rejoignent l'unilingue marine canadienne, les unités anglophones de l'infanterie, de l'artillerie et de l'aviation ainsi que la marine marchande, cette laissée-pour-compte de l'effort de guerre canadien.

Pendant ce temps, les citoyens du Québec contribuent à l'effort de guerre. Ils achètent en grand nombre les fameux bons de la Victoire.

Devant la « crise des renforts » provoquée par le manque d'effectifs pour combler les lourdes pertes que subit l'infanterie canadienne aux Pays-Bas, à l'automne 1944, le premier ministre King impose finalement la conscription pour le service outre-mer. Le 23 novembre, il autorise l'envoi de 16 000 hommes, dont environ 2400 Québécois.

On ne peut connaître le nombre exact d'enrôlés volontaires canadiens-français. Mais il est

Couples de jeunes mariés assemblés dans le stade De Lorimier à Montréal lors de noces collectives organisées par le Mouvement des Jeunesses ouvrières catholiques ou J.O.C.

Tous les moyens sont bons pour encourager l'esprit patriotique. Ici, on aperçoit une réplique d'un avion de guerre allemand écrasé au sol et un parachute accroché dans un arbre. Cette mise en scène a été présentée au parc Westmount pour amasser des fonds afin de financer l'effort de guerre.

Des jeunes militaires du Collège Loyola faisant partie du Canadian Officers Training Corps (C.O.T.C.), fusil sur l'épaule, défilent le long d'une route le 4 août 1940.

Deux garçons du quartier Rosemont à Montréal apportent des vieux pneus de voiture et des chaussures à un centre de récupération du caoutchouc pour les forces armées.

La guerre envoie les hommes au champ de bataille et les femmes à l'usine, pour fabriquer entre autres des obus.

Le catastrophique débarquement de Dieppe, le 19 août 1942.

Moins de deux ans plus tard, le débarquement de Normandie mène les alliés à la victoire contre les nazis. Ici, une cérémonie religieuse à bord d'un navire sur la Manche, le 6 juin 1944.

Plage « Nan White » vue de l'Est. La 9e brigade d'infanterie canadienne quitte la péniche de débarquement 299 de la Marine royale canadienne au jour J. Bernières-sur-Mer.

admis que le régiment de Maisonneuve, de Montréal, a été la première unité, au Canada, à avoir tous ses cadres dès le 29 septembre 1939, soit à peine deux semaines après la déclaration de guerre du Canada à l'Allemagne. Au terme du conflit, on estime le nombre d'engagés canadiens-français à quelque 131 000, dont près de 94 000 servent dans l'infanterie et l'artillerie. Parmi ces derniers, 55 000 viennent du Québec. Plus de 60 % des aviateurs canadiens, dont des milliers de francophones, combattent dans la Royal Air Force (RAF) et ils forment plus de 25 % des effectifs du Bomber Command. Cependant, on compte seulement 8 % de généraux et d'officiers supérieurs francophones dans l'armée de terre en 1945. Historiquement, l'expérience d'engagé a donc été plus répandue au Canada et au Québec que celle de conscrit.

Les engagés ont combattu sur de nombreux théâtres d'opérations : océan Atlantique, Hong Kong, Dieppe, Italie, France, Belgique, Pays-Bas, Allemagne. Sur terre, sur mer, dans les airs. Ceux qui en ont réchappé sont ensuite revenus, souvent blessés physiquement ou psychologiquement. Des centaines ont participé à la défense de l'Islande, en 1940, ou ont fait partie, en 1943, de la brigade envoyée dans l'île de Kiska, dans les îles Aléoutiennes. Quelques-uns ont agi à titre de signaleurs en Australie, d'autres ont été parachutés derrière les lignes ennemies pour livrer bataille aux côtés des maquisards français. On en rencontrera aussi, détachés auprès de la 8e Armée britannique ou membres de la RAF, en Afrique du Nord.

Qui se souvient aujourd'hui de Dollard Ménard, blessé cinq fois au cours du raid de Dieppe, en août 1942, de Pierre Sévigny, qui a mérité la plus haute distinction de l'armée polonaise à Falaise, ou de Léo Gariépy, qui a libéré presque à lui seul avec son char d'assaut le village de Courseulles, en Normandie ? Qui peut raconter les exploits de Lucien Dumais ou de Gabriel Chartrand, frère du célèbre syndicaliste, qui ont œuvré au sein des Services spéciaux en Europe, en Asie ou en Afrique du Nord ?

La communauté chinoise célèbre elle aussi le jour de la Victoire dans le quartier chinois de Montréal.

Deux jeunes femmes, rue Sainte-Catherine à Montréal, lisent la une du *Montreal Daily Star* : l'armée allemande a capitulé.

chapitre 4

# RÉSISTANCE

# NOUVELLE ÈRE

Jean-François Nadeau

**_Le Devoir_ se trouve peu à peu tiraillé entre son héritage et de nouvelles façons d'envisager les réalités sociales et politiques.**

En 1947, une nouvelle ère se dessine au *Devoir*. Gérard Filion, jusque-là secrétaire général de l'Union catholique des cultivateurs, prend les commandes du journal. Il s'adjoint les services d'un ancien camarade, André Laurendeau, ayant fait partie, comme lui, des Jeune-Canada. Sous l'influence de ces deux hommes et de nouveaux collaborateurs, tels Pierre Laporte et Jean-Marc Léger, le journal change, tout en demeurant lié, encore pour un temps, à ses valeurs religieuses et nationalistes. Des membres du *Devoir* appartiennent à l'Ordre de Jacques Cartier, communément appelé « la Patente », organisation secrète qui vise à l'amélioration du sort des Canadiens français dans la société canadienne. Mais *Le Devoir* se trouve peu à peu tiraillé entre son héritage et de nouvelles façons d'envisager les réalités sociales et politiques qui se font jour partout. Son évolution l'amène à poursuivre sa route sur une pente qui incline désormais légèrement à gauche. Cette tendance le mettra bientôt en opposition avec les perspectives que propose le gouvernement de l'Union nationale de Maurice Duplessis.

Gérard Filion, directeur du *Devoir* de 1947 à 1963, et André Laurendeau, rédacteur en chef adjoint puis rédacteur en chef en titre durant la même période.

LE DEVOIR
La Charte des libertés humaines doit faire la part de Dieu
L'oublier serait une triste ... dit Me Pinard
La justice sociale à coups de matraque
LE DEVOIR
MONTREAL, VENDREDI, 30 JANVIER 1948
Gandhi a été assassiné ce matin
L'assassin est un jeune Hindou
LE DEVOIR
MONTREAL, MARDI, 15 FEVRIER 1949
GRÈVE GÉNÉRALE DE L'AMIANTE
UN PROCES INIQUE
5,000 mineurs ont déjà
LE DEVOIR
MONTREAL, JEUDI, 17 JUILLET 1952
L'U. N. est maintenue au pouvoir
Sa majorité est réduite de 72
Scènes de violence à Montréal
LE DEVOIR
MONTREAL, MARDI, 2 SEPTEMBRE 1952
HENRI BOURASSA EST MORT
Il est décédé dimanche, à la veille de son 84e anniversaire
M. HENRI BOURASSA (1868-1952)
LE DEVOIR
MONTREAL, SAMEDI, 19 MARS 1955
Mesures pour éviter une autre émeute
"L'objectif reste le même: le championnat" — Richard
Le maire espère que M. Campbell s'abstiendra d'aller au Forum
La police prendra ... moyens pour mainte...
LE DEVOIR
MONTREAL, MARDI, 8 SEPTEMBRE 1959
Québec rend hommage à M. Duplessis
La dépouille mortelle repose dans l'enceinte de l'Ass. législative
M. DUPLESSIS DISPARU, quelles seront les relations DU QUÉBEC AVEC OTTAWA?

## Le jeudi 23 septembre 1948

### LE *REFUS GLOBAL*

# Intervention politique

André Laurendeau

Je ne connais pas M. Paul-Émile Borduas, peintre, et jusqu'à ces dernières semaines, professeur à l'École du meuble.

J'ai pris connaissance du manifeste qu'il a signé par le résumé qu'en ont donné les journaux ; et si ce résumé est fidèle, M. Borduas exalte l'instinct, veut supprimer toutes les contraintes morales et religieuses, bref se situe aux antipodes de notre pensée sur tous les terrains. La situation est donc claire : ses attitudes nous inspirent la plus violente antipathie.

Mais il ne s'agit pas de la personne de M. Borduas : un professeur dans l'une de nos grandes écoles vient d'être « suspendu de ses fonctions, sans traitement ». Qui l'a suspendu ? Est-ce le directeur de l'École en question ? Non, mais le ministre de la Jeunesse, M. Paul Sauvé.

D'après les documents publiés à date, la suspension s'est produite de la façon suivante : Me Gustave Poisson, sous-ministre, a fait tenir au directeur de l'École du meuble une lettre dont voici le principal paragraphe :

« Je suis prié par l'honorable Sauvé, ministre du Bien-être social et de la Jeunesse, de vous informer que M. Paul-Émile Borduas, professeur à l'École du meuble, est suspendu de ses fonctions, sans traitement, à compter du 4 septembre 1948. »

Le directeur a-t-il été consulté ? La lettre ne s'attarde pas à ce détail. L'opinion d'un aussi petit personnage que le directeur d'une grande école ne paraît pas compter dans la phraséologie officielle, quand il s'agit de suspendre un professeur de cette école. Consulté ou non, le directeur est informé que l'un de

Le cinquantenaire du *Refus global* est souligné, le 9 mai 1998, par un cahier spécial entièrement consacré à l'importance de ce livre publié à l'origine aux Éditions Mithra-Mythe.

Au-delà de son œuvre comme peintre, Paul-Émile Borduas (1905-1960) incarnera presque de façon mythique la figure de la modernité québécoise. Au fil du temps, *Le Devoir* lui consacrera nombre d'articles. «La gloire et les honneurs, disait le manifeste *Refus global,* [sont les] stigmates de la nuisance, de l'inconscience, de la servilité.» Il est paradoxal, faisait remarquer Lise Bissonnette, dans un numéro spécial du *Devoir* consacré au cinquantième anniversaire du manifeste, «que chaque anniversaire, de décennie en décennie, ajoute à la renommée du texte et en fasse le pôle magnétique le plus puissant de l'histoire culturelle du Québec».

ses professeurs doit vider les lieux. Nous savions que les intrusions cavalières de la politique se pratiquaient souvent dans nos écoles de haut savoir. Mais jamais à notre connaissance l'intervention politique ne s'était ainsi étalée au grand jour. [...]

Si un ministre peut, de sa seule autorité, et en s'estimant seul juge, intervenir dans l'enseignement supérieur, qu'est-ce qui l'empêchera d'intervenir en d'autres occasions et au nom d'autres motifs? Qu'est-ce qui l'empêchera un jour de mettre à pied un ennemi politique ou de punir la pure et simple indépendance d'esprit en des domaines où celle-ci s'exerce légitimement? Et que devient alors la liberté de l'éducateur, à une époque où l'État s'installe partout par des octrois ou d'autres méthodes? Le cas, on le voit, dépasse singulièrement la personne et les erreurs de M. Borduas.

Nous intervenons d'autant plus vivement que M. Borduas est pour nous, sur le plan intellectuel et moral, un adversaire, et que personne ne peut s'imaginer que nous défendons un ami. Nous en avons à ce système centralisateur qui livre de plus en plus à l'État la haute main sur l'éducation. Nous en sommes sur le précédent éclatant qu'on établit dans des circonstances favorables, et qui pourrait déterminer d'autres actes arbitraires, si celui-ci ne soulevait aucune réaction.

# GRÈVE D'ASBESTOS

Alexandre Shields

Février 1949 : exaspérés par l'entêtement de leur employeur, qui refuse d'entendre leurs doléances, quelque 5000 mineurs d'Asbestos et de Thetford Mines déclenchent une grève historique. Les grévistes demandent l'élimination de la poussière d'amiante dans les usines, l'augmentation des salaires et la retenue sur chaque paye des cotisations syndicales. Cette grève donnera la pleine mesure de l'intransigeance du gouvernement de Maurice Duplessis à l'égard des travailleurs, le premier ministre étant plus enclin à faire la révérence devant la grande entreprise.

Dès le début, *Le Devoir* est aux premières loges. Son directeur, Gérard Filion, attentif aux questions de justice sociale, dépêche à Asbestos le journaliste Gérard Pelletier, qui décrit le climat de violence régnant dans la ville. Au fil des mois, le journal consacre « plus de reportages, de commentaires, d'éditoriaux et de dépêches à la grève qu'à n'importe quel autre sujet d'actualité », soulignera par la suite M. Pelletier. Il joue ainsi pleinement, pour reprendre l'adage populaire, son rôle de quatrième pouvoir. En fait, le journal « non seulement prit fait et cause pour les ouvriers en grève, mais conduisit une campagne systématique en leur faveur pendant toute la durée du conflit ». Il lance même une collecte de fonds pour venir en aide aux grévistes.

*Le Devoir* s'attire ainsi les foudres de la toute-puissante Union nationale et de ses alliés. Profondément ulcéré, le premier ministre réplique même aux critiques dans l'organe de l'Union nationale, le *Montréal-Matin* : « Je regrette qu'un journal de Montréal, dans cette malheureuse grève de l'amiante, s'ingénie à dénaturer les faits, à faire de la basse démagogie et à inviter, même en la dépassant, la campagne de communistes qui procèdent toujours suivant une tactique bien connue : celle de tenter de déprécier les lois et l'autorité et encourager le désordre et le sabotage. »

Mais, pour Gérard Filion, le constat demeure : le « cheuf » est « le premier ministre le plus antisocial et antiouvrier » de l'histoire du Québec. Il met donc l'influence du *Devoir* au service de la promotion des droits des ouvriers, notamment pour s'élever contre la Loi concernant la propagande communiste, mieux connue sous le nom de « Loi du cadenas ». Lui et André Laurendeau prennent parti pour les travailleurs à l'occasion de plusieurs conflits qui éclatent aux quatre coins de la province. En fait, jamais, dans l'histoire du quotidien, ces questions n'ont occupé autant de place. Les autres journaux y font nettement moins écho. « Les journaux portent généralement peu d'attention aux problèmes sociaux : ils s'occupent plutôt de questions qui ont un rendement financier », écrit d'ailleurs M. Filion dans un éditorial publié quelques jours après son entrée en poste, en avril 1947. « Les journaux de parti s'y intéressent

**Non seulement le journal prit fait et cause pour les ouvriers en grève, mais il conduisit une campagne systématique en leur faveur pendant toute la durée du conflit.**

dans la mesure où le sort du groupement politique qu'ils servent l'exige : ils les mesurent à l'aune du rendement électoral. »

Et si, après Asbestos, le ton est moins « prosyndical », *Le Devoir* attaque toujours le duplessisme. « M. Duplessis a la haine de l'ouvrier. Il le déteste. Nous avons déjà eu à Québec des premiers ministres qui ne comprenaient pas. M. Duplessis, lui, comprend, mais il hait », lance Filion à la fin de 1952, lors de la grève sanglante à Louiseville. Il en sera de même pendant le conflit à Murdochville, en 1957.

Photo panoramique d'ouvriers de l'amiante et vues générales d'Asbestos avec ses petites maisons de bois à l'ombre des résidus industriels.

# Après-guerre

Dans l'après-guerre, les radiothéâtres et la chansonnette triomphent au Québec. On écoute aussi avec passion des interprètes originaux, comme le grand Charles Trenet, qui vient chanter à Montréal au stade De Lorimier, à l'occasion d'un spectacle de rodéo très américain, le *Wild West Rodeo and Hollywood Thrill Show*. Les mœurs changent. Sur scène, Marie Van Schaak, alias Lili St-Cyr, se produit au Gaieté, le futur Théâtre du Nouveau Monde, situé dans le cœur du quartier chaud de Montréal, le Red Light. En marge du hockey, qui devient une passion nationale, on s'intéresse beaucoup à la lutte, la boxe et la crosse. Le baseball attire aussi l'attention avec ses grands noms, comme celui de Jackie Robinson qui joue à Montréal toute l'année 1946 sous l'uniforme des Royaux.

Charles Trenet au stade De Lorimier.

*Un homme et son péché*, le roman de Claude-Henri Grignon, est présenté sous forme de radioroman sur les ondes de CBC (Radio-Canada). De gauche à droite, ce 22 février 1945, nous reconnaissons Hector Charland (Séraphin Poudrier), Juliette Béliveau, Paul Guèvremont et George Alexander.

Jackie Robinson.

Les joueurs de crosse de l'équipe Big Leaf de Verdun.

Le lutteur nain Lionel Giroux, surnommé Little Beaver.

Le boxeur Dave Castilloux, né à Paspébiac, possède l'une des meilleures fiches de l'époque.

L'effeuilleuse Lili St-Cyr.

# DUPLESSIS
## L'HOMME DE L'ARBITRAIRE

Jean-François Nadeau

Nous sommes le 7 mai 1957. L'avocat Jacques Perrault, quarante-quatre ans, président du conseil du *Devoir,* vient d'être trouvé mort dans son bureau. Il s'est suicidé. La veille, il ne s'est pas présenté à une assemblée qui devait pourtant le choisir comme candidat à la prochaine élection sous la bannière de la Co-operative Commonwealth Federation, un parti de gauche, l'ancêtre du NPD.

Beau-frère d'André Laurendeau, le rédacteur en chef du journal, Perrault est l'une des victimes méconnues du duplessisme. Actif dans certains milieux de gauche, Jacques Perrault perd son poste de secrétaire à la faculté de droit de l'Université de Montréal en raison de son engagement politique contre l'Union nationale, tout comme le médecin en chef de l'hôpital Sainte-Justine est destitué, sans motif ni préavis, de son poste de doyen de la faculté de médecine. Avec sa puissante organisation politique, l'Union nationale exerce une emprise énorme. Même à son cabinet, le jeune avocat voit défiler devant lui des syndicalistes qui, souvent gênés, viennent lui dire qu'ils doivent à regret lui préférer un membre du Barreau qui est membre de l'Union nationale...

Le long règne de l'Union nationale dans la politique québécoise est symbolisé par la figure de Maurice Le Noblet Duplessis, premier ministre de 1936 à 1939 puis de 1944 à sa mort, en 1959. Ici, photo officielle du premier ministre en 1938. L'Union nationale survivra à son chef historique mais disparaîtra finalement, à bout de souffle, au début des années 1980.

**L'avocat Jacques Perrault engage, avant l'entrée en scène de Thérèse Casgrain dans les années 1960, la lutte pour la reconnaissance de l'émancipation juridique des femmes.**

Avec le juriste Frank Scott, à sa façon, Perrault mène au cours des années 1950 une lutte contre la « Loi du cadenas », une mesure qui permet au gouvernement Duplessis de faire emprisonner toute personne soupçonnée d'activités gauchisantes et de faire cadenasser tout lieu où est menée cette activité. Son grand œuvre reste cependant la lutte qu'il engage, avant l'entrée en scène de Thérèse Casgrain dans les années 1960, pour l'émancipation juridique des femmes. Grâce à son action, les femmes obtiennent que soit levée une partie de la tutelle machiste qui les rabaisse juridiquement au même rang que les enfants ou les simples d'esprit. Selon Gérard Filion, le directeur du journal, Perrault n'a jamais facturé un seul de ses services au *Devoir* au fil des ans.

Jacques Perrault, lors de l'obtention de son diplôme en droit en 1941.

Réunion du Bloc populaire canadien, un parti politique autonomiste soutenu par *Le Devoir*. On reconnaît, de gauche à droite, Michel Chartrand (deuxième), André Laurendeau (troisième) et Jacques Perrault (dernier à droite).

**Lorsqu'on a arraché la tête de quelqu'un, on peut bien faire semblant ensuite d'être profondément désolé...**

Pourquoi cet homme énergique, qui place toute son entreprise sociale sous le signe de la liberté, met-il fin à ses jours ? Bien sûr, les raisons d'un geste aussi radical sont rarement uniques. À partir de 1956, la vie de l'avocat du *Devoir* semble être prise dans un étau. Dans ce régime politique, rien ne va plus pour lui. Les temps sont difficiles pour soutenir des positions comme les siennes, ses associés le quittent. Le matin du drame, il se frotte les mains avec insistance, comme pour se soulager d'une douleur, et fait les cent pas dans son salon. Miné, épuisé, il décide que la lutte est terminée.

Bon prince, Duplessis envoie immédiatement à la famille éprouvée un télégramme. Il offre ses condoléances et salue la mémoire de l'avocat. Le caricaturiste Robert LaPalme raille volontiers des actions semblables du pouvoir. Lorsqu'on a arraché la tête de quelqu'un, dit-il, on peut bien faire semblant ensuite d'être profondément désolé...

Au lendemain de la mort de Perrault, l'historien Robert Rumilly, conseiller informel de Duplessis, écrit pour sa part qu'« une mort, quelles qu'en soient les circonstances, inspire un mouvement de respect ». Mais il s'empresse d'ajouter que le respect a des limites et qu'il continue de combattre les idées de Perrault dont la vision du monde met « en jeu l'avenir du Canada français », rien de moins.

De fait, la vision du monde de Perrault s'oppose à la vision du Canada français que défend Duplessis et qu'il confond volontiers, tout comme Rumilly, avec l'avenir de la nation canadienne-française. Quelle est donc cette vision duplessiste du Canada français ? Impossible de la résumer, comme on l'a fait longtemps, par l'expression trop étroite de « Grande Noirceur ».

Cinquante ans après la mort de Maurice Duplessis, des réévaluations de son règne laissent entendre que son gouvernement proposait une stratégie d'État libéral dont les résultats

Maurice Duplessis en 1953 à Yamachiche, à l'occasion du centenaire du Collège Sainte-Anne.

économiques n'étaient guère différents de ceux, par exemple, de l'Ontario. Le régime paraît ainsi moins obscurantiste. La stratégie de développement que met en œuvre le gouvernement de l'Union nationale invite à l'action de l'entreprise privée et des capitaux étrangers. Mais bien sûr, pareil développement du capitalisme n'est pas forcément lié à celui de la démocratie. Le régime duplessiste encourage la corruption, soutient une Église aux accents inquisiteurs, préconise la soumission des différentes composantes sociales à une élite politique autoproclamée.

Le principe nationaliste de l'autonomie de la province, qu'évoque de façon plutôt rituelle un Duplessis par ailleurs gratifié de l'onction électorale en 1936, 1944, 1948, 1952 et 1956, permet à ce dernier d'avoir les coudées franches pour mettre l'essentiel de sa politique au service des entreprises, au prix de politiques sociales conservatrices, voire parfaitement rétrogrades.

Fils d'un député ultramontain, Maurice Duplessis est un nationaliste qui se situe dans la lignée d'un certain conservatisme canadien-français où l'Église et l'agriculture sont toujours auréolées de toutes les vertus. Il ne défend pas pour autant avec ardeur une conception vraiment précise du nationalisme, préférant naviguer à vue, dans une perspective d'abord électoraliste.

« Ce que le régime Duplessis a de plus pernicieux, écrit André Laurendeau dans *Le Devoir* en février 1959, c'est sa tendance constante à recourir à l'arbitraire, sa volonté d'échapper aux règles générales et fixes, son art d'utiliser les impulsions du chef comme moyens de gouvernement. Contrats sans soumissions, octrois non statutaires ; représailles contre les personnes ; ce sont les manifestations quotidiennes auxquelles l'arbitraire donne lieu. Quand il s'associe à l'intolérance, alors la liberté de tous est en danger. » Déjà pointe la nécessité des réformes qui seront entreprises au début des années 1960, au cours de la Révolution tranquille.

# Robert LaPalme

Robert LaPalme (1908-1997) quitte le quotidien *Le Canada* pour se joindre à la nouvelle équipe du *Devoir* en 1950. Il est déjà un des caricaturistes les plus connus au pays, après avoir collaboré à *L'Ordre* d'Olivar Asselin, à *La Patrie*, à *L'Action catholique* et aussi à quelques publications étrangères, comme *The Nation* et le *Philadelphia Ledger*. Au moment où il entre au service du *Devoir*, il est aussi de plus en plus connu pour ses immenses murales et ses illustrations pour des couvertures de livres ou des affiches d'événements culturels, comme celles du Théâtre du Rideau Vert. Tout au long des années 1950, il publie des centaines de dessins qui raillent Duplessis et son régime. En entrevue, à la fin de sa vie, LaPalme estime que le premier ministre «était un homme néfaste». À l'époque du duplessisme, se souvient-il, «le fantaisiste Jacques Normand disait que Montréal, en russe, se nommait Rétrograd! Maurice Duplessis donnait du souffle à un bien triste régime».

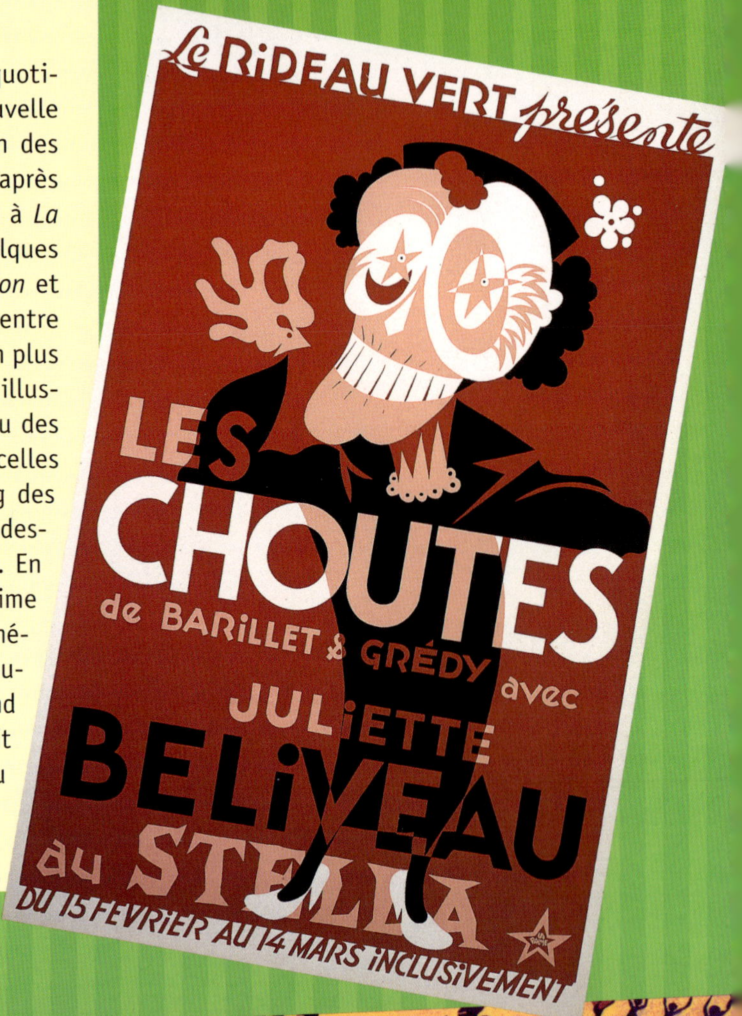

La justice à Maurice

Du sentiment aux sentimentaux – du matériel aux matérialistes – des émotions aux émotifs.

Le poisson pourri

« Je ne peux plus endurer ces émanations-là. »

Re: Hôtel Maisonneuve

« Le temps de m'essuyer les mains, et je suis à vous. »

LA GROSSE CAISSE

« On n'entend aucune plainte sous mon administration. »

Le bonhomme Carnaval à Québec

Maurice 1er – « J'en ferais un "minisse" et on n'y verrait que du feu. »

# Aux riches, Duplessis enlève des taxes

## Aux pauvres il fait payer une taxe spéciale pour faire instruire leurs enfants

## Ottawa profite pour 60 p. c. des largesses de ce monsieur

Nos lecteurs prendront connaissance des deux tableaux que nous publions dans cette page. D'un côté ils verront la liste des compagnies québécoises à qui M. Duplessis a accordé des commutations de taxes depuis douze ans et, de l'autre, une liste des commissions scolaires de la province qui ont dû imposer une taxe de vente de un pour cent pour combler une partie de leurs déficits.

En faisant la comparaison de ces deux tableaux on constatera plusieurs choses.

La première constatation c'est que dans la plupart des villes où M. Duplessis a consenti à diminuer les taxes de compagnies millionnaires, il a imposé une taxe d'éducation. Autrement dit l'argent que M. Duplessis a fait épargner aux grosses compagnies c'est dans la poche des petits contribuables qu'il est allé le chercher.

### Politique stupide

On a souvent prétendu, deuxième constatation, que c'était nécessaire d'accorder aux compagnies québécoises importantes des commutations de taxes si nous voulions les garder chez nous. Ce raisonnement est stupide. La preuve peut s'en faire facilement, car les compagnies que M. Duplessis prétend avantager ne gardent qu'une faible portion des taxes qu'elles ne paient pas. Elles sont obligées d'en retourner 50 p.c. au gouvernement fédéral sous forme d'impôt sur les bénéfices.

Voici comment, en pratique, les choses se passent. Imaginons une compagnie dont la valeur réelle est de $1 million. Imaginons aussi, qu'elle soit tenue, en vertu de cette évaluation, à des taxes scolaires et municipales de $50,000. M. Duplessis intervient et déclare, par une loi, que pour les fins de taxation municipale et scolaire la compagnie sera évaluée à $500,000. Son évaluation étant coupée de moitié, elle ne paiera que la moitié des taxes qu'elle devrait normalement payer. Elle déboursera $25,000 au lieu de $50,000. Une conclusion hâtive pourrait donc être que M. Duplessis fait à cette compagnie un cadeau annuel de $25,000. Mais on oublie alors ... viennent s'ajouter aux profits de la com... fédéral en prend 50 p.c.

## Toutes ces compagnies millionnaires jouissent de commutations de taxes

Aluminium Company of Canada Limited — L'Ascension de Notre-Seigneur.
Anglo-Canadian Pulp & Paper Mills Limited — Québec
Angus Paper Products — East Angus
Apparel Factors Limtied — Trois-Rivières
Arena de Trois-Rivières Limitée — Trois-Rivières
Béliveau Manufacturing Limited — Trois-Rivières
Blackwood, Morton & Son (Canada) Ltd. — Sainte-Thérèse
Canada Iron Foundries Limited — Trois-Rivières
Canada Steamship Lines Limited — Trois-Rivières
Canadian Celanese Limited — Drummondville
Canadian International Paper Company — Trois-Rivières, Gatineau
Canadian Rosin & Chemicals Limited — Shawinigan Falls
Canadian Westinghouse Company Limited — Trois-Rivières
Carborundum Company Limited — Shawinigan Falls
... & Electric Corporation Limited — Trois-Rivières
... — Trois-Rivières

## Les pères de famille de toutes ces villes paient une taxe spéciale d'éducation

Commission scolaire de Sherbrooke, 10 mars 1949
Commission scolaire de Montréal, 10 mars 1949 (3 ans)
Commission scolaire de Granby, 7 mars 1951
Commission scolaire de Saint-Jérôme, 7 mars 1951
Commission scolaire de Thetford-Mines, 7 mars 1951
Commission scolaire de Mégantic, 7 mars 1951
... de Victoriaville, 7 mars 1951
... 7 mars 1951

---

Numéro SPECIAL

# LE DEVOIR

Directeur : Gérard FILION — FAIS CE QUE DOIS — Rédacteur en chef : Omer HEROUX

VOL. XLVII — No. 127 — MONTREAL, MARDI, 29 MAI 1956

Numéro SPECIAL — 5 sous le numéro

# L'UNION NATIONALE TELLE QU'ELLE EST

## UN NUMERO SPECIAL DU DEVOIR SUR LES QUINZE ANNEES DU REGIME DUPLESSIS

1936

Le 20 juin vous aurez un devoir très grave à remplir : VOTER! C'est un droit mais c'est aussi un devoir strict.

## Aurons-nous des scrupules à battre Maurice Duplessis ?

par Gérard FILION

Le problème essentiel de la politique québécoise depuis 1942 est celui de l'autonomie fiscale.

Rappelons brièvement les faits. En 1942, sous l'empire des nécessités de guerre, Ottawa se fait céder, moyennant une compensation fixe, l'exclusivité des impôts sur le revenu, les bénéfices et les successions. Il était convenu que l'entente n'était valable que pour la durée de la guerre. On se rendit compte, une fois la guerre finie, que la manoeuvre faisait partie d'une politique longuement mûrie des conseillers financiers du gouvernement fédéral. La guerre avait servi de prétexte à mettre en vigueur quelques-unes des recommandations du rapport Rowell.

Pour perpétuer les ententes fiscales, Ottawa inventa plusieurs prétextes: extension de la législation sociale sous forme d'allocations familiales et de pension aux vieillards à partir de 65 ans, nécessité de stabiliser l'économie du pays au moyen de budgets cycliques, urgence d'un réarmement à partir de juin 1950.

Malgré le mécontentement de plusieurs provinces et l'obstination du Québec, Ottawa maintint son attitude jusqu'en 1955.

Cette politique centralisatrice d'Ottawa fit la fortune de M. Duplessis. Ses convictions autonomistes ne sont pas plus profondes que de besoin. C'est lui qui a déjà fait la suggestion d'une location à Ottawa des droits fiscaux des provinces. A deux ou trois reprises, il vint à deux cheveux de tout lâcher; il ne fut retenu que par l'influence d'organismes puissants comme la Chambre de commerce de la province de Québec et la vigueur de l'opinion publique.

D'ailleurs, M. Duplessis, politicien habile, s'était rendu compte très tôt que l'autonomie était d'un bon rendement électoral dans la province de Québec. Il en usa à satiété, souvent à bon escient, d'autres fois à tort et à travers.

Des milliers d'indépendants et de nationalistes lui accordèrent leur appui sur cette question. Malgré la répugnance qu'ils pouvaient éprouver par ailleurs, ils votèrent et conseillèrent de voter en sa faveur, convaincus que son régime, extrêmement vulnérable, constituerait un moindre mal.

En 1948, il moissonna presque tous les votes que le Bloc Populaire avait recueillis en 1944 et fut triomphalement reporté au pouvoir. En 1952, la lutte fut plus dure, mais il fut reporté aux fonctions suprêmes avec une majorité plus que confortable. Sans la question de l'autonomie, il est probable que M. Duplessis eût recueilli une majorité réduite en 1948 et peut-être été défait en 1952.

### Comment se pose la question

Nous sommes en 1956. La question qui se pose est celle de savoir si la situation est ...

La démocratie repose sur le suffrage universel. En ne VOTANT PAS c'est votre liberté que vous mettez en danger.

1956

## Quels sont les principes qui guident les actes de M. Duplessis ?

Des gens cherchent encore à découvrir une ligne de force, une dominante dans la politique que nous a donnée l'Union nationale depuis douze ans. Ce sont des naïfs. Partant de certaines déclarations chères à M. Duplessis, ("plan d'ensemble", "politique à longue échéance", "province qui grandit à pas de géant") ils espèrent trouver une philosophie dans la législation des trois derniers parlements. Ils se demandent, en somme, qu'est-ce qui restera de Duplessis quand Duplessis sera disparu!

*Par Pierre LAPORTE*

Dix années de vie parlementaire dans le voisinage immédiat de l'Union nationale et de son chef me donnent en cette matière une certaine expérience. Les dix ou douze volumes de statuts qui sont nés sous Duplessis, j'ai assisté à leur naissance. Je connais les arguments que le gouvernement a employés pour les justifier devant l'opinion publique.

Quel jugement porter sur l'ensemble ? Sans hésitation il faut affirmer qu'avec M. Duplessis il est inutile de rechercher des séquences de causes à effet ou de vouloir retrouver parmi les ...

... sion, il ait l'occasion de rappeler aux cultivateurs qu'il leur a été très utile. Dans tous les autres parlements du Canada les sommes requises pour de telles lois sont prévues dans le budget général, et personne n'en parle. M. Duplessis, lui, présente à tous les ans un nouveau projet de loi qui lui permet de faire un nouveau débat sur l'aide aux cultivateurs. C'est tellement vrai que les libéraux ont tenté cette année de faire passer la loi sans discussion ... et que c'est le gouvernement lui-même qui a provoqué un débat ...

... le public, n'a jamais pu savoir où le gouvernement avait l'intention de dépenser l'argent qu'on allait lui voter, dans quel les conditions, pour faire quels travaux. Peu à peu, sous la protection du président de la Chambre, on a laissé s'accréditer cette théorie fausse voulant que le gouvernement n'ait rien à dire à l'opposition, que son devoir se limitait à dépenser l'argent et à consigner ensuite la dépense dans les comptes publics.

## Un Etat provincial qui est en train de se désagréger

M. Maurice Duplessis, durant son régime, a toujours défendu l'Etat québécois, les droits de l'Etat, ses prérogatives. Mais du même coup cet Etat tend vers l'impuissance. Il le laisse s'effondrer par l'intérieur. Car l'autorité d'un seul homme, son énergie, ses qualités de chef ne suffisent pas à animer l'Etat.

*Par André LAURENDEAU*

On pourrait le montrer de diverses manières. Je voudrais développer un seul exemple: celui du fonctionnarisme provincial.

Le fonctionnaire remplit plusieurs rôles. D'abord un rôle d'exécution: c'est lui qui applique les lois, qui assure l'administration. Il en tire une expérience qui lui permet aussi de conseiller et presque d'orienter les chefs politiques: il possède ...

... fonctionnarisme provincial. Onze ans plus tard, les mêmes réformes pourraient être réclamées ou à peu près: si peu de choses fut accompli. Il y a bien une Commission du service civil, mais présidée par un partisan, au surplus trop âgé pour accomplir l'oeuvre gigantesque que les circonstances réclament.

... on ne saurait lui reprocher de négliger sa tâche. Mais un homme seul, quelles que soient son activité et sa rapidité, ne peut pas tout faire. Le désir de tout contrôler immobilise les subalternes. M. Duplessis opprime de la sorte les hauts fonctionnaires aussi bien que ses ministres ...

# FAITES TAIRE *LE DEVOIR*

Jean-François Nadeau

> **Duplessis choisit même parmi les journaux ceux qu'il tient pour loyaux, et commence à exclure les autres.**

Les centres d'opposition à l'Union nationale de Duplessis sont assez peu nombreux au cours des années 1950. Il y a notamment la faculté des sciences sociales de l'Université Laval, dirigée par le père Georges-Henri Lévesque, l'Institut des affaires publiques, le Rassemblement démocratique et *Cité libre,* une revue au tirage presque confidentiel où l'on trouve aussi bien Pierre Elliott Trudeau et Gérard Pelletier que Pierre Vadeboncœur. Mais c'est surtout au *Devoir,* avec André Laurendeau, Gérard Filion, Pierre Laporte, Jean-Marc Léger et quelques autres, que s'organise la résistance quotidienne au régime Duplessis.

Le directeur du journal, Gérard Filion, attaque sans ménagement l'Union nationale, usant de mots qui dépassent de beaucoup ceux que l'on permettrait aujourd'hui dans les journaux. En éditorial, à la suite de la réélection du gouvernement en 1956, Filion dit par exemple ceci, en parlant des partisans de l'Union nationale: «Leur produit naturel, j'allais dire leur fumier, c'est Duplessis.»

Dans un de ses plus célèbres textes, Laurendeau présente le chef de l'Union nationale comme un «roi nègre», une sorte de marionnette coloniale au service de puissances d'argent qu'il croit contrôler, mais qui, en fait, le dominent complètement.

Ce qui caractérise le mieux le régime Duplessis, explique alors Laurendeau, est la pratique de l'arbitraire. Duplessis choisit même «parmi les journaux ceux qu'il regarde comme loyaux, et il commence d'exclure les autres».

Duplessis se préoccupe beaucoup du contenu des journaux en général et de celui du *Devoir* en particulier. Dans une lettre confidentielle adressée à Robert Rumilly le 17 septembre 1956, Duplessis critique durement *Le Devoir* et ne cache pas son inclination à le faire taire: «Il est certain que la propagande du journal en question est tendancieuse, perfide et fielleuse et cela à tel point qu'un nombre de plus en plus considérable d'anciens lecteurs en sont profondément dégoûtés.»

L'éminence grise de Duplessis qu'est l'historien Rumilly écrit pour sa part à son prince afin de dénoncer *Le Devoir.* Les syndicats et *Le Devoir,* plaide-t-il devant le premier ministre, «s'orientent et orientent ceux qui les suivent vers une politique très à gauche», c'est-à-dire une politique absolument néfaste à l'avenir du pays.

Comment faire taire ce journal indépendant qu'est *Le Devoir*? se demandent les partisans de Duplessis. Le *Montréal-Matin,* quotidien dont l'Union nationale tire les fils, ne suffit pas pour couvrir sa voix. Plusieurs plaident alors pour que l'Union nationale finance aussi en douce des revues ou des journaux animés par des hommes sûrs.

# PIERRE LAPORTE

## JOURNALISTE DE COMBAT

Jean-Charles Panneton

En 1947, le nouveau directeur du *Devoir,* Gérard Filion, procède à l'évaluation des membres de l'équipe du journal en plus d'établir une nouvelle politique éditoriale. Il reconnaît chez l'un des plus jeunes journalistes, Pierre Laporte, un talent évident, mais également un flair particulièrement développé. Il le nomme donc au poste de correspondant parlementaire et attaché à la page éditoriale. Entré au *Devoir* en mars 1944 à l'âge de vingt-trois ans alors qu'il était toujours étudiant en droit à l'Université de Montréal, Laporte avait essentiellement rédigé des chroniques universitaires avant d'être affecté pour une période de deux ans à la couverture de l'actualité politique municipale montréalaise.

Lorsqu'il débute comme « correspondant parlementaire », les relations entre *Le Devoir* et le gouvernement de Maurice Duplessis sont plutôt bonnes. Le journal montréalais est l'un des rares quotidiens à avoir appuyé l'Union nationale aux élections de 1939, un appui qui se renouvellera en 1948 et en 1952. À son arrivée à Québec, Laporte reçoit donc un très bon accueil du premier ministre.

Durant les années 1940 et 1950, le travail de correspondant parlementaire consiste essentiellement à rapporter la nouvelle, et celui du *Devoir* ne fera pas exception à la règle. De nombreux correspondants parlementaires de l'époque confirment cet état de fait, dont Henri Dutil, du *Soleil*: « Sous Duplessis, il fallait répéter à la lettre ce qu'il disait et ne pas lui faire de coups de cochon. » La conférence de presse que le premier ministre tient le vendredi dans son bureau est qualifiée de véritable dictée par les journalistes.

**Les conférences de presse du premier ministre Duplessis ressemblent à des dictées pour les journalistes, qui mangent dans sa main.**

Mais les prises de position répétées du *Devoir* en faveur des travailleurs indisposent Duplessis, si bien que leurs relations se détériorent rapidement. À Québec, Laporte n'est pas en reste. Il se lance dans plusieurs enquêtes dont les résultats éclaboussent l'Union nationale.

En janvier 1954, Pierre Laporte révèle de nombreuses irrégularités sur le chantier de construction d'un barrage d'Hydro-Québec. Sur la base de divers témoignages, il publie plusieurs articles qui dénoncent le gaspillage, les commissions qui gonflent les prix, les erreurs coûteuses, l'incompétence et les mauvaises conditions de travail des ouvriers. La question de la sécurité sur le chantier est d'ailleurs soulevée, car dix ouvriers sont morts après être tombés d'un échafaudage, le 23 janvier 1954. Comme le souligne Laporte, l'improvisation est telle que de nombreux ingénieurs ont préféré quitter le chantier: « Des ingénieurs avaient été embauchés pour des fins déterminées, chef de service, préposé à tel département, responsable de telle partie des travaux. Mais ils ont constaté qu'ils n'étaient pas maîtres chez eux. Des subalternes presque toujours sans compétence discutaient leurs ordres ou donnaient même des contre-ordres. Et c'est généralement l'incompétence qui finissait par l'emporter. »

Le correspondant du *Devoir* juge les témoignages et les faits constatés assez sérieux pour demander qu'une enquête publique soit ouverte afin de faire toute la lumière dans ce dossier. Le sujet est rapidement abordé à l'Assemblée législative. À une question du chef de l'opposition, Georges-Émile Lapalme, sur les irrégularités dénoncées par *Le Devoir,* Maurice Duplessis s'emporte et attaque avec virulence Laporte: «Que ce soit dans la maladie ou la santé, dans l'instruction ou l'ignorance, la pauvreté ou la richesse, je ne sache pas qu'il existe un animal, même le plus pourceau, qui manque de cœur. On peut avoir chacun ses opinions, mais quand quelqu'un a été gavé, c'est indigne de se servir de la nourriture qui lui a été donnée pour la vomir sur son bienfaiteur.» Duplessis écorche au passage *Le Devoir,* qu'il traite de feuille jaune et mensongère. Du haut de la tribune de la presse, Laporte, stoïque, écoute la violente diatribe lancée contre lui. Dans les pages du *Devoir* du lendemain, le correspondant ne manque pas de souligner que cette attaque personnelle a été prononcée par un premier ministre bravement caché derrière son immunité parlementaire. Laporte en profite pour faire une mise au point plutôt cassante à son endroit: «On a cru dans le temps que M. Duplessis voulait rendre service à mon grand-père. On constate aujourd'hui qu'il s'armait contre moi. Cela le dépeint bien.» Maurice Duplessis ne donnera pas suite à la demande d'une enquête publique.

Puis, à l'automne 1956, *Le Devoir* publie une série de 46 articles présentant les résultats d'une imposante enquête de Laporte. Sur le thème *Les élections ne se gagnent pas avec des prières,* les articles mettent en lumière tous les rouages de la machine électorale unioniste déployée aux élections de 1956.

Selon Laporte, les sommes colossales investies en publicité constituent le meilleur exemple des moyens disproportionnés utilisés par l'Union nationale au cours de cette campagne électorale: «Le total des dépenses de l'Union nationale pour la publicité seulement atteint 2016500$... Cela fait environ 90$ par candidat

Guy Lamarche, avec son carnet de notes, à côté de policiers en civil qui viennent de saisir du «matériel d'élections»: des barres de fer destinées à intimider les électeurs. Dépêché sur la colline parlementaire en juin 1958, tout juste après l'éclatement du scandale du gaz naturel mis au jour par *Le Devoir*, Guy Lamarche fut un des nombreux journalistes à goûter aux fureurs du chef de l'Union nationale, Maurice Duplessis. En apprenant le nom de son employeur, Duplessis devint rouge de colère et tonna: «*Le Devoir*, dehors!» Le reporter fut expulsé *manu militari* par la garde rapprochée du premier ministre Duplessis. L'incident provoquera la publication d'un éditorial d'André Laurendeau intitulé «Le roi nègre», qui donnera un coup de plus au régime duplessiste, déjà affaibli par les scandales.

pour le PSD [Parti social-démocratique], 4000$ par candidat pour les libéraux et 23000$ par candidat pour l'Union nationale.»

Les articles font également état de détournements de fonds publics ayant servi à la propagande politique, des conséquences de la loi 34 imposant un énumérateur unique, de l'appui indéfectible de nombreux membres du clergé, du chantage exercé auprès des électeurs, de l'achat massif de votes et du vol de boîtes de scrutin dans les bureaux d'élection à la pointe du revolver.

Pour Laporte, l'ensemble des moyens utilisés par les organisateurs de l'Union nationale pour gagner les élections a eu un coût exorbitant: «Nous avons fait la preuve que la note a été d'au moins cinq millions de dollars. De l'avis de toutes les personnes au courant du coût d'une élection, ce chiffre est un minimum. Les organisateurs duplessistes eux-mêmes trouvent rigolo que nous nous en soyons tenus à ce chiffre. Mais il est impressionnant puisqu'il établit que chaque candidat de l'Union nationale a coûté au moins 50000$ à la caisse électorale.»

En conclusion de son enquête, Laporte dévoile la provenance de cette fabuleuse caisse électorale: «Elle vient des entrepreneurs, des détenteurs de permis, de toutes les personnes qui ont des contrats ou des faveurs du gouvernement. Mais ces gens ne sont que des intermédiaires. En fait, les millions de l'Union nationale viennent des poches des contribuables, qui paient plus cher pour leurs écoles, leurs hôpitaux, leurs travaux publics à cause des ristournes qui entrent dans la caisse du parti.»

Mais l'enquête qui fera le plus de bruit et qui constitue le scoop de sa carrière est celle qui fera éclater le scandale du gaz naturel.

À la une de la livraison du 13 juin 1958, Laporte révèle qu'un certain nombre de ministres, des députés et des organisateurs de l'Union nationale ont spéculé et empoché des profits substantiels lors de la vente du réseau public de gaz naturel à l'entreprise privée: «Les promoteurs de la Corporation de gaz naturel du Québec n'ont risqué que 50000 dollars pour mettre la main sur un actif de 39 millions de dollars. Le coup de bourse est de l'ordre de 20 millions de dollars; les promoteurs de la Corporation réaliseront un profit de capital d'au moins 9 millions de dollars.» Dès le lendemain, Laporte révèle les noms des six ministres et des quatre conseillers législatifs impliqués dans l'affaire. C'est le premier ministre lui-même qui, la veille, au cours d'une conférence de presse, avait défié *Le Devoir* de nommer les membres de son cabinet qui étaient actionnaires de la Corporation.

Dans un éditorial, Gérard Filion résume bien la nature explosive de la situation: «Le scandale, c'était que des hommes politiques s'étaient placés dans un conflit d'intérêts. Comme législateurs, ils avaient voté une loi autorisant la vente du réseau de gaz et, comme individus, ils avaient acheté des actions de la compagnie qui en faisait l'acquisition. Ils s'étaient faits à la fois vendeurs et acheteurs.»

Laporte traduit bien l'attitude prudente d'un premier ministre qui semble avoir été surpris par cette affaire : « Au cours d'une longue conférence de presse, presque entièrement consacrée à l'affaire du gaz naturel, le premier ministre Duplessis n'a pas nié que des membres de l'Union nationale ont acquis des actions de la Corporation du gaz naturel. Pendant plus d'une heure et demie, le chef du gouvernement s'est employé à faire quelques mises au point au sujet de la cession du réseau de gaz à la Corporation et des propriétés caloriques du nouveau combustible, mais il n'a répondu à aucune des accusations portées par *Le Devoir.* »

Quelques jours plus tard, le journaliste du *Devoir* Guy Lamarche est expulsé *manu militari* du bureau du premier ministre sur son ordre. Devant les autres journalistes ébahis par la soudaine expulsion de leur confrère, Duplessis explose et annonce qu'il intentera des poursuites contre le journal montréalais : « Des procédures judiciaires seront intentées contre ce journal, procédures qui mettront à jour, devant le public, tous les faits qui relèvent des tribunaux et qui se rapportent à la question soulevée. Le grand scandale dans toute cette affaire, et c'est un scandale odieux, c'est la propagande injuste et souvent infâme du journal qui s'intitule *Le Devoir.* »

Duplessis intentera effectivement des poursuites contre le journal montréalais et saisira les tribunaux de l'affaire, ce qui coupera court à tout échange verbal sur le dossier. Dans l'un de ses éditoriaux, Laporte traite de manière humoristique le mutisme dans lequel s'est enfermé Duplessis. « Le gaz naturel a, selon les personnages qu'il touche, des effets contraires. S'il a réussi à rendre éloquents des libéraux qui avaient appris à se taire, il a rendu muet depuis deux semaines le premier ministre le plus bavard depuis la Confédération ! »

Mais au-delà des considérations politiques, cette histoire du gaz naturel aura marqué un tournant dans l'histoire des relations de Duplessis avec la presse à Québec. À la suite de l'expulsion de Guy Lamarche, les correspondants formeront une société incorporée dotée de règlements garantissant à ses membres un traitement équitable.

Par les résultats retentissants de ses enquêtes, mais également par les billets qu'il signe sous le pseudonyme de Lex et par ses éditoriaux, Pierre Laporte participe pleinement à la croisade antiduplessiste du *Devoir.* Sous la direction de Gérard Filion et d'André Laurendeau, Pierre Laporte et ses collègues journalistes forment une équipe redoutable dont le travail s'inscrit dans la tradition du journalisme de combat pratiqué par leurs prédécesseurs au temps de Georges Pelletier et d'Henri Bourassa.

LE DEVOIR

FAIS CE QUE DOIS

Directeur : Gérard FILION

Rédacteur en chef : André LAURENDEAU

10 sous le numéro

MONTREAL, SAMEDI, 14 JUIN 1958

VOL. XLIX — No. 138

LE SCANDALE DE LA CORPORATION DE GAZ NATUREL

# Les noms des SIX MINISTRES de Duplessis impliqués dans l'affaire

## Le chef de cabinet du premier ministre et 4 conseillers législatifs

NDLR — Le premier ministre ayant, — lors de sa conférence de presse d'hier, — sommé Le Devoir de nommer les membres de son Cabinet qui ont été ou qui sont actionnaires de la Corporation de gaz naturel du Québec, nous allons intervertir ... de nos articles pour lui donner satisfaction dès aujourd'hui.

# Normand Hudon

En février 1959, Robert LaPalme accepte d'aller travailler à *La Presse*. Il est remplacé par un jeune caricaturiste fringant, Normand Hudon (1929-1997), qui est déjà très connu d'un vaste public grâce à ses apparitions à la télévision d'État et sa participation à plusieurs spectacles de cabaret. Hudon a fréquenté l'École des Beaux-Arts de Montréal et a étudié à Paris, notamment avec le peintre Fernand Léger. Les lecteurs du *Devoir* le connaissent aussi parce qu'il a remplacé à l'occasion LaPalme, lequel l'engage assez tôt pour encrer certains de ses dessins. Avec un trait plus souple et servi par un style moins omniprésent que celui de LaPalme, le grand Normand Hudon continue de railler Duplessis, représenté assez souvent avec un vautour à proximité. Avec la mort de Duplessis et l'énergie que déploie *Le Devoir* pour dénoncer les abus de toutes sortes, Hudon annonce haut et fort par son dessin que « le temps des cachotteries » est terminé.

Les caricaturistes Hudon et LaPalme sont tous les deux très présents à la télévision au cours des années 1950.

"Désormais", fini le temps des cachotteries

"... et il a habité parmi nous."

— Gerry, passe-moé $33,123.53 !

Prière de ne pas souffler.

— Moé pis ma sacrée tremblote ! ...

Notre Pégase
(naturel)

# FERNAND DANSEREAU DEVANT LES GRÉVISTES

Odile Tremblay

Fernand Dansereau, reporter au *Devoir* pour les affaires syndicales.

**« Ce fut un véritable drame moral pour moi d'avoir à quitter le journal pour une ligne érigée par des typographes qui gagnaient plus que nous, mais le devoir de solidarité nous obligeait à les soutenir. »**

Rue Notre-Dame, dans les locaux vétustes du Vieux-Montréal qu'occupait alors *Le Devoir* en dessous des presses crépitantes, un tout jeune journaliste plein de fougue et d'idéal put s'adonner à sa passion : l'enquête dans le dossier des relations de travail.

Son nom : Fernand Dansereau. Avant d'être scénariste, réalisateur, producteur et grand homme de cinéma, il avait été journaliste au *Devoir,* de 1950 à 1955, pour le mirobolant salaire de 20 $ par semaine, 25 $ au bout de cinq ans. Mais quand on a le feu sacré…

« En 1950, à la sortie du collège, je suis venu rencontrer le directeur du *Devoir,* Gérard Filion », se rappelle-t-il. Ce dernier avait haussé un sourcil : « Va faire ton apprentissage dans les journaux de province ! » *La Tribune* de Sherbrooke l'a embauché pour monter la page financière. « Mais Gérard Filion m'a bientôt rappelé. Gilles Marcotte lui avait parlé de moi. » Le voici relégué à la rubrique des chiens écrasés. Ça prend un début à tout. Le jeune Dansereau n'a qu'un désir : tenir la chronique ouvrière syndicale, le dossier chaud de l'heure, alors que les travailleurs ont des vies de misère et qu'une résistance se lève pour les épauler. Après quelques mois, il obtient gain de cause. La chronique syndicale n'avait d'ailleurs plus de rédacteur depuis que Gérard Pelletier avait quitté le journal, l'année précédente.

« Quatre années extraordinaires ont suivi, souligne Dansereau. Duplessis régnait au Québec, on le combattait et j'étais sur les lignes de piquetage avec les travailleurs. »

Une période très agitée, en effet…

Dansereau a couvert, en 1952, la grève des employés de Dupuis Frères, le magasin à grande surface francophone de Montréal, au cours de laquelle le syndicat avait créé un comité de sabotage pour « brasser la cage » : téléphoner au patron toutes les douze minutes pour l'empêcher de dormir, envoyer des insectes dans le magasin, etc. Les briseurs de grève arrivaient en autobus et étaient pris à partie.

« J'ai fait aussi un reportage sur l'usine de textile de Montmorency, près de Québec, où la moyenne d'âge des ouvriers était de trente-cinq ans, car les fibres de coton causaient des maladies pulmonaires… »

Il couvre également la grève des tisserands de Louiseville, où des actes de violence sont commis. « Je me revois avec un confrère couché dans le champ pour échapper aux coups de feu de la police alors que les balles nous passaient

Les syndicalistes Michel Chartrand (1916-2010) et Pierre Vadeboncœur (1920-2010) parmi des grévistes en 1951. Écrivain de très haut niveau, Vadeboncœur publiera au *Devoir* un grand nombre de textes pendant cinquante ans.

au-dessus de la tête. Une source syndicale m'avertissait à l'avance quand du grabuge était prévu et je partais la veille coucher dans un hôtel de Louiseville. L'aubergiste, en me voyant arriver, s'écriait: "On va avoir des bagarres demain matin..." » De fait, ça jouait dur. « Un jour, poursuit Dansereau, je suis allé interroger une femme dont le mari avait été blessé dans les échauffourées, certain de la trouver en larmes. Mais les travailleurs du textile avaient de si mauvaises conditions de travail que je me suis trouvé devant une militante enragée. »

Duplessis s'est déjà levé pour dire qu'il allait faire citer Dansereau en Chambre, laquelle peut se transformer en tribunal, pour une grève qu'il avait couverte. « À vingt-quatre ans, on n'est pas peu fier d'être mentionné par le premier ministre, mais il n'a pas donné suite. »

Dans les bureaux de la rue Notre-Dame, Fernand Dansereau se souvient d'une salle de rédaction petite, enfiévrée, passionnante et jeune. « La plupart des journalistes n'avaient pas trente ans. Et c'était une salle de combat. À cette époque, *Le Devoir* luttait contre le premier ministre Duplessis et tout ce qu'il représentait. Dans tous les secteurs de la vie, nous retrouvions l'adversaire, et pas un mince ennemi. Fiers de travailler pour une cause juste, tout en vivant dans une grande précarité. La circulation du journal était tombée à 13 000 lecteurs et la Révolution tranquille allait renverser plus tard le cours des choses. »

Le courage et l'énergie du directeur, Gérard Filion, qui avait la réputation d'écrire à la hache, comme un bûcheron, forçaient l'admiration des journalistes. « Mais les rapports avec lui n'étaient pas faciles. Il était brusque, exigeant et il pouvait nous faire fondre de honte quand il levait son grand rire pour critiquer un de nos papiers. Notre refuge, c'était André Laurendeau, le rédacteur en chef, en quelque sorte un père spirituel qui jouait souvent le rôle de conciliateur dans nos débats avec la direction. Et nous étions très occupés, terriblement occupés, comme dans la plupart des salles de rédaction, j'imagine, mais avec cette fougue particulière de combattants qui croient leur tâche urgente et nécessaire. Ma jeunesse trouvait parfaitement à exercer sa passion dans un environnement pareil. »

Sauf qu'en 1955 les typographes du *Devoir* ont fait la grève, et Fernand Dansereau refusa de franchir les lignes de piquetage. « Ce fut un véritable drame moral pour moi d'avoir à quitter le journal pour une ligne érigée par des typographes qui gagnaient plus que nous, mais le devoir de solidarité nous obligeait à les soutenir. Nous étions cinq journalistes à résister, dont Gilles Marcotte. Le syndicat du journal nous a donné de petites sommes, pendant cinq ou six semaines. J'avais une famille, deux enfants à nourrir. Les quatre autres journalistes furent relocalisés ailleurs, sauf moi, jugé mauvaise tête. »

Rentrant chez lui d'humeur sombre, songeant aux 45 $ qui restaient dans son compte en banque, il reçut ce soir-là un coup de fil. « Pierre Juneau, de l'Office national du film, qui avait appris mes déboires, m'a offert un travail de reporter dans l'Ouest canadien. Ce qui doublait mon salaire d'avant, mais j'étais un piètre interviewer à l'écran. Puis, je suis devenu scénariste, producteur à l'Office national du film, et ma carrière a bifurqué. »

Le samedi 19 mars 1955

SUSPENSION DU ROCKET

# On a tué mon frère Richard

André Laurendeau

Le nationalisme canadien-français paraît s'être réfugié dans le hockey. La foule qui clamait sa colère jeudi soir dernier n'était pas animée seulement par le goût du sport ou le sentiment d'une injustice commise contre son idole. C'était un peuple frustré, qui protestait contre le sort. Le sort s'appelait, jeudi, M. Campbell; mais celui-ci incarnait tous les adversaires réels ou imaginaires que ce petit peuple rencontre.

De même que Maurice Richard est devenu un héros national. Sans doute, tous les amateurs de hockey, quelle que soit leur nationalité, admirent le jeu de Richard, son courage et l'extraordinaire sûreté de ses réflexes. Parmi ceux qu'enrageait la décision de M. Campbell, il y avait certainement des anglophones. Mais pour ce petit peuple, au Canada français, Maurice Richard est une sorte de revanche (on les prend où l'on peut).

Il est vraiment le premier dans son ordre, il allait le prouver encore une fois cette année. Un peu de l'adoration étonnée et farouche qui entourait Laurier se concentre sur lui: mais avec plus de familiarité, dans un sport plus simple et plus spectaculaire que la politique. C'est comme des petites gens qui n'en reviennent pas du fils qu'ils ont mis au monde et de la carrière qu'il poursuit et du bruit qu'il fait...

Or, voici surgir M. Campbell pour arrêter cet élan. On prive les Canadiens français de Maurice Richard. On brise l'élan de Maurice Richard qui allait établir plus clairement sa supériorité. Et cet

«on» parle anglais, cet «on» décide en vitesse contre le héros, provoque, excite. Alors il va voir. On est soudain fatigué d'avoir toujours eu des maîtres, d'avoir longtemps plié l'échine. M. Campbell va voir. On n'a pas tous les jours le mauvais sort entre les mains; on ne peut pas tous les jours tordre le cou à la malchance…

Les sentiments qui animaient la foule, jeudi soir, étaient assurément confus. Mais est-ce beaucoup se tromper que d'y reconnaître de vieux sentiments toujours jeunes, toujours vibrants: ceux auxquels Mercier faisait jadis appel quand il parcourait la province en criant: «On a tué mon frère Riel…»

Sans doute, il s'agit aujourd'hui de mise à mort symbolique. À peine le sang a-t-il coulé. Nul ne saurait fouetter indéfiniment la colère des gens, y sculpter une revanche politique. Et puis, il ne s'agit tout de même que de hockey. Tout paraît destiné à retomber dans l'oubli. Mais cette brève flambée trahit ce qui dort derrière l'apparente indifférence et la longue passivité des Canadiens français.

Il y avait autre chose, sans doute: il y avait la foule. Quand elle se déchaîne, sous tous les cieux du monde, elle devient mauvaise et incohérente.

Une cinquantaine de marchands, rue Sainte-Catherine, ont dû remplacer leurs vitrines, qui ont volé en éclats, parce que M. Campbell a porté contre Maurice Richard un jugement sommaire. Entre ceci et cela, le lien logique est faible. Mais quand des hommes sont nombreux et animés par une passion commune, où est la logique?

Le soir du 17 mars 1955, des milliers de personnes se retrouvent près du forum de Montréal pour manifester contre la suspension de Maurice Richard, véritable héros populaire des Canadiens français. À l'intérieur du Forum, la colère gronde. La mise à mort symbolique de Richard prononcée par le président de la Ligue nationale de hockey (LNH) à la veille des séries éliminatoires, attise les passions. À l'époque, les travailleurs canadiens-français subissent une humiliation quotidienne qu'on leur a appris à confondre avec l'humilité. Le sort fait à Richard s'apparente pour la foule à une humiliation de trop que doivent porter les Canadiens français. L'émeute du forum ce soir-là est considérée comme un des éléments qui annoncent l'émancipation de la Révolution tranquille.

**Au centre** Le président de LNH, Clarence Campbell, suspend Maurice Richard, joueur vedette, pour trois parties et toute la durée des séries éliminatoires qui conduisent à l'obtention de la coupe Stanley.

# J'ai assisté au cinquantième anniversaire

Naïm Kattan

Quelques mois après mon arrivée au Canada, en 1954, j'ai eu la belle surprise de lire *Aaron* d'Yves Thériault, le premier roman d'un écrivain canadien-français consacré à la communauté juive de Montréal. Je souhaitais souligner cet événement et faire connaître le livre à cette communauté. Le Congrès juif canadien publiait un bulletin de langue anglaise, et c'est en cette langue que j'ai écrit mon article. Gilles Marcotte, qui dirigeait les pages littéraires du *Devoir,* consacra au roman un article élogieux, qu'il termina par : « On voudrait bien savoir ce que pense un juif à propos de ce roman. » Je lui ai alors envoyé par la poste mon article et fus heureux d'en voir la traduction publiée, la semaine suivante, dans *Le Devoir.* C'était l'amorce d'une longue collaboration ininterrompue jusqu'à ce jour à ce journal.

Quelques mois plus tard, son rédacteur en chef, André Laurendeau, m'invita à son émission de télévision, *Pays et merveilles,* pour parler de Bagdad, ma ville natale. Ce fut la naissance d'une longue amitié, extrêmement précieuse pour moi, qui dura jusqu'à sa mort. Nous avions l'habitude de déjeuner ensemble tous les mois et, au cours de l'une de ces rencontres, je lui ai demandé comment il se faisait qu'un journal aussi important que *Le Devoir* ne consacrait jamais d'articles aux littératures canadienne-anglaise et américaine dans ses pages littéraires. « Cela vous intéresse ? me demanda-t-il. — Certainement, dis-je. — Vous êtes notre chroniqueur ! » Ce fut pour moi l'occasion de découvrir des écrivains marquants.

À l'époque, j'ai eu aussi le plaisir d'assister aux cérémonies du cinquantième anniversaire du *Devoir.* Le journal traversait alors une période

**Autour de moi se trouvaient des hommes, des femmes, des religieux portant la soutane et j'avais le sentiment qu'une société vivante était présente et qu'elle s'estimait représentée.**

Naïm Kattan chez lui, en mars 2007, devant une grande photo de lui monté sur sa Vespa à Paris, à la fin des années 1940.

Gérard Filion prononçant un discours lors des festivités du cinquantième anniversaire de la fondation du journal.

donnait le journal aux nouvelles forces vives de la société sans pour autant trahir son engagement envers les Canadiens français et envers leur patrimoine chrétien.

Autour de moi se trouvaient des hommes, des femmes, des religieux portant la soutane et j'avais le sentiment qu'une société vivante était présente et qu'elle s'estimait représentée. Dans les colonnes du journal, les éditorialistes multipliaient les interrogations sans éviter les prises de position et l'affirmation de convictions qui indiquaient un chemin, une direction. La farouche opposition du *Devoir* à Duplessis était considérée comme courageuse. Cependant, en dépit des apparences, elle exprimait une aspiration, un désir de changement qui n'était nullement minoritaire.

financièrement difficile. Un organisme, Les amis du *Devoir,* qui recueillait des contributions pour assurer la vie du quotidien, organisa une grande réunion à l'occasion de cet anniversaire. Nous étions nombreux à assister à l'événement. Les grands noms du *Devoir* défilèrent à la tribune : le docteur Archambault, le président, Gérard Filion, le directeur, les journalistes Paul Sauriol, Pierre Laporte et d'autres. Ce fut André Laurendeau qui prononça la principale allocution. Il tenta, dans son discours, de définir la gauche : l'histoire, la sémantique et surtout sa signification, dans le contexte canadien de l'époque. En ces années-là, des voix s'élevaient pour accuser *Le Devoir* d'infidélité envers le nationalisme et le catholicisme. Avec la subtilité, les nuances et la fermeté qui caractérisaient ses éditoriaux, Laurendeau s'efforça d'analyser et de justifier l'appui que

*Pays et merveilles,* émission de télévision diffusée de 1952 à 1961 à Radio-Canada et animée par André Laurendeau.

# AU SEUIL DE LA FORÊT

Marie-Andrée Lamontagne

**_Le Devoir_ a fixé par l'imprimé les paroles de nombreux grands écrivains.**

Anne Hébert n'aimait pas accorder d'entrevues ni prendre la parole en public. Pour s'en convaincre, il suffit d'entendre sa voix de petite fille sage dans les enregistrements radio et télé des années 1950 ou de voir ses yeux timidement baissés quand elle reçoit un prix – faibles sourdines à un charme puissant qui opère en tous lieux. Il n'empêche qu'au cours de son existence Anne Hébert s'est prêtée à l'exercice de l'entrevue des milliers de fois. Comment faire autrement? Au Québec encore plus qu'ailleurs, la parution de chacun de ses ouvrages soulevait invariablement une vague d'intérêt critique qui s'accompagnait d'un cortège d'entrevues auxquelles la poète et romancière se prêtait de bonne grâce.

Entre déférence, fascination, admiration et curiosité, les médias québécois – *Le Devoir* n'a pas fait exception – ont de façon générale bien traité Anne Hébert. En cela, ils ne se faisaient que l'écho du public. Certains libraires se souviennent encore de séances de signatures ayant donné lieu, tant à Montréal qu'à Québec, son fief d'origine, à de touchantes marques d'affection, fleurs, chocolats, exemplaires à signer tendus à l'intéressée en tremblant d'émotion. En outre, plus d'un jeune écrivain, au Québec, surtout s'il est une femme, reconnaîtra volontiers avoir subi l'influence d'Anne Hébert, univers, style, œuvre et personne mêlés. Figure tutélaire, auréolée d'une grâce lointaine, Anne Hébert, dès la fin des années 1960, a été intégrée au canon de la jeune littérature québécoise, et il y a fort à parier qu'elle n'en sortira pas. Ce qui n'est que justice, s'agissant des exigences d'une œuvre élaborée sans concessions à l'air du temps, mue par une nécessité intérieure, avançant à tâtons.

Anne Hébert en 1958.

Certes, Anne Hébert était timide et fuyait les projecteurs, leur préférant de loin la solitude peuplée de sa table de travail. Mais ce choix de la retraite n'allait pas sans nourrir les ambitions les plus hautes: être un écrivain, non pas du dimanche, non pas à temps perdu, non pas comme d'autres peignent des assiettes, c'est-à-dire comme un hobby, mais en y vouant son existence, ayant sacrifié sans remords les hochets sociaux que sont les emplois, la sécurité financière, les biens matériels, ayant sacrifié aussi la normalité que procurent couple et enfants. Si Anne Hébert a consenti à ces efforts et à ces sacrifices, ce fut pour répondre à l'appel de ses dons, dans l'espoir d'être admise de plain-pied dans la littérature d'expression française, aux côtés des Giono, Colette et autres grands.

Pour prendre la mesure de cette détermination et des fruits singuliers qui en naissent, ouvrons la livraison du *Devoir* du samedi 3 octobre 1953. À la page 6, avec suite à la page 8, est repris le texte d'une causerie prononcée à la radio de Radio-Canada par Albert Béguin, critique français et directeur de la revue *Esprit,* récemment en visite au Canada français. Qui, de nos jours, hormis les historiens de la période, connaît Albert Béguin? Né en Suisse dans un milieu protestant, converti au catholicisme en 1940, résistant de la première heure, Albert Béguin est aussi docteur en littérature, spécialiste du romantisme allemand. Depuis 1946, il est conseiller littéraire aux Éditions du Seuil, jeune maison d'édition créée en 1935 qui, après la guerre, appuie l'aggiornamento catholique. À Paris, la revue *Esprit,* dont se réclament à Montréal les écrivains de la revue *Cité libre,* est adossée aux Éditions du Seuil. En 1950, à la mort d'Emmanuel Mounier, son fondateur, Albert Béguin devient le directeur d'*Esprit.* C'est donc un acteur important de la scène littéraire et intellectuelle parisienne qui, en 1953, arrive à Montréal.

Albert Béguin aime l'Italie, l'esprit primitif qu'il prête aux cultures du Brésil et du Mexique et déteste la civilisation américaine. Il aime Péguy, Bloy, les diableries d'Hoffmann, le monde paysan tel que l'ont façonné le catholicisme et la Bible. Le Canada français n'aura été qu'un épisode parmi d'autres dans son parcours intellectuel. Mais on peut supposer qu'en 1953 Albert Béguin découvre avec plaisir une province de Québec dont les racines paysannes et catholiques étaient alors bien visibles.

Au même moment, à Québec, une jeune femme n'ayant publié jusque-là qu'un recueil de poèmes (*Les songes en équilibre,* 1942) et un recueil de nouvelles (*Le torrent,* 1950) fait parler d'elle dans les cercles étroits mais bien informés de ceux qui s'intéressent à la littérature lorsque paraît un recueil de poèmes étranges et graves: *Le tombeau des rois.* Très tôt, la fille aînée du critique Maurice Hébert avait montré un goût vif pour la lecture, la poésie, les livres et l'écriture. Très tôt aussi, par conséquent, elle avait ambitionné de devenir écrivain. Le théâtre l'attire, les contes aussi, où de jeunes filles pauvres, malades ou orphelines, aspirent à une autre existence, mais la poésie n'est-elle pas le genre noble par excellence? Devenir écrivain, pour la jeune Anne Hébert, c'est d'abord être poète, aussi bien dire coïncider avec sa nature profonde.

Anne Hébert, grâces en soient rendues à son petit-cousin Hector de Saint-Denys Garneau, de quatre ans son aîné, avait lu Baudelaire, l'un de ses maîtres romantiques en poésie. Elle s'en souviendra dans les vers de jeunesse comme dans les poèmes de la maturité, aux influences davantage maîtrisées. Aussi, entre Albert Béguin et elle, le courant ne pouvait-il que passer. La causerie d'Albert Béguin à l'émission *La revue des arts et des lettres* à la radio de Radio-Canada n'aura duré que six ou sept minutes. Mais elle aura fait figure de véritable adoubement littéraire. *Le Devoir* ne s'y est pas trompé, qui a voulu fixer par l'imprimé les suaves paroles du critique français. Pour Anne Hébert, les choses commençaient vraiment.

Les postes canadiennes ont lancé à l'automne 2003 une série de timbres honorant quatre auteurs canadiens, dont Anne Hébert et son petit cousin Saint-Denys Garneau.

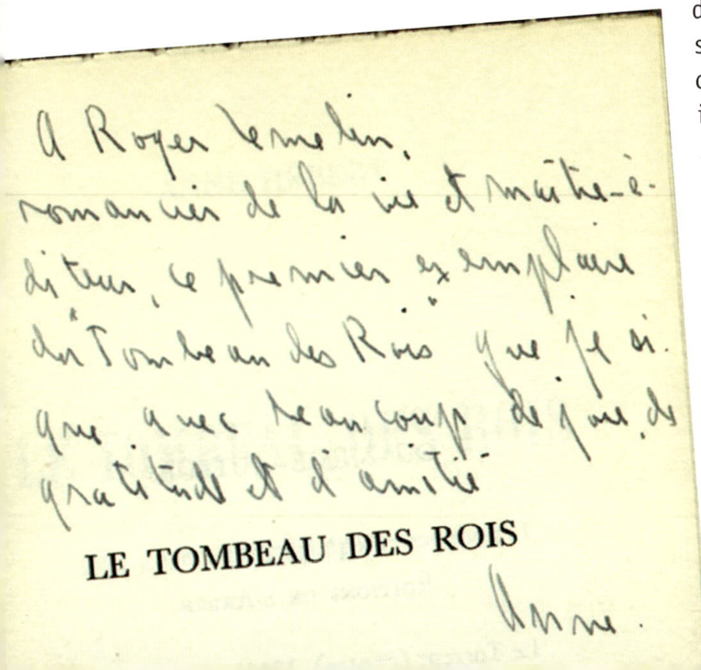


Les lecteurs ignorent souvent que Roger Lemelin, l'auteur des *Plouffe*, a été à l'origine de la publication du *Tombeau des rois*, ce magnifique recueil de poèmes d'Anne Hébert.

# VALSE-HÉSITATION

## LA MUSIQUE POPULAIRE DANS LES ANNÉES 1950

Sylvain Cormier

**Dans les années 1950, la chanson fructifie jusqu'à connaître une étonnante floraison au cours des années 1960.**

Les années 50 de la musique populaire au Québec commencent bel et bien en 1950, mais ailleurs qu'au Québec. C'est en décembre de cette année-là qu'un dénommé Félix Leclerc obtient à Paris la gloire et la reconnaissance qu'on lui nie et qu'on lui niera longtemps ici (jusque dans les pages du *Devoir*, par la plume de Gilles Marcotte : « [...] ce style prétendu naturel et spontané, je trouve, moi, qu'il sent l'artifice à plein nez. » Même détour par la Rive Gauche pour Raymond Lévesque et la future immortelle *Quand les hommes vivront d'amour*, d'abord endisquée par Eddie Constantine. Il faudra attendre 1959 pour que les enfants de Félix et Raymond – Jean-Pierre Ferland, Hervé Brousseau, Clémence DesRochers, Claude Léveillée, Jacques Blanchet – deviennent Les Bozos et fassent fructifier la chanson d'auteur dans de drôles d'endroits appelés boîtes à chansons. Mais tout ça est

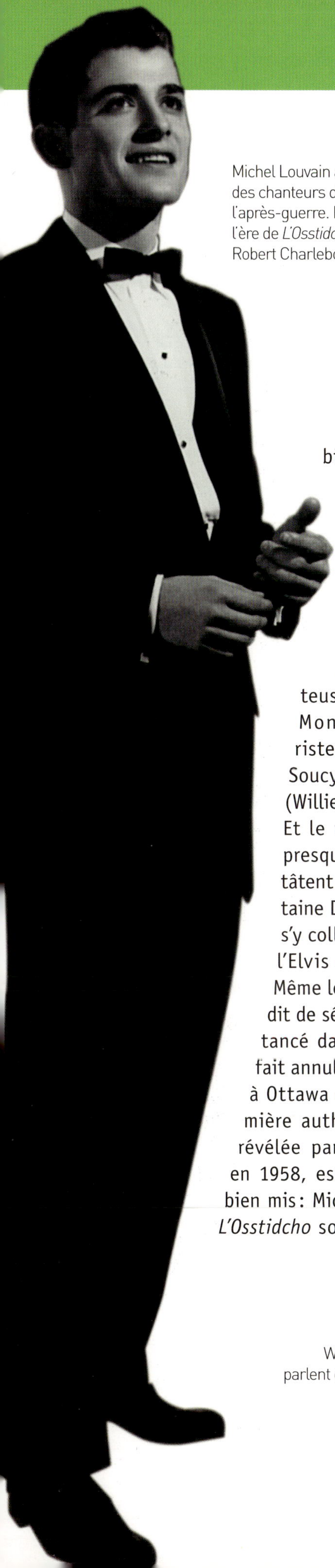

Michel Louvain appartient à la vague des chanteurs de charme de l'après-guerre. Bientôt ce sera plutôt l'ère de *L'Osstidcho* et du rock à la Robert Charlebois.

Jérôme Lemay et Jean Lapointe forment les Jérolas, un duo de chanteurs comiques qui fait beaucoup parler de lui.

bien souterrain encore: à la surface grouille une faune cabaretière menée par Jacques Normand, alors que dans les palmarès et sur les ondes cohabitent les crooners à l'américaine (Robert L'Herbier, Jean Lalonde), les chanteuses stylées (Lucille Dumont, Monique Leyrac), les folkloristes (Oscar Thiffault, la Famille Soucy) et les cow-boys chantants (Willie Lamothe, Marcel Martel). Et le rock'n'roll? Inexistant, ou presque. Quelques westerneux en tâtent du bout de l'éperon, une certaine Denyse Filiatrault (avec un y) s'y colle, mais personne n'ose faire l'Elvis et encore moins le Pelvis. Même le véritable Presley est interdit de séjour chez nous (et vivement tancé dans *Le Devoir*): l'archevêché fait annuler son Forum annoncé, c'est à Ottawa qu'il s'ébrouera. Notre première authentique idole des jeunes, révélée par la télé radio-canadienne en 1958, est un jeune homme sage et bien mis: Michel Louvain. Charlebois et *L'Osstidcho* sont encore bien loin.

Willie Lamothe et autres Soldat Lebrun parlent d'un pays marqué par une expérience américaine que négligent souvent les intellectuels.

Le mercredi 22 juin 1960

# Petite illustration de l'humiliation quotidienne

Jean-Marc Léger

L'humiliation commence au tout premier contact avec la capitale fédérale. On s'attendrait que celle-ci symbolisât partiellement au moins le caractère officiellement bilingue de ce pays, que [...] les deux langues aient effectivement droit de cité dans tous les ministères et instituts relevant à un titre ou l'autre du gouvernement fédéral.

Supposez que vous ayez encore des illusions et que vous ayez prêté foi aux discours de fin de banquet et aux professions de foi électorale (Mes cheurs amis can'diens fincé...), vous n'iriez pas réclamer du français à Toronto ou à Edmonton, moins encore à Vancouver mais dans cette capitale fédérale, sise au seuil même du Québec, partie d'un complexe Ottawa-Hull dont les 300 000 habitants sont pour près de la moitié francophones, vous pensez ne pas utiliser une langue étrangère en parlant français.

La gare «Union» (mot piège s'il en fut) vous accueille dans un unilinguisme anglais éclatant, depuis le préposé aux portillons jusqu'au préposé aux bagages.

Petite déconvenue sans importance, pensez-vous en vous dirigeant vers le «Château Laurier». Est-ce par fidélité à l'homme qui sacrifia allègrement les droits du français au Manitoba et en plusieurs autres circonstances? En tout cas, le réceptionniste vous avoue avec un sourire désarmant qu'il ne peut parler français... ni ne le comprend. Pendant qu'il remplit votre fiche, il doit répondre à un appel téléphonique; son collègue qui le remplace auprès de vous a, tout de suite prête, la petite phrase rituelle: «Sorry, I don't speak French.» Une fois dans votre chambre, vous vous rappelez n'avoir pas dîné: le «room service» vous fait savoir sans façon et sans être «sorry» que vous devez parler anglais si vous désirez obtenir quelque chose à manger.

Soyons justes: les chasseurs et les femmes de chambre parlent français, car ils sont canadiens-français. Comme toujours, nous fournissons la piétaille. Ils sont d'ailleurs ces domestiques bien «stylés»: c'est en anglais qu'ils s'adressent d'abord à vous et vous considèrent avec un sourire indulgent si vous vous obstinez à parler français. Disons-le: vous sentez que vous baissez

Le Château Laurier
à Ottawa.

Vue de la rue Sainte-Catherine sous la pluie. Les panneaux publicitaires (American Drug Store, Canadian National Telegraph, Buckingham Cigarettes) montrent le seul visage anglais de la métropole. L'unilinguisme anglais brille de tous ses feux.

dans leur estime puisque vous avouez implicitement être tout simplement de leur groupe. Et si vous faites remarquer à l'un de ces jeunes chasseurs votre étonnement de ne pouvoir vous faire répondre en français au «room service» ou à la réception, il haussera les épaules et vous considérera avec une sorte de pitié. «Vous n'avez décidément pas compris.»

Allons, il faut nous diriger vers le Parlement fédéral, symbole de la démocratie canadienne et illustration de «l'unité nationale». Dans le hall d'entrée du bâtiment principal, vous avisez un agent. Correct, souriant, impeccable dans son uniforme bleu sombre, il vient vers vous: «Voulez-vous, s'il vous plaît, me dire où se trouve...» L'interruption vient aussitôt: «Sorry, I don't understand French.» Vous pénétrez dans deux, cinq, dix bureaux: ici et là, il se trouvera bien quelqu'un pour parler français, presque toujours d'ailleurs (neuf fois sur dix) un fonctionnaire canadien-français. Mais il faudra généralement demander, voire insister pour que l'on vous réponde en français. Bien sûr, on s'excusera avec parfois un charmant sourire et même si vous insistez on se donnera la peine d'aller chercher la «French speaking girl». Vous aurez compris bientôt que vous dérangez, que vous retardez le mouvement, qu'on ne peut vous rabrouer car vous avez peut-être des «influences» ou des relations avec la presse, et que cela peut faire un petit scandale. C'est à cause des «politiques» qui ne veulent pas «d'histoires» que les fonctionnaires en général ne se feront pas insolents et que, si vous insistez, on vous dénichera quelqu'un parlant français. En général, car parfois la mauvaise humeur éclate et le système est ainsi conçu que si vous exigez réellement du français, vous l'aurez mais au prix d'une insistance sans faiblesse et d'une longue attente qui est un peu la rançon de votre «fanatisme».

La vérité est que le français reste langue étrangère à Ottawa. Ici et là une façade de bilinguisme mais tout le système fonctionne de telle sorte qu'à moins d'un terrible héroïsme quotidien, vous êtes amenés à renoncer et à vous résigner. C'est la raison de l'abdication de tant de fonctionnaires et de parlementaires canadiens-français: c'est cette lâcheté généralisée – compréhensible bien sûr – qu'on appelle élégamment «l'unité nationale».

Le Parlement d'Ottawa.

QUÉB
67

chapitre 5

# MODERNITÉ

# UNE ÈRE DE CHANGEMENT

Gilles Lesage

**Au début des années 1960, tout est en place pour l'ouverture d'immenses chantiers dans tous les domaines tant les besoins sont criants et les attentes, furibondes.**

L'archi-mythique Révolution tranquille a-t-elle commencé avec l'élection de Jean Lesage à la tête du Parti libéral du Québec ou avec le scandale du gaz naturel mis au jour par *Le Devoir,* à la fin du printemps 1958 ? Serait-ce plutôt à la mort de Duplessis, à Schefferville, au début de septembre 1959 ? ou à la suite du célèbre « Désormais » de son successeur, Paul Sauvé ?

On en discute encore dans les chaumières feutrées d'Outremont et de Sillery tant notre besoin de repères historiques simples est toujours vif. À défaut de pouvoir trancher, il reste que le slogan « C'est le temps que ça change » – puissamment porté par une auto-proclamée « Équipe du tonnerre », dédouanée jusque dans les presbytères – tombe comme un fruit mûr dans la glaise laurentienne, en juin 1960. Tous les ingrédients sont réunis pour l'ouverture d'immenses chantiers dans tous les domaines tant le temps presse et que sont les attentes, furibondes.

Paul Sauvé devient, à la mort de Duplessis, le nouveau premier ministre du Québec. Il meurt en fonction le 2 janvier 1960, après seulement 112 jours à la tête du gouvernement. Son court règne laisse cependant entrevoir une nouvelle ère de changement.

On peut accuser le régime Duplessis de tous les torts et retards subis depuis le début du XX^e siècle par le Québec. Sauf que quatre des six premières décennies ont été entièrement dominées par les rouges Parent, Gouin et Taschereau, des hommes dont le conservateur bleu des Trois-Rivières s'est fait le digne (ou pire) continuateur zélé, à l'exception d'un point capital. S'étant fait ravir le pouvoir après seulement trois ans à la tête du gouvernement, à l'aube de la guerre à l'automne 1939, Duplessis a compris qu'il lui fallait détenir et garder serrés les cordons de la bourse s'il voulait redevenir et rester le chef de la tribu québécoise. Ce qu'il fit ensuite pendant quinze ans. Tant et si bien qu'au moment où les écluses s'ouvrent enfin, le réservoir déborde, les eaux bouillonnent.

Gracieuseté de : Shearer Lumber Co. Ltd. MONTREAL
Directeur : Gérard FILION
MONTREAL, JEUDI, 23 JUIN 1960
VOL. LI — NO 141

L'électorat du Québec a décidé: "c'est le temps que ça change!"

# LES LIBERAUX AU POUVOIR

- L'UN a perdu l'appui des ruraux
- Vers une nouvelle consultation?

---

# LE DEVOIR

FAIS CE QUE DOIS
VOL. LIV — NO 275
MONTRÉAL, SAMEDI 23 NOVEMBRE 1963

MÉTÉOROLOGIE
Averses — Doux
Min.: 45 — Max.: 55
Dimanche : averses
Gracieuseté de SHEARER LUMBER CO. LTD MONTREAL
10¢
FÊTE DU JOUR
SAINTE CÉCILE
Les librairies F. PILON INC.
Papeteries — Dactylographes
Accessoires de bureau

## John Kennedy meurt assassiné

## Lyndon Johnson lui succède

Voir page 2: Johnson

Les conséquences politiques de la mort de Kennedy

---

# LE DEVOIR

FAIS CE QUE DOIS
VOL. LVIII - 169
MONTRÉAL, MARDI, 25 JUILLET 1967

MÉTÉOROLOGIE
Partiellement nuageux.
Risque d'averses. Chaud.
Moins humide ce soir.
Max.: 80
Shearer Lumber
Montréal 9
748-6161
10¢
FÊTE DU JOUR
Saint Jacques le Majeur
F. Pilon Inc.
Fournitures de bureau

## Bouleversé par l'accueil délirant de Montréal,

## De Gaulle: Vive le Québec libre!

par Gilles Lesage

Du haut du balcon de l'Hôtel de ville décoré à profusion aux couleurs tricolores et illuminé avec fracas par les projecteurs de la télévision, le général de Gaulle a lancé hier soir à une foule presque délirante "Vive le Québec libre".

Et les centaines de militants indépendantistes qui depuis plusieurs minutes trépignaient d'impatience, entraînant dans ...

---

# LE DEVOIR

FAIS CE QUE DOIS
VOL. LIX - NO 81
MONTRÉAL, VENDREDI, 5 AVRIL 1968

MÉTÉOROLOGIE
Nuageux. Averses.
Plus froid. Max. 45
Shearer Lumber
10¢
FÊTE DU JOUR
Sainte Irène
F. Pilon Inc.
Fournitures de bureau

*Johnson retarde son voyage à Honolulu*

## Le pasteur L. King est assassiné

Après l'agitation de la veille

MEMPHIS, Tenn. (AFP) Le pasteur Martin Luther King ...

---

*Un pas de géant est acompli...*

## ...l'homme a marché sur la lune!

HOUSTON — Deux êtres humains ont pu atterrir et poser le pied sur la lune hier, 20 juillet 1969.

Deux Américains, Neil A. Armstrong et Edwin E. Aldrin jr, ont posé le vaisseau spatial Apollo 11 sur le sol étranger et revêche de la lune, à 4h.18 exactement, avec une précision parfaite.

Quelque six heures plus tard, le commandant Armstrong a été le premier homme à fouler le satellite naturel de la terre, à 240,000 milles de son propre domicile. Une page de l'histoire venait d'être tournée.

■ la météo
Ensoleillé avec quelques périodes nuageuses. Vents légers. Minimum la nuit dernière et maximum aujourd'hui: 60 et 80.

# LE DEVOIR

Fais ce que dois
Fête du jour: saint Laurent de Brindes
VOL. LX - NO 167
Montréal, lundi 21 juillet 1969
10 CENTS

Une nouvelle conquête de l'humanité

Gérard Filion, directeur du *Devoir*, Jean Lesage et René Paré, président du *Devoir* et de la Société des Artisans, lors du lancement de *Lesage s'engage* aux Éditions de l'Homme en 1959.

Jean Marchand, Pierre Elliott Trudeau et Gérard Pelletier, les «trois colombes», mangent ensemble au 24 Sussex, la résidence officielle du premier ministre.

## De la disette au pactole

En 1960, la province de Québec n'a pas de déficit, pas de dettes à longue échéance, son crédit est excellent et elle peut faire ce qu'elle veut, comme un adolescent qui pige à fond dans la cagnotte familiale. C'est un atout puissant, dont elle use et abuse même facilement, comme le relèvent des historiens, dont Richard Jones, de l'Université Laval.

Ce brusque virage à 180° s'accompagne toutefois d'un mirage aussi enivrant qu'une source d'eau vive dans un désert, celui de l'étatisme à tout venant, à tout prix, comme si le Québec passait tout à coup, sans crier gare, d'un messianisme à un autre.

Les historiens de l'école de Montréal, notamment Michel Brunet, avaient stigmatisé les trois grandes tares du Canada français: l'agriculturisme, le messianisme et l'antiétatisme. Le retour à la terre si célébré par les clercs («à chaque colon sa terre», clamait notamment Henri Bourassa à Québec de 1908 à 1912) a tourné court. Le messianisme épiscopal qui vouait les fils soumis de l'Église à la plus haute entreprise de civilisation chrétienne en Amérique a créé du chômage et de la misère. Tant et si bien que, rejetant le libéralisme débridé et la phobie du socialisme étatique, les Canadiens français en voie de devenir des Québécois prêtent aux interventions de l'État et à ses jeunes thuriféraires des vertus presque magiques.

D'un extrême à l'autre. De la disette au pactole. De la léthargie à la hâte aveugle. Du laisser-faire à la crédulité envers les nouveaux clercs, aussi intransigeants que les précédents, sinon davantage, et dont les services coûtent bien plus que ceux des curés et des bonnes sœurs...

«Feu l'unanimité», proclame Gérard Pelletier en octobre 1960 dans sa revue *Cité libre*, fondée dix ans plus tôt avec Trudeau et autres jeunes turcs.

Aux premières loges de cette Révolution tranquille qu'il a tant souhaitée, *Le Devoir* participe allègrement aux chantiers qui se mettent en branle.

> **À l'ère de l'étatisme à tout venant, c'est comme si le Québec passait tout à coup, sans crier gare, d'un messianisme à un autre.**

En juillet 1967, le passage du président français Charles de Gaulle provoque une offensive francophone au grand dam d'Ottawa. Furieux, Pierre Elliott Trudeau dénonce les «espions» français au Canada.

Plans de la station de métro Place-des-Arts .

Maquette du pavillon des États-Unis, Expo 67.

Le vendredi 28 avril 1967

# Expo Métro Expo Métro Expo Métro Expo Métro

Jean-V. Dufresne

## De grâce… laissez descendre

Enfin, on le savait, mais à l'Expo ça paraît encore davantage. Les hôtesses sont patientes, les policiers sont polis, les agents de sécurité font de leur mieux, mais les Montréalais, alors, agissent comme des sauvages.

Attendre sur les quais du métro, de l'Expo-Express, sur les rampes du minirail, c'est moche, mais ça fait partie de l'Expo. Une foire est une foire. Mais les Montréalais manifestent une impatience détestable qui pourrait bien tourner au tragique un jour : de grâce, laissez les gens descendre, avant de monter !

La cohue d'hier a eu lieu, presque toujours, sur les quais. Les rames bondées arrivent, les portes s'ouvrent, et l'on dirait un combat de gladiateurs. Il faut se frayer un chemin à coups de coude et presque à coups de poing dans la cohue pour en sortir. Imaginez ceux qui ont des enfants, là, pendus aux bras.

S'il est possible d'apporter une amélioration au splendide métro de Montréal, c'est d'y coller au-dessus de chacune des portes de sortie : de grâce, laissez descendre !

Quant à l'Expo-Express, sur les quais, il ne semble y avoir aucun préposé. Il y en a quelque part, bien sûr, mais il faudrait doubler, tripler l'effectif. À plusieurs reprises hier nous avons des «sortant» et des «entrant» qui sont presque passés aux coups. Attendez les juillet de Montréal !

Le minirail, lui, est tout simplement débordé. Il fallait attendre une heure hier pour accomplir un circuit. Ici, aucun remède possible, puisque les visiteurs y trouvent une façon agréable, reposante et modique (25 cents) de visiter l'Expo, avec une vue en plongée.

Le problème du transport vers l'Expo et sur les lieux mêmes semble donc devoir se poser très sérieusement. Les parkings alentour n'affichent pas encore complets, mais les touristes américains ne sont pas encore arrivés. Déjà, pourtant, sur la nouvelle route Bonaventure, c'était pare-chocs à pare-chocs.

Pour ceux qui prennent le métro, ce qui est encore le meilleur moyen de s'y rendre, un précieux conseil : à la station Berri-de-Montigny, prenez la ligne Atwater au lieu de la ligne Longueuil, si la foule est trop

dense ; descendez à la station Peel et prenez l'autobus numéro 168 qui vous conduit directement à la Place de l'Accueil. De là, après avoir visité le superbe musée d'art, le Labyrinthe, l'Homme dans la Cité et Habitat, prenez l'Expo-Express pour vous rendre dans les îles.

### De la bière bavaroise aux gaufres

La chope de bière bavaroise est devenue le symbole de l'« exploitation » à laquelle se livrent les concessionnaires sur La Ronde. Les pauvres Bavarois ont le dos large, mais ils supportent injustement à eux seuls la rancune publique.

Le pub anglais n'est guère mieux, dit-on. Et que penser de ce petit stand où l'on vend les gaufres aux fraises et aux bananes, à la sortie de l'Express : 0,99 $ la gaufre, s'il vous plaît, Monsieur ! Vous êtes cuit : parce que vous avez déjà la gaufre dans la bouche et que le prix n'était pas affiché. Voilà pour La Ronde, mais certains pavillons nationaux, dit-on, n'ont pas pu résister à la tentation. Quatre dollars par personne pour écouter un peu de musique arabe dans un pavillon arabe ; 80 $ à trois pour quelques morceaux d'agneau dans un restaurant européen.

Voilà qui n'est pas de bon augure, si l'on se rappelle le sort fait par une publicité du genre à la foire de New York. Les administrateurs de l'Expo sont très agacés par la situation. Chose certaine, ils seront stricts sur l'affichage des prix à l'entrée.

Ils comptent bien rappeler à l'ordre ceux qui abusent de la situation, mais ils observent aussi, comme l'a fait hier M. Maurice Novek, superviseur des restaurants de l'Expo, que l'aménagement d'un restaurant pour une durée de six mois entraîne des frais plus importants qu'un restaurant permanent. Quant aux concessionnaires, ils répondent volontiers que « c'était beaucoup pire à la foire de New York ».

# Jacques Gagnier

Le caricaturiste Jacques Gagnier (1918-1978) expose ses premiers dessins dès l'âge de dix ans. Il étudie à l'École des Beaux-Arts et, comme beaucoup de journalistes du *Devoir,* débute sa carrière au *Quartier Latin,* le journal des étudiants de l'Université de Montréal, où il publiera ses dessins de 1935 à 1946. Il dessine ensuite pour divers imprimés, dont *Le Bulletin des agriculteurs, Vie Étudiante, François* et *La Patrie,* avant de remplacer Normand Hudon dans les pages du *Devoir.* Gagnier considère que ce qui caractérise la caricature d'ici « est une certaine bonhomie, une simplicité voulue du dessin, une facture moins "cérébrale" que celle des caricatures américaines ». Il sera au service du journal de 1961 à 1967. A-t-il des tabous ? Il avoue craindre les femmes « un peu, très peu » et le clergé. « Le caricaturiste canadien-français, dit-il, doit "sentir" ce qu'il peut attaquer et jusqu'où aller », tout en disant jouir d'une totale liberté au *Devoir.* En parallèle, comme graphiste, Gagnier conçoit des publicités ainsi que plusieurs couvertures de livres, notamment pour les Éditions de l'Homme, les Éditions du Jour et Fides, en plus d'exécuter des décors de théâtre et de travailler comme décorateur pour de grands hôtels canadiens. Gratien Gélinas lui confie la réalisation des décors pour ses *Fridolinades* entre 1939 et 1942. Sa passion de la musique, héritée de son père, musicien à l'Orchestre symphonique de Montréal, lui fait tenir la contrebasse avec le même talent que le crayon. Des problèmes cardiaques ont entravé la poursuite d'une carrière amorcée en lion.

# Berthio

Roland Berthiaume, dit Berthio, est né en 1927. Il entre au *Devoir* en 1965, après avoir travaillé à divers journaux, dont *La Réforme, L'Autorité, La Patrie, La Presse,* et s'être finalement retrouvé dans l'aventure éphémère du *Nouveau Journal* de Jean-Louis Gagnon. Son dessin, très inspiré par la ligne claire et vive en vogue dans l'Europe de l'après-guerre, manifeste une grande capacité de concision. Au quotidien, il accompagne de son regard incisif le vent de réformes qui souffle sur le Québec des années 1960. On le voit à la télévision, notamment à l'émission *Noir sur blanc,* ce qui contribue à sa notoriété. Comme la plupart des caricaturistes de talent, il jouit alors d'un véritable statut de vedette.

Au début des années 1970, il existe 14 journaux quotidiens au Québec. Berthio quitte *Le Devoir* pour se lancer, au début de 1974, dans l'aventure du *Jour,* un quotidien ouvertement indépendantiste et social-démocrate fondé par Yves Michaud, René Lévesque et Jacques Parizeau. Mais on retrouvera encore, à l'occasion, les dessins de Berthio dans les pages du *Devoir* au début des années 1980.

LA LIGNE DURE

# L'ÉDUCATION

## CHANTIER URGENT

Marie-Andrée Chouinard

Sous les encouragements d'André Laurendeau, Jean-Paul Desbiens, alias le frère Untel, publie en 1960 *Les insolences du frère Untel* dans lequel il dénonce l'enseignement au Québec. Le livre, illustré par Jacques Gagnier, connaîtra un grand succès d'édition.

**« Un ministère est une nécessité pratique, quelle que soit la philosophie de l'éducation. »**

L'année 1960 marque le début d'une véritable révolution, un changement de structure dont un des objectifs est de démocratiser l'accès à l'école. *Le Devoir,* qui s'évertue à jouer avec sérieux son rôle de gardien d'école, ne perdra rien de cette transformation. De 1960 à 1964, il suit donc avec une vigilance appliquée les travaux de la commission Parent, dont l'ampleur est considérable. Ils donneront naissance au ministère de l'Éducation, au sujet duquel les discussions ont été laborieuses. « Un tel ministère est une nécessité pratique, quelle que soit la philosophie de l'éducation. Cela l'est en particulier dans un État où l'éducation est en pleine progression, pense *Le Devoir.* [...] Il y a une urgence, sinon les réformes ne pourront être réalisées. »

Paul-Gérin Lajoie occupe, en 1964, le premier le poste de ministre de l'Éducation. Vingt ans plus tard, ce sera l'ancien directeur du *Devoir,* Claude Ryan, qui remplira cette fonction dans le gouvernement de Robert Bourassa.

Au cours de cette période d'effervescence et de transformation sociale, on réduit le nombre de commissions scolaires catholiques de 1500 à 55, on uniformise les programmes d'études. Les polyvalentes voient le jour et le cours classique disparaît. En 1967, le Québec invente le « cégep » (collège d'enseignement général et professionnel) et démocratise l'accès à l'enseignement supérieur en le rendant gratuit et en l'étendant aux régions. Dans la même veine, en 1969, il crée un premier réseau d'universités publiques avec la fondation de l'Université du Québec.

Mais d'autres réformes attendent l'école au Québec, que *Le Devoir* suivra avec soin, chargé par ses lecteurs de consacrer une attention

Portée par l'idéal égalitaire post-1968, l'UQAM se développe en plein centre-ville de Montréal et inaugure un réseau universitaire d'État aux quatre coins du Québec.

particulière aux questions d'éducation. En effet, au banquet du cinquantenaire du *Devoir,* en janvier 1960, une série de « vœux » est adoptée par les 1200 « Amis du *Devoir* » qui y sont présents. On y souligne, en raison du « caractère vital de l'enseignement pour l'avenir du Canada français », la nécessité d'entretenir un intérêt permanent pour les grands problèmes de l'enseignement – « l'évolution, la démocratisation des structures et le souci de la langue française » – au moyen d'enquêtes, de chroniques et de rubriques ouvertes à des collaborateurs extérieurs.

Le directeur Gérard Filion, qui a, à titre de parent d'une famille nombreuse, de commissaire d'école à Saint-Bruno-de-Montarville et de gestionnaire pratico-pratique, multiplié les conseils les plus avisés aux autorités dites compétentes, est le premier du journal à se faire prendre au piège : fortement engagé, il ne peut refuser la vice-présidence de la Commission royale d'enquête sur l'enseignement dans la province de Québec, présidée par Mgr Alphonse-Marie Parent, vice-recteur de l'Université Laval. L'affaire de deux ou trois ans tout au plus, croyait-on…

**À gauche** Le système universitaire compte pour beaucoup sur l'emploi de chargés de cours qui manifestent à plusieurs reprises leurs insatisfactions. Ici, chargés de cours de l'Université de Montréal en grève.

**À droite** La question des droits de scolarité, sujet toujours d'actualité pour les étudiants, revient sans cesse hanter les différents gouvernements.

L'éducation demeure donc une préoccupation du *Devoir*, qui réserve, jusqu'à ce jour, un large espace de sa couverture journalistique, de même que sa page éditoriale, aux nombreuses réformes auxquelles le réseau de l'éducation se livre inlassablement, jusqu'à une toute récente et encore l'objet de nombre de contestations, mais un pur produit des États généraux sur l'éducation de 1996.

En octobre 1996, au moment de la publication attendue du rapport de ces États généraux, la directrice du *Devoir*, Lise Bissonnette, en souligne les forces – « La grande force de ce rapport, celle qui lui survivra et servira de référence à l'avenir, est le puissant et constant rappel de la première mission d'un système public d'éducation : la poursuite de l'égalité des chances » – et les faiblesses – « Les États généraux ont cependant failli à une tâche essentielle, celle de proposer à l'école québécoise un redressement radical de ses programmes et un relèvement de leur niveau ».

Le quotidien suit aussi avec un intérêt particulier l'ambitieuse mais néanmoins nécessaire déconfessionnalisation des écoles. Après de multiples consultations, le gouvernement du Québec adopte, en 2000, le projet de loi 118, qui consacre la fin du statut confessionnel des écoles publiques et propose l'établissement d'un nouveau cours, Éthique et culture religieuse, en lieu et place de l'enseignement de la religion à l'école. Un « pas significatif », écrit l'éditorialiste Michel Venne dans *Le Devoir* au moment de l'adoption de cette loi qui a enfin « consacré la séparation de l'État et de l'Église en matière scolaire ».

On se préoccupe toutefois du peu de remous social qu'entraîne l'adoption de la loi, qui passe presque inaperçue. Dans *Le Devoir*, Michel Venne note que c'est sans doute au moment de l'élaboration des cours que certaines questions seront soulevées. Il ne croyait pas si bien dire. Des parents inquiets grincent en effet des dents et mènent, aujourd'hui encore, quelques cavales juridiques. *Le Devoir*, en 2009, y décèle « une profonde méconnaissance des finalités de ce cours, qui n'ambitionne aucunement de produire de jeunes prosélytes, mais vise plutôt la compréhension de plusieurs religions, inscrites dans notre culture et celle du monde ». En cent ans, l'eau a coulé sous les ponts.

**Ci-dessous** Ouvertes pendant la guerre pour permettre aux femmes de travailler pour les besoins militaires, les garderies sont par la suite fermées. Les femmes retournent à la maison, mais pas pour longtemps. Les changements dans la vie sociale rendent nécessaires la création de garderies ou de centres de la petite enfance (CPE) qui précèdent l'école primaire. Ici, Gabriel, Léanne et Noah.

# ÉCONOMIE NOUVELLE

Gilles Lesage

Un autre journaliste du *Devoir* participe activement à la Révolution tranquille. Reprenant le flambeau du fondateur, Paul Sauriol fait activement campagne en faveur de la nationalisation des compagnies d'électricité. Si l'idée n'a rien de révolutionnaire dans les autres provinces, en Laurentie, elle soulève l'ire des conservateurs, des unionistes et des créditistes de Réal Caouette, qui y discernent la face hideuse du socialisme soviétique... M. Sauriol en fait même un livre populaire, préfacé par le ministre René Lévesque, lequel finit par remporter le morceau avec l'aide précieuse de Georges-Émile Lapalme. « Maîtres chez nous », clame le slogan de novembre 1962, reprenant le cri de ralliement de l'abbé Groulx lancé dans les années 1920...

Après Carillon, Bersimis, Outardes, cette nationalisation tardive lance enfin Hydro-Québec sur la voie de développements spectaculaires, d'innovations époustouflantes et de succès qui feront, pendant quatre décennies, la fierté des Québécois partout dans le monde. Le génie-conseil du Québec se porte bien. C'est la naissance de ce que l'on appellera (abusivement ?) le « Québec Inc. ».

Parmi les autres gestes d'éclat de ces années flamboyantes, il faut souligner la création, à l'arraché, de la Régie des rentes et de la Caisse de dépôt et placement du Québec, en 1965. Ces victoires, immenses, peuvent sembler banales quarante-cinq ans plus tard ; elles sont pourtant emblématiques de la fin de la routine conservatrice et de l'entrée du Québec dans le XX^e^ siècle.

Autant qu'en éducation et en santé, peut-être même davantage, les progrès en matière économique, financière et sociale ont été rapides, importants et consensuels.

Par exemple, le gigantesque développement hydroélectrique du Québec, lancé timidement à la fin des années 1950, se poursuit avec vigueur depuis un demi-siècle, au-delà des couleurs partisanes, de Godbout à Charest, en passant par Lesage, Johnson et Bertrand, Bourassa et Lévesque. De la Manic à la Baie-James, il y a de quoi se réjouir, n'en déplaise aux anciens partisans du nucléaire, encore nombreux au début des années 1970.

Des changements quant au rôle de l'État et la modernisation de l'économie entraînent la nécessité d'une fonction publique compétente, indépendante et autonome par rapport aux institutions parlementaires. Cette nouvelle façon d'envisager l'État requiert une structure mieux adaptée aux temps qui changent, à une nécessaire ouverture au monde. Il y a eu des avancées énormes, parfois fragiles mais durables, au-delà des factions et des fractures partisanes.

Un exemple parmi tant d'autres. Après sa déconfiture au débat télévisé de novembre 1962 avec Lesage, le chef unioniste, Daniel Johnson, a fondé une grande partie de sa conquête du pouvoir sur les excès du socialiste « Ti-Poil » Lévesque et sur la mégalomanie de « Ti-Jean-la-taxe » Lesage et ses hauts fonctionnaires désincarnés, promettant de s'en débarrasser sans avis. À l'été 1966, il n'en fut rien. Alors que les nouveaux bonzes instruits s'apprêtaient à retourner à l'université ou à Ottawa, Johnson leur fit savoir que les élections étaient terminées, qu'il avait besoin d'eux, et leur demanda de continuer leur excellent travail.

« La reine ne négocie pas avec ses sujets », avait proclamé le premier ministre Lesage. Pourtant, à mi-mandat, la fonction publique et parapublique peut enfin s'organiser comme bon

# « Maîtres chez nous », clame le slogan de novembre 1962, reprenant sous un nouveau jour celui lancé par les nationalistes dès les années 1920...

La centrale Daniel Johnson, Manic-5, a été inaugurée en 1968.

Que dit René Lévesque à l'oreille de son fils Claude en 1962, devant le barrage de Beauharnois? Près de cinquante ans plus tard, Claude Lévesque, devenu journaliste au *Devoir*, expliquait que, pour son père, des « leviers de développement de première importance » comme les barrages devaient « appartenir à tous les Québécois ».

lui semble. Elle obtient même un précieux droit de grève qu'elle utilisera en 1966, au grand désespoir de M. Lesage. En pleine campagne électorale, désastreuse pour celui qui se prend et se comporte désormais comme un président de conseil d'administration, tandis que son ministre Lévesque, de plus en plus malcommode et franc-tireur, lance aux grévistes de l'État: « Ne lâchez pas, les gars ! »

Et c'est ainsi que, sous Johnson et Bertrand, la création du ministère de l'Éducation se poursuivit, avec celles des cégeps et du réseau de l'Université du Québec; que d'autres outils étatiques furent mis en place, même si la formidable Ruhr sidérurgique dont M. Lesage rêvait sur les rives du Saint-Laurent ne vit jamais le jour; que les empiétements fédéraux sur les compétences québécoises furent quelque peu tenus en échec. À vrai dire, arrivé d'Ottawa et soupçonné de fédéralisme à outrance, M. Lesage s'est révélé beaucoup plus combatif et cohérent que les nationalistes conservateurs.

Sur le plan économique, après le Conseil d'orientation économique en 1961 (animé par René Paré, président du conseil du *Devoir*) et la Société générale de financement en 1962, le gouvernement lance en cascade Soquem, Rexfor et Sidbec, autant de sociétés d'État qui sont des drapeaux d'un Québec économique nouveau.

En juillet 1967, la visite du président français, Charles de Gaulle, provoque une offensive francophone, au grand déplaisir d'Ottawa. Furieux, Pierre Elliott Trudeau dénonce les « espions » français au Canada.

*Le Québec au travail*, 1963. Murale à la place Crémazie. Robert LaPalme y décrit « le cycle complet de l'activité d'un peuple qui va de l'avant à grands pas ».

Robert Bourassa à la Baie-James, le 26 juillet 1973.

Pax Plante, devenu célèbre à la suite des enquêtes sur la moralité publique menées par *Le Devoir* à la fin des années 1940, quitte l'exil où il avait trouvé refuge pour échapper à des menaces de mort. Il revient au Québec dans les années 1970 pour témoigner à la Commission d'enquête sur le crime organisé.

Le Mouvement Québec français participe aux efforts militants pour donner au Québec un visage qui reflète celui de sa majorité linguistique.

Claude Ryan à son bureau du journal.

## Les 100 000 jobs…

L'élection du «jeune et brillant avocat-économiste» Robert Bourassa, le 29 avril 1970, laisse entrevoir une période de prospérité sans pareille. Bourassa promet beaucoup. Il promet 100 000 jobs, le projet de développement de la Baie-James, le fédéralisme rentable, la souveraineté culturelle.

Dix ans après l'assurance hospitalisation, le moment est venu de créer l'assurance maladie, grâce au président de la commission d'enquête qui l'a proposée. Mais le ministre Claude Castonguay (dit le saint-bernard…) doit affronter une grogne sans précédent et sans limite de la part de la profession médicale, qui fait même du piquetage en blouse blanche devant la colline parlementaire. N'eût été la crise d'Octobre, qui contrecarre l'armada des docteurs, ces derniers auraient probablement réussi à empêcher l'instauration de la précieuse «castonguette», qu'on appellera quelques années plus tard la carte-soleil, du moins à retarder l'entrée en vigueur du régime, le 1er novembre 1970.

Après l'assassinat du ministre Pierre Laporte par le FLQ, qui affaiblit le jeune chef libéral et le fait passer pour la marionnette de Trudeau et du maire Drapeau, Bourassa doit faire face, en 1972, au premier front commun intersyndical dans la fonction publique. De coups de gueule en coups de butoir, les hostilités dégénèrent en crise sociale aiguë qui dérape avec l'emprisonnement inédit des trois chefs syndicaux.

Trudeau en profite à l'époque pour tenter des manœuvres constitutionnelles à Victoria. Le non retentissant de Bourassa – stimulé par Claude Ryan – à Trudeau et à ses projets réductionnistes n'empêche pas Ottawa de mener à terme ses visées centralisatrices.

Entre-temps, les libéraux de Bourassa obtiennent, le 29 octobre 1973, un mandat sans précédent au Québec: 102 sièges sur 110 à l'Assemblée nationale, n'en laissant que six aux péquistes et deux aux créditistes.

C'est néanmoins le début de la fin. Soupçons et accusations, enquêtes et allégations se succèdent à l'égard des libéraux. Le paysage est fait de grèves illégales, de décrets, du saccage d'un chantier de la Baie-James qui donne lieu à la création de la Commission d'enquête sur l'exercice de la liberté syndicale dans l'industrie de la construction, mieux connue sous le nom de commission Cliche (dont font partie Brian Mulroney, Guy Chevrette et Lucien Bouchard), ou encore du scandale de la viande avariée mis au jour par la Commission d'enquête sur le crime organisé (CECO). Aux abois, le gouvernement montre des signes de fatigue, d'usure et d'agitation…

S'ajoutent au tableau l'abolition des circonscriptions privilégiées (communément appelées «comtés protégés»), en particulier dans les Cantons-de-l'Est; l'adoption du projet de loi 22 qui proclame le français langue officielle du Québec; l'adoption de la Charte des droits et libertés de la personne et la constitution de la Commission des droits de la personne; la création du Conseil du statut de la femme; le cirque infernal du maire Drapeau et de ses Jeux olympiques de l'été 1976; et le reste à l'avenant, avec une dette publique explosive pour au moins deux grosses décennies.

Chassé du pouvoir en 1976, battu dans sa propre circonscription par un jeune poète du nom de Gérald Godin, Robert Bourassa sera remplacé à la tête du Parti libéral par le directeur du *Devoir,* Claude Ryan, lequel avait recommandé, en éditorial, l'élection du Parti québécois au scrutin de 1976.

«Le choix de Montréal pour les Jeux olympiques de 1976 est un honneur pour notre ville et pour tout le Canada ; c'est un succès personnel pour le maire Drapeau qui, après un premier échec en 1966, a repris sa campagne avec ténacité et a été le principal artisan de cette victoire», écrit Paul Sauriol en éditorial le 14 mai 1970. Mais *Le Devoir* n'aura pas que de bons mots pour les Jeux à mesure que les dépassements de coûts du projet se révèlent faramineux. *Le Devoir* dénoncera aussi le démantèlement sauvage, réalisé de nuit par l'administration municipale, à moins d'une semaine des Jeux, du programme des arts et de la culture des Jeux olympiques. L'exposition *Corridart*, qui bordait la rue Sherbrooke, est démantelée clandestinement à coups de bulldozer et de scie tronçonneuse par des employés municipaux. Les débris des œuvres sont tout simplement jetés à la fourrière municipale.

Le samedi 17 octobre 1970

# Le FLQ est déclaré illégal: Un cancer à déraciner, selon Trudeau!

**Le matin de l'entrée en vigueur de la Loi des mesures de guerre, plusieurs textes à la une du *Devoir* ne sont pas signés.**

Jusqu'où le premier ministre du Canada, Pierre Elliott Trudeau, entend-il aller contre le Front de libération du Québec? «*Just watch me*», se contente-t-il de répondre, jouant la carte de l'homme fort capable de défendre le régime contre vents et marées. De son côté, le directeur du *Devoir*, Claude Ryan, préside un comité qui s'oppose immédiatement à la Loi des mesures de guerre. *Le Devoir* ne cachera pas son opposition aux mesures radicales employées contre des centaines de citoyens arrêtés sans aucune forme de procès, tout en désavouant aussi la violence mise de l'avant par des cellules du FLQ.

Si les gouvernements cédaient au chantage des ravisseurs de MM. Cross et Laporte, la loi de la jungle finirait par supplanter nos institutions juridiques qui se désagrégeraient graduellement, a déclaré hier soir le premier ministre, M. Trudeau, dans une allocution radio-télévisée. Il a ajouté:

«Si, comme certains le suggéraient, on avait accédé cette fois-ci aux exigences des terroristes, quitte à exercer "la prochaine fois" une sévérité et une vigilance accrues, on n'aurait fait que retarder l'échéance. Demain, la victime aurait été un gérant de caisse populaire, un fermier, un enfant. Est-ce alors seulement qu'il aurait fallu s'opposer au chantage? Combien d'enlèvements aurait-il fallu avant de dire non aux ravisseurs?»

Durant 15 minutes, depuis son bureau de l'édifice de l'Est, avec gravité et solennité, M. Trudeau a manifesté par moments dans son allocution un sentiment de colère contenue envers les auteurs de l'enlèvement.

«Si nous avons offert un sauf-conduit, a dit le premier ministre, c'est uniquement parce que M. Cross et M. Laporte pourraient identifier leurs ravisseurs et contribuer à leur éventuelle condamnation. De cette façon, nous éliminons donc les motifs que ces derniers pourraient avoir de faire mourir leurs otages.

«Pour survivre, toute société doit pouvoir se débarrasser du cancer que représente un mouvement révolutionnaire armé, voué à la destruction des fondements mêmes de notre liberté.»

Au sujet du recours à la Loi sur les mesures de guerre, M. Trudeau a déclaré que le gouvernement n'y est pas venu de gaieté de cœur. «Il ne s'y est résolu que lorsqu'il est devenu évident que la situation ne pouvait plus être maîtrisée autrement.»

Le chef du gouvernement a reconnu que le droit criminel, dans son état actuel, est insuffisant face à l'action du terrorisme systématique. Mais, comme aux Communes dans l'après-midi, il a fait part de son intention de discuter avec les chefs des partis de l'opposition de l'opportunité de présenter une loi d'une portée plus restreinte que celle de la Loi sur les mesures de guerre.

«Dans le domaine de l'information, le fidèle *Devoir* est le seul phare que la tempête n'a ni renversé ni obscurci», explique le journaliste Pierre de Bellefeuille, au lendemain de la crise d'Octobre. Résolu tout au long de la crise à ne pas laisser piétiner les droits et libertés, le journal propose, quelques mois après les événements, sous la direction de Claude Ryan, *Le Devoir et la crise d'octobre 1970*, un ouvrage collectif pour réfléchir sur cette période trouble. Ci-contre, «Dormez! Le kidnappeur s'en vient...», une caricature de Berthio publiée dans cet ouvrage. Afin d'appuyer une relance sociopolitique à la suite de ce coup de massue que constitue l'imposition de la loi martiale, le journal fait paraître, presque au même moment, *Le Québec qui se fait*, une somme de réflexions sur l'avenir de la vie collective québécoise.

Des dizaines de manifestants défient les autorités en réclamant la libération des prisonniers politiques.

«Il y a eu trop de violence au pays, au nom de la révolution, depuis 12 mois. Nous commençons à en percevoir les conséquences. Ceux qui ont recours à la violence attisent délibérément la haine parmi nous.»

Le gouvernement, a encore dit M. Trudeau, n'agit pas sous l'effet de la peur. Il agit pour empêcher la peur de se propager. «Il agit également pour que M. Cross et M. Laporte soient libérés, sains et saufs.»

En conclusion, le premier ministre a donné l'assurance que le gouvernement maîtrise pleinement la situation et que rien ne sera épargné pour conjurer ce cauchemar.

Plus tôt, le gouvernement fédéral, à la demande des autorités québécoises et montréalaises, a invoqué, pour la première fois en temps de paix, la Loi sur les mesures de guerre et frappe d'illégalité le Front de libération du Québec.

Les règlements édictés en vertu de la loi prévoient que quiconque est membre du FLQ, ou lui prête assistance, ou communique ses déclarations, ou préconise l'emploi de la force pour renverser le gouvernement «est coupable d'un acte criminel et passible d'un emprisonnement de cinq ans au plus».

dans ce numéro

Un éditorial de Claude Ryan: La violence entre dans une nouvelle phase au Québec (Page 4)

Les pompiers préconisent la fusion immédiate des services d'incendie de la CUM (Page 3)

La CSN tient toujours à l'égalité des salaires dans l'industrie de la construction (Page 3)

la météo

LE DEVOIR

Fais ce que dois

Diplomate britannique aux mains du FLQ

# Les ravisseurs posent 6 conditions

Qui est M. Cro...

En éditorial, Claude Ryan décrit la lourde perte que représente pour le Québec la mort brutale de Pierre Laporte. Il souligne les profondes révisions politiques et sociales auxquelles les citoyens devront s'atteler en vue de remettre le Québec sur la voie d'une démocratie plus authentique.

la météo

LE DEVOIR

Fais ce que dois

Montréal, lundi 19 octobre 1970 — 10 CENTS

La dépouille de M. Laporte en chapelle ardente

# Bourassa : un meurtre ignoble

James Cross est toujours aux mains de ses ravisseurs

Le dénouement tragique d'une semaine d'angoisse

Le 17 octobre 1970, le corps de Pierre Laporte est retrouvé dans le coffre d'une voiture de marque Chevrolet, près de l'aéroport de Saint-Hubert. Le vice-premier ministre avait été enlevé une semaine plus tôt devant son domicile, cinq jours après l'enlèvement d'un diplomate britannique, James Richard Cross.

Un deuxième centre-ville au coût de $750 millions
— page 3
■ la météo
Nuageux avec période de pluie légère. Maximum de 55 à 60. Aperçu pour jeudi : averses.
LE DEVOIR
Fais ce que dois
Montréal, mercredi 2 mai 1973
15 CENTS
VOL. LXIV - NO 101
Saint Athanase
Journaliste du Devoir victime d'un attentat
211

# MON ATTENTAT

Jean-Pierre Charbonneau

Le juge Jean-L. Dutil, président de la Commission d'enquête sur le crime organisé, préface le livre de Jean-Pierre Charbonneau, *La filière canadienne*, publié aux Éditions de l'Homme.

**Mes réflexes de judoka s'éveillent comme une bourrasque. Je me jette par terre en roulant entre les deux séries de classeurs et je me protège instinctivement le haut du corps.**

Mardi 1er mai 1973, 21 h 19. Je suis avec des collègues du *Devoir* dans la section des sports de la salle de rédaction du journal, rue Saint-Sacrement, dans le Vieux-Montréal. On suit alors avec passion le deuxième match de la finale de la coupe Stanley qui oppose les Canadiens de Montréal aux Blackhawks de Chicago. Montréal avait gagné le premier affrontement et, comme tout le monde, j'étais pris par la fièvre du hockey. Je venais de terminer mon topo quotidien sur les audiences publiques de la CECO, la Commission d'enquête sur le crime organisé, que je couvrais avec un zèle particulier. Jean Francœur, le directeur de l'information, m'avait demandé de rester plus tard à cause de la manifestation du 1er mai dans les rues du centre-ville de Montréal. Ce soir-là, près de 20000 personnes avaient répondu à l'appel des centrales syndicales pour souligner avec éclat la fête des Travailleurs et manifester leur appui aux trois chefs syndicaux emprisonnés. Je suis donc en *stand by,* dans l'éventualité où il y aurait du grabuge – comme cela s'était déjà produit dans le passé – et qu'il faudrait obtenir la version policière des événements.

À 21 h 20, un collègue du pupitre me lance: «Jean-Pierre, quelqu'un pour toi ici!» À l'entrée de la salle de rédaction, où trônent deux séries de grands classeurs métalliques qui servent de séparation, un jeune homme attend dans l'embrasure de la porte. Plutôt grand et mince, il porte de grosses lunettes foncées. «Jean-Pierre Charbonneau? demande-t-il. — Oui, c'est moi, que je réponds. — O.K., bouge pas!» qu'il dit. Et suit immédiatement une détonation. Sur le coup, j'ai l'impression que c'est une blague. Mais, aussitôt, une seconde détonation retentit. Et là, je vois un jet de flammes sortir du canon. Je sens aussi quelque chose me frôler. En un éclair, je réalise qu'on me tire dessus pour vrai.

Mes réflexes de judoka s'éveillent comme une bourrasque. Je me jette par terre en roulant entre les deux séries de classeurs et je me protège instinctivement le haut du corps comme j'avais appris à le faire pour contrer une attaque adverse au sol. L'agresseur s'élance vers moi. Je le vois et il tire de nouveau. Mais il me rate encore. Plus tard, on retrouvera deux balles: une dans le mur du fond, derrière moi, quand je faisais face à l'entrée; l'autre, dans le mur opposé, lorsque le tueur a tiré son troisième coup... Heureusement, il n'y a pas eu de quatrième tentative. Convaincu d'avoir mené à bien sa mission, le tireur tourne les talons et rejoint à vive allure ses complices dans la cour arrière du journal, où ma voiture était garée. C'est là que, selon les plans, devait être perpétré l'attentat. On épiait mes habitudes depuis un certain temps, ai-je appris par la suite.

Sitôt l'individu sorti, on accourt vers moi. Je me lève rapidement et constate qu'une tache de sang ronde s'étale sur mon avant-bras

**À droite** Le mafieux Frank Cotroni arrive à l'aéroport de Dorval au printemps 1979, après avoir purgé une peine dans une prison fédérale américaine à Philadelphie.

**En bas** Nick Rizzuto, menottes aux mains, patron d'un clan autour duquel coulent l'encre et le sang.

gauche. À ce moment-là, la douleur ne se fait pas encore sentir. Je réalise alors que j'ai été touché, mais à un bras seulement. Ouf, je suis en vie ! J'ai à peine vingt-trois ans. Et je lance, dans le langage des policiers que je côtoie constamment : « Ben là, c'est la grosse *game* ! » Je savais bien qu'il était risqué de dénoncer quotidiennement les grands fauves de la pègre et surtout ceux de la fameuse mafia. Déjà, plus d'un an auparavant, Frank Cotroni m'avait mis en garde subtilement en me disant un jour, alors que je m'étais trouvé coincé avec lui et quelques-uns de ses sbires dans un corridor du palais de justice où il avait dû comparaître : « Ah, Charbonneau, c'est toi ! » Je croyais naïvement, toutefois, que les hommes d'honneur de la Cosa Nostra n'oseraient pas s'en prendre physiquement à un journaliste. N'empêche que je n'allais pas agacer les lions en me pointant dans leurs bars après le travail. Je gardais une certaine distance. Faut dire que j'avais choisi mon camp dès le départ. Je voulais révéler au grand jour les activités des barons du monde interlope et je n'avais rien à espérer d'eux pour publication.

Au moment de l'attaque, la salle de rédaction est à moitié vide. Les gens du pupitre, les journalistes et les autres, tous sont sous le choc. Accourus près de moi, ils réalisent qu'un événement exceptionnel vient d'avoir lieu à côté d'eux, si ce n'est, pour certains, sous leurs yeux. Me voyant capable de me tenir sur mes pattes, ils m'emmènent dans la section éditoriale, où se trouvent le patron, Claude Ryan, et son adjoint, Michel Roy. Ceux-ci sont effarés. Je dis à la secrétaire de M. Ryan : « Est-ce que vous pouvez téléphoner à ma femme ? » Mais la pauvre dame est tellement énervée qu'elle n'arrive pas à composer le numéro. Je lui prends le téléphone des mains et compose à sa place. Tout se passe ensuite très vite. Quelques minutes plus tard, dans l'ambulance qui me conduit à l'hôpital Saint-Luc, la douleur commence à m'envahir. J'ai l'impression alors que mon cœur s'est déplacé dans mon bras gauche. L'élancement est presque insupportable. Je lutte contre l'évanouissement, car je veux absolument rester conscient. À ce moment-là, je n'ai pas peur. Plus tard, toutefois, quand je reprendrai mes activités et ma croisade contre les coquins, je renouerai avec la peur. Incidemment, j'avais vraiment fait sa connaissance au début de mon adolescence, à l'occasion d'une première attaque dans la rue perpétrée par les durs à cuire de mon école. Sans qu'elle me paralyse, elle m'habitera constamment. Je poursuivrai d'ailleurs ma carrière de journaliste d'enquête muni en permanence d'un révolver !

Le lendemain, la photo me montrant bien éveillé sur ma civière à l'urgence de l'hôpital fait la une de tous les journaux. Bien sûr, c'est un événement médiatique et social énorme. Et, évidemment, je deviens instantanément une vedette, ce qui me sera bien utile dans la poursuite de mes activités journalistiques. Bien des gens me confieront des secrets fort intéressants et surtout très importants. Ce qui donnera lieu à d'autres articles percutants et dérangeants, publiés surtout par *Le Devoir*, et à un livre, *La filière canadienne*, écrit grâce à un accès unique et privilégié aux archives de la Brigade des stupéfiants de Montréal de la police fédérale. Dire que j'étais déjà alors un indépendantiste convaincu et que je siégerai par la suite, et ce, pendant vingt-cinq ans, à l'Assemblée nationale du Québec comme député du Parti québécois.

Aujourd'hui, trente-sept ans plus tard, quand je me rappelle cet événement, je ne peux m'empêcher de penser que, chaque année, dans différents coins de la planète, beaucoup de journalistes, moins chanceux que moi, meurent assassinés pour avoir, eux aussi, dénoncé l'influence occulte et pernicieuse des caïds de l'ombre de tout acabit. Et, ici comme chez eux, encore trop de gens sont inconscients de l'importance de leur travail !

# Les mots d'Albert Brie

Dans les pages du *Devoir*, au cours des années 1970 et 1980, Albert Brie signe une chronique intitulée *Le mot du silencieux*. Les aphorismes de Brie sont alors extrêmement appréciés et régulièrement cités dans d'autres médias comme des traits d'esprit uniques alliant humour et sagesse.

L'histoire, c'est la légende sans le merveilleux.

Que va-t-on chercher auprès d'un confident, d'un psychiatre, sinon le pardon du mal que l'on s'est fait.

Il est rare que nous ayons le courage de nos opinions : nous en avons plus facilement l'effronterie.

Quand j'entre dans une bibliothèque, je me contente de jeter un coup d'œil lointain sur ses innombrables livres ; c'est la façon que j'ai de m'instruire sur l'étendue de mon ignorance.

L'embarras est l'angoisse du choix.

Je n'arrive pas à comprendre que l'on puisse apprendre à se connaître et, en même temps, s'aimer de plus en plus.

On s'enferme dans son silence ; on se fait coffrer dans ses paroles.

Je me mire dans ce que j'admire.

# LE DEVOIR

Fais ce que dois | 25 CENTS

Vol. LXVIII - No 267 | Montréal, mardi 16 novembre 1976 | Sainte Marguerite d'Écosse

# LE PQ AU POUVOIR

Fort ému, le président du Parti québécois et nouveau premier ministre du Québec, M. René Lévesque, reçoit les acclamations de milliers de partisans, entouré de plusieurs nouveaux députés à l'Assemblée nationale. (Photo Alain Renaud)

par Gilles Lesage

**Le Québec s'est donné hier un gouvernement fortement majoritaire du Parti québécois.**

**Le PQ a fait élire au moins 67 députés, n'en laissant que 27 aux libéraux, et 11 à l'Union nationale. Il y a également un créditiste, M. Camil Samson, et un député du Parti national populaire, M. Fabien Roy.**

Le sort de trois comtés était encore imprécis au moment de mettre sous presse, mais il semblait que ces comtés devaient passer au PQ, ce qui lui en ferait 70, avec 40 seulement pour tous les partis d'opposition réunis.

Le premier ministre sortant et chef libéral, M. Robert Bourassa, a mordu la poussière dans Mercier, de même que M. Jérôme Choquette, chef du PNP, dans Outremont, et M. Nick Auf der Maur, chef de l'Alliance démocratique, dans Westmount.

Au milieu de la nuit, la proportion des suffrages exprimés était la suivante: 40% pour le PQ, 35% pour les libéraux, et près de 20% pour l'UN de M. Rodrigue Biron, lui-même élu dans Lotbinière. Tous les autres partis ne recueillaient qu'environ 5% des votes des Québécois.

Les plus récents sondages, dont celui de l'INCI dans Le Devoir, prévoyaient que le PQ ferait meilleure figure qu'en 1973, alors qu'il avait obtenu 30% des suffrages, mais bien peu osaient prédire publiquement un balayage.

Le premier ministre du Canada, M. Trudeau, s'est incliné hier soir devant les résultats qui signifient à ses yeux que le PQ a reçu le mandat de gouverner le Québec dans le cadre constitutionnel actuel, non pas de le séparer du Canada.

Facilement élu député de Taillon, sur la rive-sud de Montréal, M. René Lévesque devient ainsi premier ministre du Québec.

Non seulement M. Robert Bourassa doit-il céder les rênes du gouvernement au président du PQ, mais il ne sera même pas membre de la nouvelle Assemblée nationale, ayant été victime, quoique de justesse, du raz-de-marée péquiste. Il cède à M. Gérard Godin, journaliste et écrivain, le siège de Mercier qu'il détenait depuis 1970.

La défaite personnelle de M. Bourassa, suivie de celle de plusieurs ministres importants, ouvre dès maintenant une course au leadership libéral.

Pour M. Lévesque, âgé de 54 ans, c'est un retour éclatant à l'Assemblée nationale. Élu député libéral de Laurier en 1960, il fut ministre dans le Cabinet Lesage jusqu'en 1966. En 1967, il rompait avec les libéraux et fondait le Mouvement Souveraineté-Association, devenu l'année suivante le Parti québécois.

Défait dans Laurier en 1970, M. Lévesque le fut également en 1973 dans Dorion. Sentant qu'il avait le vent dans les voiles, le chef du PQ disait depuis quelques jours que tout pouvait arriver dans cette élection, y compris sa propre élection dans Taillon.

L'une des premières tâches de M. Lévesque sera de former son Cabinet, en vue de la prestation de serment qui devrait se faire vers la fin du mois.

Le président du PQ aura l'embarras du choix. Les six députés qui formaient l'Opposition officielle ont été réélus, soit MM. Jacques-Yvan Morin et Robert Burns, qui étaient chef de l'Opposition et leader parlementaire, de même que MM. Claude Charron, Marcel Léger, Lucien Lessard et Marc-André Bédard.

La plupart des candidats-vedettes du Parti ont été élus, y compris MM. Jacques Parizeau, Claude Morin, Pierre Marois, Guy Joron, Camille Laurin, Jean-Guy Cardinal, Rodrigue Tremblay, Denis Lazure, Pierre de Bellefeuille, Louis O'Neill, Guy Tardif, Clément Richard, Gilles Grégoire, Guy Chevrette, de même ... Lise Payette.

... aussi se mettre rapi... ...parer la

## Une étape décisive

par Claude Ryan

Avant toute autre chose, la victoire spectaculaire qu'a remportée hier le Parti québécois exprime la volonté très ferme qu'avaient formée les Québécois de se défaire d'un gouvernement qui en était venu a incarner à leurs yeux l'impuissance et l'ambiguïté.

Les gouvernements, dit-on, se défont eux-mêmes, ils sont rarement battus. L'axiome n'a jamais été aussi vérifiable que depuis un mois. Averti de l'impopularité dans laquelle son gouvernement était tombé, M. Bourassa avait choisi d'affronter l'orage au lieu de se donner une année additionnelle pour l'apaiser. Les électeurs en ont été profondément irrités. Cet empressement du gouvernement à solliciter un renouvellement de mandat l'aura conduit à sa perte. Les électeurs n'aiment pas que l'on joue avec ces choses.

Dans l'immédiat, le PQ doit surtout sa victoire à la stratégie astucieuse qui l'a conduit à combattre le gouvernement sur le terrain de celui-ci et à promettre des choses concrètes à la population tout en reportant à plus tard le débat sur l'indépendance.

Résolus à changer de gouvernement, les électeurs se sont fiés à la parole de M. Lévesque et lui ont donné mandat de procurer au Québec à l'intérieur du cadre constitutionnel actuel le bon gouvernement qu'il leur a promis. C'est là une limite très importante qui a probablement fait la différence entre le résultat d'hier et le résultat beaucoup plus douteux qu'eût entraîné une élection centrée sur le thème de l'indépendance. Il faudra veiller à ce que les engagements pris à cet égard soient scrupuleusement respectés.

Par-dessus tout autre facteur, c'est la perspective de confier les affaires du Québec à une équipe neuve, intègre et munie de compétences abondantes et diversifiées qui a induit les Québécois à porter le PQ au pouvoir. C'est là-dessus qu'il faudra suivre la nouvelle équipe gouvernementale au cours des prochains mois. C'est là-dessus qu'elle devra d'abord faire ses preuves. Vu qu'elle devra s'atteler à la tâche dans un contexte économique et social particulièrement difficile, elle aura besoin de la collaboration franche et loyale de tous les milieux, spécialement des milieux syndicaux et financiers.

Pour M. Bourassa et le Parti libéral, la défaite cuisante d'hier sonne l'heure d'une révision déchirante. Il faudra songer à remplacer

...page 6 : Une étape

## Emporté par la déroute des libéraux, Bourassa perd son siège dans Mercier

par Lise Bissonnette

Trois ans après la plus éclatante des victoires libérales, le premier ministre, M. Robert Bourassa a connu hier soir une cuisante défaite dans son propre comté de Mercier et a entraîné dans sa chute une douzaine de têtes d'affiche de son cabinet. Cette suite vertigineuse de revers libéraux n'a laissé intactes que les seules forteresses libérales les plus imprenables, acquises longtemps avant le jour du scrutin.

Vagues régionales ici, défaites dues au vote dit "ethnique" là, le Parti libéral n'est resté assez solide que dans l'Outaouais, sur la frontière de l'Ontario, et dans son bastion de l'Ouest de la région montréalaise où, même réduites, les majorités sont restées assez confortables. Un peu partout, comme prévu, c'est le mécontentement d'appoint qu'a fourni le vote unioniste qui a aidé aux défaites des députés et ministres de M. Bourassa.

Parmi les chutes les plus inattendues, malgré quelques rumeurs auxquelles peu de gens prêtaient foi, il faut compter, outre celle de M. Bourassa, celles de M. Guy Saint-Pierre, ex-ministre de l'Industrie et du Commerce et député de Chambly, et de M. Jean-Paul L'Allier, ex-ministre des Affaires culturelles, qu'on croyait inexpugnable dans Deux-Montagnes, un comté où le vote anglophone a cependant été déterminant.

Plusieurs autres ont dû reculer devant les protestations des minorités ethniques qui ont souvent favorisé les tiers partis. Ce fut notamment le cas de M. Jean Bienvenue, ex-ministre de l'Éducation qui avait pourtant tenté des efforts de séduction très particuliers auprès de ses électeurs d'origine ou d'ascendance italienne du comté de Crémazie.

De même Mme Lise Bacon semblait en grande difficulté dans le comté de Bourassa, où le président d'élections a décidé de fermer boutique et de ne produire les résultats définitifs que ce matin.

D'autres ont été tout simplement déportés par le courant, tous les ministres défaits l'ayant d'ailleurs été par les candidats du Parti québécois. Contre bien des prédictions, M. Bernard Lachapelle, ex-ministre d'État à l'Éducation, a cédé son siège de Chauveau; M. Normand Toupin, ex-ministre de l'Agriculture, a perdu le comté de Champlain; M. Denis Hardy, ex-ministre des Communications, le comté de Terrebonne; M. Robert Quenneville, ex-ministre du Revenu, le comté de Joliette-Montcalm, et M. Paul Phaneuf, ex-titulaire du Haut-Commissariat à la Jeunesse, aux loisirs et aux sports, le comté de Vaudreuil-Soulanges.

Deux autres membres bien connus du cabinet libéral ont sans doute fait en partie les frais de longs conflits de travail qui ne se sont réglés que la veille de l'élection. Mêlé aux tribulations de la grève de l'Hydro-Québec, l'ex-ministre des Richesses naturelles, M. Jean Cournoyer, quittera le comté de Richelieu. L'ex-ministre du Travail, M. Gérald Harvey, perd celui de Jonquière où sévissait jusqu'à dimanche la grève des syndiqués de l'Alcan.

Dans le comté de Laprairie, la vague péquiste de la Rive sud semblait aussi devoir emporter le ministre d'État aux

Voir page 6: Les libéraux

## "Je n'ai jamais été aussi fier d'être Québécois", clame Lévesque

par François Barbeau

Applaudi, acclamé, adulé, le chef du Parti québécois, M. René Lévesque, devant une foule délirante qui envahissait le centre Paul Sauvé et qui l'avait réclamé pendant de longues minutes, et attendu de longues heures, a réitéré l'engagement du Parti québécois: "Arriver, en amitié avec nos concitoyens du Canada, à nous donner le pays qui est le Québec".

Pour la première fois de sa vie, M. Lévesque s'est trouvé à court de paroles hier soir. Pendan... instants, la première fois q... électeurs ravis et hur... il est deme... ciel, ému... Québécois...

Cette p... moins d'... Paul Sau... mais pe... d'être... dans le... se sont...

entendue lors de manifestations moins joyeuses: "Le Québec aux Québécois".

Souvent interrompu par des cris, des ... de joie, il a traversé les for... ...ment; remercie... ...suite à

## Lévesque a...

par Clément Trudel

Le premier ministre du Canada, M. Pierre Elliott Trudeau, s'est dit d'avis hier soir que la population du Québec a voté, non pas sur des questions constitutionnelles, mais sur des options d'ordre administratif et économique, de sorte que M. René Lévesque et son cabinet récoltent un mandat pour "gouverner", non pas pour séparer le Québec du reste du Canada.

M. Trudeau a lu une brève déclaration où il a rappelé que les citoyens du Québec ont choisi "dans le respect du processus démocratique". Le chef du gouvernement canadien offre sa collaboration à M. Lévesque et à son cabinet, se disant confia... que la lettre et l'esprit de la Constituti... seront respectés et que finalement ... Québécois rejetteront le séparatisme.

D'autres réactions à la victoire ...quiste, telle celle du premier ministr... Nouveau-Brunswick, M. Richard ...field, sont moins empreintes de sér... M. Hatfield, intervenant sur le ... anglais de Radio-Canada, accuse M... vesque d'avoir trompé les Québé... déguisant, tout au long de la cam... les deux objectifs fondamentaux de ... programme: indépendance et socialisme.

M. Hatfield s'est dit surpris qu'un tel changement dans l'orientation du vote ait ... se produire mais il compte sur le

Lors de la campagne électorale de 1976, Lévesque et Bourassa se retrouvent côte à côte le 24 octobre. Au scrutin, le premier ministre Bourassa sera battu dans sa propre circonscription par le poète et journaliste Gérald Godin.

# LA FRÉNÉSIE DE LA RECONQUÊTE

Gilles Lesage

**L'élection du Parti québécois : voilà une reprise de la Révolution tranquille, opinent plusieurs, espérant qu'elle soit finalement menée à son terme normal.**

Novembre 1976. Le Parti québécois est porté au pouvoir, huit ans après sa fondation, un exploit remarquable. Son objectif étapiste avoué : d'abord, donner un bon gouvernement aux Québécois, puis leur demander un mandat de négocier une nouvelle entente avec le Canada, autrement dit, l'option Québec, la souveraineté-association que mijote René Lévesque depuis l'automne 1967.

Quatre années fébriles, intenses, à l'image des quatre premières années du gouvernement Lesage, quinze ans plus tôt. Voilà une reprise de la Révolution tranquille, opinent plusieurs, espérant qu'elle soit finalement menée à son terme.

Du financement des partis politiques à la Charte de la langue française ; de l'assurance automobile au zonage agricole ; du ministère de l'Environnement aux premiers sommets politiques et sectoriels ; du recours collectif à la loi anti-briseurs de grève et à la nationalisation (désastreuse) de l'industrie de l'amiante, toutes les pierres étatiques sont tournées et retournées.

Consensus et concertation, à l'autrichienne. Splendeur de l'État-providence à l'horizon. *Le Devoir* suit de près ce gouvernement, qui compte en son sein le plus grand nombre de diplômés universitaires de l'histoire politique québécoise.

LES VOYAGES bono
1460 avenue Union Montréal H3A-2B8 Qué
845-8221
Permis: 50175
Les spécialistes des voyages en EUROPE

LE DEVOIR
fais ce que dois
25 CENTS
Sainte Monique
Montréal, samedi 27 août 1977
Passages nuageux. Max. 25
Vol. LXIX - No 197

au sommaire

■ Les Inuit réclament la présence d'une "force neutre" à Fort-Chimo — page 2

■ Selon l'Alliance des … la CECM a …

## Lévesque: soumettons la loi 101 à un essai loyal d'un an ou deux

français de la langue française, tel un … navire tout neuf, glissera aujour… … de l'histoire."

… tre parlait de fierté et de dignité de la majorité francophone, M. Lévesque s'est consacré à apaiser les adversaires de la loi, les anglophones, le monde des affaires et l'opposition parlementaire. … dont les élans et la pas… … remarqua…

du Québec" et du Canada. Aux Québécois de toutes les allégeances, il a demandé de donner une chance au coureur, de faire un essai loyal de la Charte pendant un an ou deux.

En revanche, il a promis que le gouvernement se montrerait souple dans l'application de la loi: "une attitude ouverte au maximum à condition de ne pas lâcher sur l'essentiel", a promis le premier ministre.

"En tout cas, avait-il précisé plus tôt, s'il y a une chose que je n'admettrai jamais, quel que soit le feu des débats, de part et d'autre, qu'on puisse avoir, …

Voir page 6: Lévesque

Le samedi 24 décembre 1977

# Quand on écrit, on ne fait pas taire les autres

Jean Royer

**Dans son numéro du samedi 24 décembre 1977, *Le Devoir* publie une entrevue de Jean Royer avec Jacques Ferron. L'auteur de *L'amélanchier* et des *Contes du pays incertain* vient de recevoir le prix Athanase-David, la plus importante distinction littéraire décernée par le gouvernement du Québec. Au fil des ans, *Le Devoir* a laissé la parole à une multitude d'écrivains parmi les plus importants. Impossible aujourd'hui d'envisager l'œuvre de plusieurs sans au moins faire référence à une entrevue ou une critique publiée dans le journal.**

Jacques Ferron, affable, presque familier, m'accueille dans son cabinet de médecin. L'écrivain est visiblement ému de recevoir cette année le prix Athanase-David. «C'est un prix que tout le monde qui écrit et qui ne cesse pas d'écrire obtient un jour. Cela indique un certain âge, un certain nombre de livres», me dira-t-il.

Son œuvre a fait son chemin. Ses contes ont ébloui peu à peu un public et des critiques attentifs: Jean Marcel, Gérard Bessette, Yves Taschereau, entre autres, puis Jean-Pierre Boucher, qui s'est justement attaché aux contes. Car, à cette époque où la littérature baigne dans la recherche formelle, Ferron, lui, s'est mis à l'écoute du peuple pour écrire. Il a bâti son œuvre à partir de l'oralité: «Les contes et les chansons font partie des nécessités de la vie.» Pour lui, un pays, c'est une langue qui vit: «Et pour qu'elle vive, il faut qu'elle soit verte d'abord, qu'elle soit enfantine. C'est dans la langue verte que se vivifie indéfiniment la langue écrite, la belle langue.»

«L'écriture part de l'oral et doit revenir à l'oral, me dit encore Ferron. Dickens en est le meilleur exemple. Petit sténographe, il fait des livres qu'il disait ensuite. Il n'était peut-être pas son meilleur lecteur mais il faisait le tour: il partait de la parole et y revenait. Je ne crois pas procéder autrement. Car je sais, d'autre part, que l'écriture est aussi un moyen de gouverner les gens. De faire des fiches. C'est l'écriture qui organise la société. Cela va jusqu'à l'ordinateur. Mais ce n'est pas l'écriture des honnêtes gens! C'est l'écriture du pouvoir!»

«Il se peut qu'il y ait justement une forme d'écriture qui conteste l'écriture du pouvoir et qui est liée à l'indiscrétion, à l'oralité, à la

L'écriture part de l'oral

Depuis les années 1960, *Le Devoir* n'a pas cessé d'accorder la parole à des écrivains de premier plan. Parmi eux, certains seront connus pour adresser régulièrement au journal des «lettres aux lecteurs». Jacques Ferron (sur la photo) et Pierre Vadeboncœur sont sans doute ceux ayant publié le plus de textes au journal.

confrontation. Le rôle de l'écrivain serait de contester l'écriture du pouvoir. Et il est libre de le faire: personne ne lui demande d'écrire. Il le fait lui-même, de sa propre autorité! Alors, il peut être indépendant!»

Pour Jacques Ferron, l'œuvre de l'écrivain participe du salut collectif. C'est ainsi qu'elle a engagé l'homme au plan politique. C'est ainsi que s'inscrivent les «escarmouches» de l'écrivain Ferron, qui a mis dans sa vie beaucoup d'énergie pour les questions politiques.

«C'était pour moi une question de langue. Je suis devenu nationaliste en revenant de Gaspésie – où j'avais pratiqué la médecine – quand je me suis rendu compte que les gens de Gaspésie, analphabètes, parlaient un français admirable et que, dans la région de Montréal, c'était bâtard: la langue n'avait pas cette électricité qui faisait les réunions heureuses! C'est donc à partir de considérations sur la langue que je suis devenu nationaliste. Je ne crois pas que deux langues complètes puissent coexister. Le bilinguisme n'est pas fonctionnel. On peut avoir une langue qui n'a pas d'écriture avec une langue de civilisation, mais pas deux langues aussi voisines que l'anglais et le français, qui ont la même bibliothèque!»

# LE CUL-DE-SAC CONSTITUTIONNEL

Michel David

Les tractations constitutionnelles de 1981-1982: Jean Chrétien et Pierre Elliott Trudeau triomphent. René Lévesque doit s'avouer vaincu durant les manœuvres de Trudeau.

Il existe un gros ouvrage, réédité périodiquement, que les ministres des Affaires intergouvernementales canadiennes se transmettent depuis plus de trente ans. Son titre: *Positions du Québec dans les domaines constitutionnel et intergouvernemental de 1936 à mars 2001*.

On y trouve une série de documents officiels qui ont jalonné le débat constitutionnel au fil des décennies. Par exemple, l'Accord de location fiscale de mai 1942, par lequel le gouvernement Godbout avait cédé à Ottawa la perception des impôts pour la durée de la guerre. Ou encore l'accord signé en avril 1981 par 8 des 10 provinces canadiennes, dont le Québec, pour s'opposer au projet de rapatriement de la Constitution de Pierre Elliott Trudeau. L'ouvrage contient également des extraits de discours ou de déclarations d'anciens premiers ministres ou de ministres sectoriels qui forment une sorte de jurisprudence des «demandes traditionnelles» du Québec.

La dernière mise à jour a été effectuée en 2001, sur l'initiative de Joseph Facal, qui était à l'époque responsable du dossier constitutionnel dans le gouvernement de Bernard Landry. Il n'y a pas eu de réédition depuis, et pour cause: qu'aurait-on bien pu ajouter? Depuis 2003, la politique constitutionnelle du gouvernement Charest semble tenir en cinq mots: «Le fruit n'est pas mûr.»

En 1998, tout juste avant de faire le saut en politique et de se voir confier la tâche de redéfinir les positions libérales, le futur ministre Benoît Pelletier, encore constitutionnaliste émérite à l'Université d'Ottawa, avait fait une analyse remarquablement lucide de la situation dans un ouvrage collectif intitulé *Le fédéralisme de demain: les réformes essentielles*: «La volonté politique d'aboutir à une quelconque réforme constitutionnelle qui satisferait en partie le Québec, écrivait-il, semble plus que jamais faire défaut. Et ce, tant au niveau de l'ordre central qu'au niveau des provinces majoritairement anglophones du pays.» Il n'est pas étonnant que son rapport de 2001 ait prudemment renvoyé cette réforme à une date indéterminée.

**«La volonté politique d'aboutir à une quelconque réforme constitutionnelle qui satisferait en partie le Québec semble plus que jamais faire défaut.»**

Il est trop tôt pour porter un jugement définitif sur l'utilité du Conseil de la fédération, créé sur l'initiative de M. Pelletier en décembre 2003. On ne sent cependant pas cette «nouvelle dynamique fédérative au Canada, fondée sur la concertation, la cogestion, la codécision» qu'il en espérait. La voie administrative qu'il proposait d'emprunter en attendant que le fruit soit mûr s'est révélée passablement cahoteuse. Après

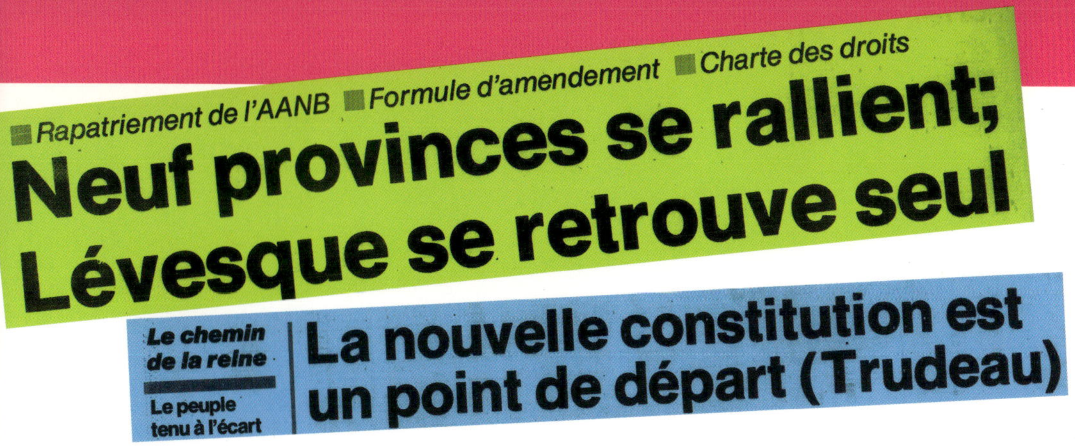

■ Rapatriement de l'AANB ■ Formule d'amendement ■ Charte des droits

**Neuf provinces se rallient; Lévesque se retrouve seul**

Le chemin de la reine

Le peuple tenu à l'écart

**La nouvelle constitution est un point de départ (Trudeau)**

l'octroi au Québec d'un strapontin au sein de la délégation canadienne à l'Unesco, le gouvernement de Stephen Harper n'a pas même daigné accuser réception de la demande de Jean Charest qui, à défaut d'un nouveau partage des pouvoirs, réclamait la maîtrise d'œuvre en matière de culture et de communications. Quant à M. Charest, il n'en a plus jamais reparlé.

Si le politicien qu'était devenu M. Pelletier pouvait difficilement le reconnaître, l'universitaire avait bien réalisé que le double échec de l'accord du lac Meech et de l'entente de Charlottetown avait mis un terme peut-être définitif à un processus qui, au fil des ans, avait permis au Québec de développer sa spécificité au sein de la fédération, même si elle n'a jamais été reconnue formellement.

À la poussée de centralisation favorisée par l'effort de guerre, le rapport de la Commission royale d'enquête sur les problèmes constitutionnels (commission Tremblay), publié en 1956, avait opposé une vision nationaliste du fédéralisme, appuyée sur l'idée d'un «pacte» conclu en 1867 entre les Canadiens français et les Canadiens anglais, qui allait inspirer les gouvernements québécois successifs durant toute la décennie 1960.

Un des premiers objectifs allait être de remplacer les sommes que le fédéral versait sous condition aux provinces par un nouveau partage des recettes fiscales qui réduirait la dépendance du Québec par rapport à Ottawa. À la faveur du «fédéralisme coopératif» préconisé par Lester B. Pearson, le gouvernement Lesage put négocier la constitution d'un régime de retraite (1965) distinct de celui du Canada, permettant du même coup la création de la Caisse de dépôt et placement du Québec, de même que le retrait de 29 des 45 programmes financés conjointement par les deux ordres de gouvernement et le transfert d'une série de points d'impôt. En réalité, devait cependant constater Claude Morin dans son livre *Québec versus Ottawa* (1973), «la plupart des gains ont été réalisés dans des domaines de juridiction provinciale déjà occupés par l'autorité fédérale ou sur le point de l'être».

En 1963, le gouvernement Pearson avait aussi créé une commission d'enquête, coprésidée par André Laurendeau et Davidson Dunton. Au départ, son mandat était de «faire enquête sur l'état présent du bilinguisme et du biculturalisme au Canada et sur les mesures à prendre pour que la Confédération canadienne se développe d'après le principe de l'égalité entre les deux peuples qui l'ont fondée». Il était donc implicite que la Loi sur les langues officielles, votée par la Chambre des communes en 1969, serait un jour complétée par une réforme constitutionnelle qui enchâsserait ce principe d'égalité. Clairement, ce n'était pas l'intention de

En 1967, alors que René Lévesque quitte le Parti libéral pour lancer le Mouvement souveraineté-association, *Le Devoir* propose deux livres consacrés à l'avenir constitutionnel et au statut du Québec au sein du Canada. Au même moment, Pierre Elliott Trudeau, nouveau ministre de la Justice, s'apprête peu à peu à devenir premier ministre et montre une ferme opposition à toute idée de statut particulier pour le Québec. Il réduit ainsi en cendres la vision du Canada défendue par André Laurendeau dans la commission sur le bilinguisme et le biculturalisme.

LE DEVOIR

FAIS CE QUE DOIS

VOL. LVI — NO 47 — MONTRÉAL, VENDREDI 26 FÉVRIER 1965 — 10¢

**La commission Laurendeau-Dunton, dans un 1er rapport constate: Le Canada traverse la crise majeure de son histoire mais un grand nombre de Canadiens n'en sont même pas conscients**

par Jean-Pierre FOURNIER

LE POINT

Le rédacteur en chef André Laurendeau, ouvert sur le monde et sur les plus hautes aspirations culturelles, pourfend les tares du régime fédéral et réclame une véritable politique du bilinguisme du gouvernement fédéral. Excédé par des mesures tardives et timides, le rédacteur en chef n'en finit plus de se désoler. À la suite d'un article de Léon Dion paru dans *Le Devoir*, Laurendeau réclame une commission d'enquête sur l'état de la Confédération canadienne. Avec Davidson Dunton, il est nommé à la tête de la Commission royale d'enquête sur le bilinguisme et le biculturalisme. Laurendeau y croit, il plonge, même si son journal personnel témoigne de ses désillusions à l'égard de l'ensemble canadien. Il mourra au travail en juin 1968, quelques jours avant l'élection comme premier ministre de Pierre Elliott Trudeau, principal défenseur d'un modèle fédéral en opposition avec le sien.

Pierre Elliott Trudeau, qui avait succédé à Pearson en 1967, ni celle de l'intelligentsia canadienne-anglaise. Après la mort de Laurendeau, l'idée fut rapidement abandonnée.

En mai 1966, Trudeau, encore ministre de la Justice, avait confié à Claude Morin : « Les choses sont allées trop loin : le statut spécial, c'est de la foutaise. » Elles n'allèrent pas plus loin. Le durcissement de l'attitude fédérale provoqua cependant une véritable brisure du consensus québécois sur la question constitutionnelle. Jusque-là, la classe politique n'avait pas sérieusement remis en question l'idée que l'appartenance à la fédération canadienne offrait le meilleur avenir au Québec. L'entrée en scène du Parti québécois (1968), qui proposait maintenant la « souveraineté-association », allait changer complètement les termes du débat et la dynamique politique au Québec et au Canada. Malgré sa victoire triomphale en avril 1970, Robert Bourassa, très affaibli par la crise d'Octobre, n'osera pas signer la charte de Victoria (1971), que l'opinion nationaliste jugeait insatisfaisante. Jusqu'à sa défaite en 1976, il sera de plus en plus coincé entre un mouvement souverainiste en pleine ascension et la volonté uniformisante de plus en plus marquée du régime Trudeau.

Les souverainistes ont joué de malchance en 1980. Si le gouvernement de Joe Clark n'avait pas eu la malencontreuse idée de tomber alors que René Lévesque venait tout juste d'annoncer la tenue d'un référendum le 20 mai, l'histoire aurait peut-être été différente. Le camp du oui n'aurait peut-être pas gagné, mais Clark n'aurait certainement pas sauté sur l'occasion aussi férocement que l'a fait Trudeau. Le rapatriement unilatéral de la Constitution, en 1982, et l'enchâssement d'une charte qui diminuait les pouvoirs de l'Assemblée nationale sans son consentement a été la pire défaite politique du Québec depuis l'Acte d'Union.

À son retour au pouvoir, en 1985, Robert Bourassa a eu la chance d'avoir pour vis-à-vis fédéral un homme aussi désireux que lui de réparer le gâchis de 1982. Brian Mulroney, qui avait promis de faire rentrer le Québec dans le giron constitutionnel canadien « dans l'honneur et l'enthousiasme », a tout tenté pour faire ratifier l'accord du lac Meech (1987), puis l'entente de Charlottetown (1992). À l'époque, on ne mesurait cependant pas l'empressement avec lequel le Canada anglais avait sacralisé la Charte des droits et des libertés et le principe du multiculturalisme, qui s'accordait mal avec la reconnaissance de la spécificité québécoise, même si les meilleurs juristes au pays assuraient qu'elle avait un caractère purement symbolique.

La frousse causée par un deuxième référendum en quinze ans, qui aurait pu provoquer l'éclatement du pays, n'a altéré en rien cette allergie à la « société distincte ». Au contraire, elle n'a cessé de s'aggraver depuis, si l'on en croit un sondage effectué en mars et avril 2010 par la firme Repère Communication Recherche, à l'occasion du vingtième anniversaire de l'échec de l'accord du lac Meech.

Alors qu'il suscitait encore l'enthousiasme au Québec, aucune des cinq « conditions » de cet

14 ■ Le Devoir, jeudi 9 juillet 1992

ÉDITORIAL

# NON

LISE BISSONNETTE

LETTRES AU DEVOIR

Maurice Tourigny

Escapade du 4 juillet

Lettre de New York

accord ne recueillait un appui significatif dans le reste du pays. Des 1007 personnes interrogées, 83 % s'opposaient à ce que la Constitution reconnaisse formellement l'existence de la « nation québécoise », comme l'avait pourtant fait la Chambre des communes ; 81 % refusaient d'accorder au Québec un droit de retrait des programmes fédéraux avec pleine compensation financière ; 77 % lui refusaient la pleine compétence en matière d'immigration ; 73 % s'opposaient à ce qu'il puisse désigner trois des neuf juges de la Cour suprême ; enfin, 82 % refusaient de lui reconnaître un droit de veto sur toute modification constitutionnelle. Sans surprise, 82 % ne voulaient rien entendre d'une nouvelle ronde de négociations.

Même des arrangements qui ne nécessitent aucune modification constitutionnelle, par exemple en matière de langue, de culture ou de communications, étaient écartés. En revanche, les Canadiens anglais étaient toujours aussi entichés de la Loi de clarification, dite Loi sur la clarté référendaire, léguée par Stéphane Dion : 87 % étaient d'avis que « le Canada » devrait rédiger la question à laquelle les Québécois devraient répondre, s'il y avait un autre référendum, et 89 % estiment que « le Canada » devrait fixer la majorité requise.

Au cours du dernier demi-siècle, les Québécois ont démontré aussi bien qu'ils n'étaient pas en mesure de forcer le renouvellement de la fédération et qu'ils n'étaient pas résolus à en sortir. Une chose est cependant claire : le Canada anglais est moins disposé que jamais à faire des concessions pour accommoder le Québec. Ce pays est à prendre ou à laisser tel qu'il est.

# LE QUÉBEC DIVISÉ

**Moins de 50 000 électeurs ont fait la différence**

OUI 49,5
NON 50,5

GOMERY BLÂME CHRÉTIEN

*Corriveau, Pelletier et Gagliano sont écorchés, mais Martin s'en sor*

En blanc et noir

Chrétien conteste le rapport en justic

*L'ancien premier ministre ne s'explique pas que le juge Gomery ait préféré croire Charles Guité plutôt que Jean Pelletier*

Dominique de Villepin arrive à Ottawa

*Le premier ministre français s'adressera demain à l'Assemblée nationale du Québec*

De 1960 à 1995, l'option des souverainistes aura connu une formidable ascension dont les deux temps forts demeurent le référendum du 20 mai 1980 et celui du 30 octobre 1995. Dans l'intervalle, c'est néanmoins la position fédéraliste incarnée par Trudeau qui l'emporte.

**Dans le sens des aiguilles d'une montre** Lucien Bouchard se recueille devant la tombe de Pierre Elliott Trudeau. — René Lévesque appuyé par le chanteur Félix Leclerc lors du référendum de 1980. — Même entre voisins, on ne s'entend pas. — Au soir de la défaite référendaire de 1980. — Brian Mulroney et Robert Bourassa espèrent pouvoir dessiner une nouvelle voie au fédéralisme. — Les fédéralistes de la mouvance Trudeau autant que les indépendantistes québécois s'opposent à l'entente de Charlottetown. — Jacques Parizeau revient « aux affaires » en 1988 et donne un nouveau souffle au mouvement indépendantiste. — Après avoir analysé en long et en large la crise constitutionnelle dans des dizaines d'éditoriaux, Lise Bissonnette donne la position du journal à l'égard de l'entente de Charlottetown dans un texte de trois lettres : NON. — Lucien Bouchard et Jacques Parizeau, réunis le temps de la campagne référendaire de 1995. — Une commission d'enquête présidée par le juge à la retraite John Gomery montrera à quel point l'argent a coulé à flots du côté du gouvernement fédéral pour contrer le projet souverainiste québécois.

Quatre directeurs du *Devoir* : Jean-Louis Roy, Lise Bissonnette, Benoît Lauzière et Claude Ryan.

Après avoir suggéré de chasser Bourassa du pouvoir et d'ouvrir les portes de l'avenir avec Lévesque, le directeur du *Devoir*, Claude Ryan, se ravise et tire à boulets rouges sur les aventuriers péquistes fiévreux. Tant et si bien qu'il ne peut résister longtemps à prendre la tête des libéraux, qui s'opposent au projet de Lévesque d'obtenir de la population le mandat de négocier un nouveau pacte confédératif. Une boucle immense est bouclée. Le fondateur du *Devoir* se faisait le chantre du nationalisme canadien et du respect intégral du pacte confédératif entre les deux Canada, anglais et français. Soixante-dix ans plus tard, le troisième successeur d'Henri Bourassa refait le même pari, adapté à la conjoncture contemporaine. C'est la fin d'un cycle, le début d'un autre, celui d'un sempiternel «beau risque», d'une génération à l'autre. *Le Devoir* se retrouve sans directeur en titre pendant près de trois ans, puis sera dirigé par Jean-Louis Roy (1980-1986) et Benoît Lauzière (1986-1990). Sous la direction de Lise Bissonnette (1990-1998), un fort vent de renouveau souffle sur le journal. La mission du journal est recentrée sur le politique, le social, la culture et la réflexion. *Le Devoir* devient alors ouvertement favorable à la souveraineté du Québec. En 1999, après le départ de Lise Bissonnette qui s'en va présider à la création d'une Grande Bibliothèque, Bernard Descôteaux prend les commandes ; le tirage du journal progresse alors que, sur la scène internationale, celui de presque tous les journaux pique du nez. *Le Devoir* renoue même avec des bilans positifs. Sur la photo, René Lévesque sort d'une rencontre au *Devoir* pour s'expliquer avec la direction.

# LA PLACE AUX IDÉES

Louis Cornellier

> **Mon père me disait : « Perds pas ton temps avec ça, mon p'tit Louis. Tu sais bien que ce monde-là publiera pas un texte écrit par du monde comme nous autres. »**

C'était en mai 1991. C'était, n'importe quel centenaire vous le dira, hier. Le souvenir de la scène est très clair dans ma mémoire. C'est le matin, il fait beau, et je viens juste de quitter la maison pour me rendre au bureau de poste. J'ai vingt-deux ans. La veille, j'ai rédigé, dans l'enthousiasme, un texte d'opinion qui dénonce « la démagogie populiste » du célèbre syndicaliste Michel Chartrand. Au cours d'un passage à l'émission de Robert-Guy Scully, Chartrand, fidèle à son habitude, a donné son spectacle. Il s'en est pris vivement à l'animateur, pourtant plein de complaisance envers lui. Les intellectuels, a clamé en substance Chartrand, sont une nuisance publique. C'est aux travailleurs et aux ouvriers, le « vrai monde », qu'il faut donner la parole. Alors étudiant à l'UQAM et lecteur des essayistes français en vogue – je viens tout juste de terminer l'*Éloge des intellectuels*, du flamboyant Bernard-Henri Lévy –, je n'ai pas supporté ce simplisme, pourtant accueilli avec jouissance à gauche et à droite. J'ai donc décidé de me mouiller en rédigeant un pamphlet destiné à la page « des idées, des événements » du *Devoir*, une première pour moi.

L'enveloppe contenant mon texte dactylographié à la main, je suis donc sur le trottoir, juste en face de la maison, quand j'entends mon père, sorti sur le perron pour fumer une cigarette au soleil, me lancer : « Perds pas ton temps avec ça, mon p'tit Louis. Tu sais bien que ce monde-là publiera pas un texte écrit par du monde comme nous autres. » Sublime paradoxe de la situation : alors que je m'apprête à envoyer au *Devoir* un texte qui dénonce le discours populiste de Michel Chartrand, mon père, qui m'appuie à 100 %, comme d'habitude, même s'il n'est pas toujours d'accord avec moi, reprend presque mot pour mot le discours du

LE DEVOIR

IDÉES

## Un monde, celui des idées et des débats

LOUIS CORNELLIER

Depuis une vingtaine d'années, toutes les voix intellectuelles qui comptent au Québec se sont fait entendre dans cette page. Ma seule mémoire suffit à en dresser une impressionnante liste :

Omar Aktouf Normand Baillargeon Jacques Beauchemin Yves Beauchemin Louise Beaudoin Victor-Lévy Beaulieu Mathieu Bock-Côté Gérard Bouchard

**«Ce monde-là», le monde du journaliste prestigieux, que mon père croyait fermé au «monde comme nous autres», était ouvert.**

syndicaliste! Il ne dit pas ça pour me diminuer – son tempérament le porte plutôt à afficher une superbe de paysan qui s'applique aussi à sa progéniture –, mais pour me protéger contre la déception. «Ce monde-là», comme il dit, ne publiera pas mon texte, mais il aura, bien sûr, tort. C'est ça qu'il me dit. Quelques jours plus tard, quand mon texte sera publié, il fera le tour du village pour clamer à tous ceux qu'il rencontrera que son fils écrit dans *Le Devoir,* rien de moins.

Cette anecdote résume la scène inaugurale de mon entrée dans le monde intellectuel. Je la raconte souvent à mes étudiants, en guise d'introduction à ce que j'appelle mon histoire d'amour avec *Le Devoir.* Elle montre que mon père, eh oui, avait tort. «Ce monde-là», le monde du journaliste prestigieux, qu'il croyait fermé au «monde comme nous autres», était ouvert. Il ne jugeait pas la valeur des idées en fonction de leur provenance sociale, mais en fonction de leur qualité intrinsèque. Cette anecdote montre aussi qu'il y avait, au Québec, un lieu public où l'anti-intellectualisme ne régnait pas, où les débats d'idées étaient non seulement bienvenus, mais rois et maîtres. Et ce lieu, c'était *Le Devoir,* plus précisément sa page «des idées, des événements», devenue, plus tard, la page «Idées», carrefour intellectuel par excellence au Québec.

Jusqu'à l'adolescence, j'ai souhaité très fort devenir joueur de hockey ou de tennis professionnel. Au cégep, étudiant en sciences humaines, j'ai découvert le monde des idées. Mes professeurs de sociologie, de politique, d'histoire, de religion et de philosophie faisaient régulièrement référence au *Devoir.* Parmi les textes qu'ils distribuaient en classe, plusieurs provenaient de la page «des idées, des événements». J'étais, dans ce monde, comme un poisson dans l'eau. Je découvrais mon vrai monde, celui des idées et des débats. Mon rêve de jouer dans la Ligue nationale perdurait, mais la nature de la ligue, elle, avait changé: c'était désormais la Ligue nationale des intellectuels qui était mon but et elle s'incarnait dans une institution que mes enseignants avaient parée de tous les prestiges: *Le Devoir.*

Les journaux étudiants, collégiaux et universitaires, et les revues critiques de poésie, dirigées par mon professeur et ami Bernard Pozier, des Écrits des Forges, furent mes clubs-écoles. Je dois aussi à mes discussions avec André Baril, mon professeur de philosophie au cégep, et avec Pierre Milot, mon maître à l'université, une grande partie de mon véritable élan intellectuel initial. En 1991, la publication, dans *Le Devoir,* de mon texte sur Chartrand, grâce aux bons soins et à l'audace de François Brousseau, alors responsable de la page «des idées, des événements», me donnait l'occasion de jouer dans la grande ligue.

Quelques jours plus tard, en effet, Andrée Ferretti me faisait l'honneur d'une leçon, dans cette même page, en m'expliquant qu'il ne s'agissait pas d'opposer les intellectuels au «vrai monde» de Chartrand, mais de valoriser, comme le syndicaliste le faisait lui-même, selon elle, la figure de l'intellectuel incarné. Au cours de ce même été 1991, j'ai eu la chance,

**Serge Cantin Françoise David Stéphane Dion Georges Dor Pierre Dubuc Fernand Dumont Francis Dupuis-Déri Pierre Falardeau Andrée Ferretti Pierre Fortin Jacques Grand'Maison Yves Gingras Julius Grey Daniel Jacques Guy Laforest Bernard Landry Jean Larose Léo-Paul Lauzon Jean-François Lisée Josée Legault Jocelyn Létourneau Pierre Milot Denis Monière Pierre Nepveu Jacques Parizeau Jacques Pelletier Robin Philpot Jean-Marc Piotte François Ricard Yvon Rivard Guy Rocher Claude Ryan Michel Seymour Charles Taylor Joseph-Yvon Thériault Laurent-Michel Vacher Pierre Vadeboncœur Michel Venne Jean-Philippe Warren... et tous les autres qui ont publié dans la page «Idées» du *Devoir* forment une étonnante famille d'intellectuels.**

pour m'en être pris au nationalisme de Paul Piché que je qualifiais de primaire, de subir la réplique du grand écrivain Yves Beauchemin. Je participais dorénavant à ce que le philosophe français Étienne Guillot appelle «le combat des idées sur le terrain des idées», et cela m'exaltait. «Contribuer à réformer la société en publiant ses critiques, écrit encore Guillot dans *Faut-il tolérer toutes les idées?* (Éditions Milan, 2009), c'est moins spectaculaire que de faire la révolution, mais c'est une bonne occasion de se mettre au clair avec soi-même, de savoir au nom de quoi l'on s'indigne tout en provoquant au dialogue et à la discussion.»

Ce noble combat des idées, au Québec, s'est exprimé et s'exprime encore dans diverses revues intellectuelles. Or, dans ces lieux essentiels, que je continue de fréquenter par devoir et par plaisir, la discussion se déroule la plupart du temps en vase clos. Les idées n'y manquent pas; c'est le public qui n'est pas au rendez-vous. Aussi, pour avoir une influence – même restreinte, puisque, sans cela, à quoi bon? –, il faut en sortir, afin de rejoindre un auditoire plus vaste. Au Québec, la seule véritable tribune qui permet ce passage, sans obliger celui ou celle qui l'emprunte à réduire sa pensée à quelques slogans, est la page «Idées» du *Devoir*.

Il y a dans ces pages, on ne pourra que le reconnaître, une sacrée belle famille d'intellectuels, souvent à couteaux tirés, bien sûr, puisque c'est là la nature même de leur fonction, qui ont trouvé en cette page illustre une tribune à partir de laquelle faire porter leur voix. Dans un Québec où l'anti-intellectualisme, entretenu par plusieurs amuseurs publics qui font office de penseurs médiatiques, a trop souvent bonne réputation dans le grand public, la page «Idées» a permis à la pensée québécoise, qu'elle soit de gauche ou de droite, fédéraliste ou souverainiste, d'avoir un lieu quotidien à elle et, c'est fondamental, de nombreux lecteurs exigeants. Elle a été dirigée, depuis 1991 et dans l'ordre chronologique, par François Brousseau, Jean-Robert Sansfaçon, Paule Des Rivières, Josée Boileau et Marie-Andrée Chouinard. Ces journalistes, qui ont dû assumer la lourde mais stimulante responsabilité d'animer la vie intellectuelle québécoise par leurs choix, méritent d'être salués.

J'ai beau disposer, depuis 1998, d'une chronique hebdomadaire dans *Le Devoir*, avoir le privilège d'être, d'une certaine façon, un joueur habituel dans la Ligue nationale des intellectuels, je continue d'entretenir un rapport particulier, affectif, dirais-je, avec la page «Idées». Quand j'ai une opinion argumentée qu'il me semble impérieux de rendre publique, c'est à elle que je pense. Ce «monde-là», celui du débat public de qualité, celui des idées, qui s'exprime dans *Le Devoir*, et plus particulièrement dans la page «Idées», est bien le mien, comme il est, vous tous, amis du *Devoir* qui lisez ces lignes, le vôtre.

# Serge Chapleau

Né en 1945 dans un quartier populaire de Montréal, Serge Chapleau est un des caricaturistes les plus marquants des dernières années au Québec. Chapleau a d'abord étudié la peinture et les arts graphiques à l'École des Beaux-Arts de Montréal avant de décider de donner pour de bon une pente éditoriale à son dessin, tout en menant une vie de bohème. Entre autres activités parallèles, il accompagnera le chanteur Plume Latraverse à l'harmonica.

En 1985, il entre au *Devoir* pour une première fois. Il y reviendra de 1991 à 1996, alors qu'on s'affaire à lancer la nouvelle mouture du journal désormais placé sous la direction de Lise Bissonnette. Depuis ses débuts au magazine *Perspectives* en 1972, Chapleau a publié dans une multitude d'imprimés, dont *Croc, Le Matin, 7Jours, L'actualité* et *Montréal-Matin,* en plus de briller à la télévision grâce à son personnage de Gérard D. Laflaque, une marionnette en latex qui deviendra plus tard, grâce à la technologie, une animation numérique.

Dans la salle de rédaction comme dans son dessin, Chapleau est un véritable iconoclaste qui se permet presque tout. Ses traits d'humour et son sens de la dérision, lancés par la pointe de son crayon comme de véritables flèches, affirment un homme libre qui n'est en définitive l'allié de personne, sauf de son art. Son travail de caricaturiste s'est à raison vu récompensé par plusieurs prix. Ses caricatures des années 1990 font bien sûr une large place à l'univers politique, comme le montrent bien les quelques dessins publiés ici.

BOURASSA DANS LE CAMP DU NON
J'AI MÊME PAS PEUR...

JOHNSON ÉTIRANT SON MANDAT

YÉ PU MALADE!

43% DES JOUEURS AIMENT DEMERS
28% VEULENT QUITTER L'ÉQUIPE
12% VEULENT RESTER DANS L'ÉQUIPE MAIS N'AIMENT PAS DEMERS
3 JOUEURS SUR 4 VEULENT ÊTRE DIRIGÉS PAR DEMERS
37% VEULENT QUE DEMERS QUITTE L'ÉQUIPE MAIS CONTINUE DE LES DIRIGER
42% SONT DES SUIVEUX.

SONDAGE:
LES QUÉBÉCOISES PRÉFÈRENT LE CHOCOLAT AU SEXE
?!
GOUJAT!

# L'AFFIRMATION CULTURELLE

Michel Bélair

Avec *Les belles-sœurs* de Michel Tremblay, les monologues d'Yvon Deschamps, avec *Québec Love* de Charlebois, avec Claude Jutra et Réjean Ducharme, la volonté toute neuve de nous affirmer dans nos mots et de nous dire tels que nous sommes a pris toute la place. Plus même: *Le Devoir* a presque donné naissance dans ses pages à la révolution «contre-culturelle»!

Les années 1960 furent des années explosives à divers titres, des années de cassures et de changements radicaux, on le sait. En matière de culture, ce furent surtout des années d'affirmation intense à travers les premières vagues massives d'une littérature et d'un cinéma tout neufs exprimant des réalités que la société d'alors avait encore beaucoup de difficulté à saisir collectivement. On pense aux premiers chansonniers, puis à ces airs de rock acidulé lancés par la génération des cheveux longs; au cannabis et aux influences marquées du «mouvement», comme on disait alors, sur la culture qui devenait populaire et publique, bref sur la société d'ici prenant d'un coup sec conscience de son existence particulière.

Tout au long de cette folle décennie, *Le Devoir* a témoigné de l'intérieur du tremblement de terre général qui a donné naissance au Québec que nous connaissons.

À l'image de ce qui se passait dans la société résolument canadienne-française du début du siècle dernier, la culture n'a cependant pas toujours été une priorité dans les pages du *Devoir*; en fouillant dans les vieux numéros sur microfilms, on en trouve peu de traces durant les premières années du journal, à peine parfois un «texte littéraire» près de la page féminine de la livraison du samedi.

Au cours des années 1920, on voit peu à peu apparaître des chroniques plus ou moins régulières noyées dans l'encre tassée des quelques pages du journal, d'abord sur la vie musicale montréalaise: on y parle des bienfaits de l'enseignement de la musique, de récitals «édifiants» et, bien sûr, des concerts des grandes vedettes. C'est dans une petite annonce qu'on signale ainsi, le 25 septembre 1920, le passage de Caruso, un lundi soir, à l'aréna Mont-Royal.

Dans les années 1930 et 1940 apparaissent les horaires des émissions de radio de CKAC et de Radio-Canada (créée en 1936), et l'on fait état de quelques rares événements culturels marquants, comme l'ouverture du Musée du Québec en 1933, la création de l'Office national du film en 1939, le passage d'André Breton au Québec en 1944, des concerts ou des expositions; on y publie même, après la création de la troupe les Compagnons de Saint-Laurent (1937), quelques critiques de théâtre.

En 1948, par exemple, *Le Devoir* fait écho au phénoménal succès de *Tit-Coq*, de Gratien Gélinas – la pièce sera jouée 542 fois en 1951 seulement, en français ici et en anglais aux quatre coins de l'Amérique anglophone! –, et parle, en 1952, du film que Jean-Yves Bigras a tiré de la pièce *Aurore, l'enfant martyre*, présentée plus de 6000 fois au Québec entre 1921 et 1951!

Malgré cette attention plus marquée pour la culture – la télévision arrive, le Théâtre du Nouveau Monde aussi, avec toutes les autres compagnies théâtrales – qui cessait enfin d'être d'abord élitiste, ce n'est qu'au cours des années 1950 qu'on se met de façon plus systématique à signer les articles culturels du journal. Outre les signatures de Gérard Filion, André Laurendeau et Gérard Pelletier, qui publiaient souvent des comptes rendus de lecture, on remarque celles du commentateur politique Paul Gérin-Lajoie et des critiques Gilles Marcotte (livres) et Eugène Lapierre (musique). Durant cette décennie, et à l'image encore une fois de ce qui se passait ici, la peinture et les arts plastiques en général occupent la majorité de l'espace consacré à la culture.

Ce survol est un peu sec, on en convient, mais il met bien en relief le rôle très secondaire que jouait la culture au Québec avant l'explosion des années 1960.

C'est lorsque Claude Ryan s'est mis à céder, quelque part au milieu des années 1960, aux arguments d'un fils de plâtrier russe immigré, Jean Basile, que les pages culturelles du *Devoir* ont commencé à prendre de plus en plus de place dans le journal… et dans le milieu culturel tout entier; finalement, le 3 septembre 1966, un samedi, bien sûr, paraissait le premier cahier « Culture ».

Jean Basile y joue un rôle capital: c'est un aimant, un passeur. Incroyablement ouvert à la réalité culturelle d'ici – qu'il a largement contribué à faire exploser –, romancier, dramaturge aussi, il aura réussi à drainer dans les pages du *Devoir* le bouillonnement social et culturel qui agitait alors l'Amérique. Les pages culturelles et les cahiers du week-end deviennent un lieu incontournable pour les jeunes intellos de l'époque; le milieu bouillonne et *Le Devoir* est en plein centre, attentif à tout. On y touche à tout, on y voit tout éclore, et voilà déjà que Basile quitte le journal pour fonder *Mainmise*, le premier magazine de la contre-culture québécois, en octobre 1970.

Les deux décennies qui suivent vogueront sur la même lancée; les pages culturelles du journal s'étoffent, deviennent presque une extension du milieu culturel tout entier. On trouve régulièrement des nouvelles culturelles en première page, une habitude qui s'est perpétuée jusqu'à aujourd'hui. Mais, avec les années, l'influence des journaux « gratuits » se fait sentir de plus en plus, annonçant tout autant l'atomisation permanente qui caractérise maintenant le milieu que la vague de fond qui allait redéfinir les médias eux-mêmes avec l'arrivée d'Internet. En 1995, *Le Devoir* est d'ailleurs le premier quotidien montréalais à publier une édition Internet. Aujourd'hui encore, le secteur culturel y occupe une des premières places.

Cent ans après sa fondation, à l'heure de la culture triomphante, *Le Devoir* témoigne toujours, avec des moyens classiques et d'autres tout neufs, de ce qui anime le feu créateur qui brûle ici.

Le 3 septembre 1966 paraît un premier cahier « Culture » dans les pages du *Devoir*, sous la direction de Jean Basile.

◆ www.ledevoir.com ◆

LE DEVOIR

VOL. XCIX N° 139 ◆ LES SAMEDI 21 ET DIMANCHE 22 JUIN 2008 89¢ + TA

Leonard Cohen

Le retour du fils prodige

**Monsieur Leonard Cohen est en ville. Dans sa ville. Ce Montréal qui lui sert de point de repère depuis 73 ans. Et qui trépigne aujourd'hui de revoir sur scène — à compter de lundi — un de ses plus grands artistes, poète prodige, fils prodigue, et homme de toutes les élégances.**

GUILLAUME BOURGAULT-CÔTÉ

Quinze ans que Montréal n'a pas vu Leonard Cohen sur scène: on n'y croyait plus trop. Ne restait qu'un filet d'espoir pour souhaiter le retour du plus lucide des pessimistes. Il aura finalement fallu que le grand homme soit victime d'une fraude pour que «l'envie» d'une tournée revienne: faut-il dire merci à la coupable?

Chose sûre, la situation a indirectement fait le bonheur de dizaines de milliers d'amateurs du chanteur. La tournée mondiale du sieur Cohen se fait à guichets fermés. Les critiques sont toutes très élogieuses. Dans son complet première classe, le poète-chanteur fascine. Comme toujours.

On l'a décrit de bien des façons depuis 50 ans: prince des rabat-joie ou chantre du pessimisme, Cohen a le *«désespoir élégant et altier»*, rappelait cette semaine au *Devoir* son biographe, Ira B. Nadel. Mais l'homme a changé depuis son séjour 1999. *«Il n'est pas aussi pessimiste qu'on le dit. Il a beaucoup moins de hauts et de bas depuis ses 60 ans. Il est moins erratique.»* En somme: l'amateur de bouteilles de Château Latour vieillit bien.

Et entre la mélancolie, les amours écorchées, cet érotisme latent et mille références religieuses et mystiques, le charme de son œuvre et de sa personnalité reste intact. Énigmatique, envoûtant, déroutant: Cohen.

*«Je suis surpris de l'intérêt incroyable qu'on lui porte*, indique son biographe depuis Vancouver. *Le monde entier s'intéresse à Leonard Cohen. La biographie que j'ai écrite sur lui* [*Le Canadien errant*, Boréal, 1996] *a été traduite en une douzaine de langues. Les Japonais la lisent. Les Polonais la lisent. Les Français la lisent. Quand Cohen entre en scène, peu importe où, il reçoit une immense ovation avant même d'avoir chanté quoi que ce soit. On le respecte comme on respecte les plus grands.»*

Normal: c'est *«simplement un artiste génial»*, dit, avec beaucoup d'admiration dans la voix, Musia Schwartz. Cette survivante de l'Holocauste,

VOIR PAGE A 10: COHEN

**En pages A 6 et A 7:**
- L'œuvre et la vie
- Cohen sur Internet
- Le plus célèbre juif montréalais du monde

**En page E 1:**
- Cohen et la mesure du temps

**En page E 3:**
- Cohen sur disques

**En pages F 1 et F 2:**
- L'impérieux désir de

# À LIVRE OUVERT

Odile Tremblay

«La poésie n'a pas à rougir de toi, Gaston.» Caricature du poète Gaston Miron signée Berthio et publiée dans l'édition du 11 mars 1971.

La littérature, depuis les premiers temps du *Devoir,* a un droit de cité qui s'est étendu au fil des ans, en reflétant l'évolution de la société: d'abord nationalisme de survivance, puis envol.

Le samedi 9 octobre 1911, une page littéraire, sous la direction de l'abbé Élie J. Auclair et du grand chroniqueur Jules Fournier, apparaît dans *Le Devoir,* annoncée à la une ce jour-là: «Où les lecteurs et les lectrices trouveront une collection de lectures agréables et instructives, pour le dimanche.» C'est parti. Le 14 février 1917 a été publié en primeur québécoise le premier chapitre de *Maria Chapdelaine,* de Louis Hémon, servi ensuite en feuilleton.

Mais il faudra attendre les années 1940 pour que les pages littéraires s'ouvrent vraiment à nos œuvres nationales, époque où celles-ci entrent en douce dans la modernité. Jusqu'en 1960, malgré des éclairs de lumière – de 1949 à 1955, Gilles Marcotte dirige «La vie des lettres» –, la Grande Noirceur étend son ombre, suscitant des questionnements de plus en plus lancinants. Avant 1964, ces pages demeurent assez élitistes. Avec l'arrivée de Jean Basile comme directeur littéraire, en 1965, et dans l'explosion de la Révolution tranquille et des forces créatrices, l'audace et l'ouverture d'esprit prendront le relais. Le cahier «Livres» du *Devoir,* autonome depuis mars 1987, accorde jusqu'à nos jours de plus en plus d'espace aux écrivains d'ici, tout en demeurant une tribune planétaire, bien entendu. Modèle de constance, l'écrivain Naïm Kattan collabore aux pages littéraires depuis plus d'un demi-siècle.

Hubert Aquin: «Nous n'avons plus à chercher. Nous le tenons, notre grand écrivain. Mon Dieu, merci», écrit Jean Éthier-Blais dans sa chronique.

Longtemps, les œuvres religieuses auront la part belle, pieusement recensées. *L'action catholique à l'école primaire,* du frère Célestin-Auguste, a droit, le même jour, à autant d'espace que *Menaud, maître-draveur,* accueilli avec ferveur en novembre 1937.

D'autres romans appelés à faire date ne soulèvent pas l'enthousiasme: «Le thème traité par M. Grignon est assez usé; celui de l'avare», écrivait en 1934 Lucien D. à propos d'*Un homme et son péché.* Nul n'étant prophète en son pays, le retentissement à l'étranger d'œuvres québécoises auréole les collaborateurs du journal. «"*Trente arpents,* l'œuvre la plus importante qu'ait écrite un romancier canadien-français", dit la critique littéraire du *Figaro*», titre *Le Devoir* en 1939.

Les comptes rendus s'affinent dès les années 1940. Gabrielle Roy, pour son remarquable *Bonheur d'occasion,* récolte, en 1945, une longue analyse d'Albert Alain, élogieuse, un brin paternaliste. En 1958, *Agaguk,* d'Yves Thériault, est qualifié de chef-d'œuvre. En 1965, *Prochain épisode,* d'Hubert Aquin, se voit accueilli par Jean Éthier-Blais avec enthousiasme: «Nous n'avons plus à chercher. Nous le tenons, notre grand écrivain. Mon Dieu, merci.»

## Débats d'idées

Les débats de fond autour d'œuvres controversées ont fait couler de l'encre dans *Le Devoir.* En 1948, après la parution du manifeste le *Refus global,* André Laurendeau, quoique profondément choqué par les fondements du brûlot libertaire et antireligieux, s'est opposé au congédiement, après une intervention politique, de

Gabrielle Roy et Dany Laferrière, deux des figures marquantes de la littérature québécoise des dernières décennies.

Paul-Émile Borduas comme enseignant à l'École du meuble.

Beaucoup d'espace fut consacré aux coups de gueule de Jean-Paul Desbiens, alias le frère Untel, contre la dégradation du français québécois, d'octobre 1959 à juin 1960. Ses *Insolences* lui valurent une condamnation de Rome, et *Le Devoir* vola à son secours. Le débat sur le joual allait être relancé en 1968 avec l'entrée en scène fracassante de la pièce de théâtre *Les belles-sœurs,* de Michel Tremblay. Jean Basile et André Major réservèrent un accueil enthousiaste à cette œuvre qui fit scandale. Dix ans plus tard, le journal a dénoncé la censure ayant frappé *Les fées ont soif,* de la dramaturge Denise Boucher. Le temps des frilosités était révolu.

Comme il a coulé de l'eau sous les ponts depuis que la littérature a droit de cité dans les pages du *Devoir*! Plusieurs directeurs littéraires se sont succédé au fil des dernières décennies, dont Robert-Guy Scully, Jean Royer, Robert Lévesque, moi-même, Pierre Cayouette, Normand Thériault et Jean-François Nadeau. Et si le regard sur la création internationale demeure important et vivace, la production québécoise, désormais si riche, ne peut qu'occuper une place de choix.

Le prix Médicis remis, en 2009, au Québécois d'origine haïtienne Dany Laferrière pour son roman *L'énigme du retour* et le grand succès international de *Ru,* de Kim Thuy, d'origine vietnamienne, montrent à quel point nos lettres s'ancrent aussi dans une mosaïque culturelle dont *Le Devoir* se fait l'écho.

LIVRES

Des deux côtés de l'exil

Dany Laferrière

C'est un roman qui évolue en boucles, qui passe alternativement de l'enfance à l'âge adulte, de Montréal à Port-au-Prince, de la colère à l'apaisement. La forme est épurée. L'auteur parle de «haïkus», lui qui s'est glissé, dans son roman précédent, dans la peau d'un écrivain japonais. Dans *L'Énigme du retour*, en lice pour au moins trois prix littéraires en France et publié ici chez Boréal, Dany Laferrière lance un livre maîtrisé, magnifique et émouvant, sur Haïti, l'exil, le père qu'on retrouve après l'absence et la mort, dans le souvenir des autres.

CAROLINE MONTPETIT

Vingt-trois ans en Haïti, trente-trois ans à Montréal, c'est ce que l'on sait d'emblée du narrateur de *L'Énigme du retour*, appelé à retourner en Haïti notamment pour assister aux funérailles de son père, mort à New York après des années d'exil. Ce père, il ne l'a pas connu; pourtant, on croit sentir jusqu'à son odeur, chez le coiffeur où il avait coutume d'aller, dans ce café, dans le regard de sa sœur, qui l'a mieux [...] que lui, dans la mémoire de sa mère, à qui [...] nouvelle. Il faut dire

[...] réal lorsqu'elle est à Port-au Prince et celle qui s'ennuie de Port-au Prince lorsqu'elle est à Montréal. *«Ce sont deux univers. La mort, ce serait de n'être dans aucune de ces deux villes.* [...] *L'idéal, ce serait qu'on me croie à Port-au-Prince quand je suis à Montréal et qu'on me croie à Montréal quand je suis à Port-au-Prince»*, dit-il. D'abord et avant tout, il se sent exilé de l'enfance. Pour lui, les livres sont des *«trajets»*, plus que des romans. Celui-là donne l'impression au lecteur de faire un voyage en train, à la fois mobile et immobile. Un trajet douloureux, continuel et exigeant, entre le monde des riches et le monde des pauvres, entre la tendresse et l'absence, avec quelqu'un qui pose sur le monde un regard attentif et perçant, souvent impuissant.

## Le samedi 2 décembre 1989

# Le défi de l'écriture

## Jean-V. Dufresne

La manière d'écrire, ou le style, comme on dit parfois avec une certaine gêne, comme pour ne point vouloir apprécier les réflexions qui l'accompagnent, le style, cela peut évoquer, bref, tout ce qui, dans nos salles de rédaction des années quatre-vingt-dix, est à l'opposé d'une prétendue rigueur journalistique rentable, source de toutes les banalités, qui fait aujourd'hui la fortune de ce sous-produit de l'épinette noire qu'est devenu le journal quotidien.

Ici, lorsque je parle de fortune, je ne parle pas évidemment de mon propre journal, *Le Devoir*, car je craindrais qu'un Pierre Péladeau ne se levât pour me rappeler à l'ordre de nos derniers bilans. Qu'il soit remercié d'être demeuré assis.

Même lors de la crise financière qui secoue *Le Devoir* en 1993, le principe de l'indépendance du journal demeure intact. Ici, la directrice du *Devoir*, Lise Bissonnette, en compagnie de Pierre Péladeau, imprimeur du journal, et de Bernard Landry.

Ce que je veux dire en somme, c'est qu'il y a un certain nombre de défis à relever dans le champ du journalisme.

Celui que je veux surtout évoquer, c'est le défi de l'écriture. Le journalisme écrit, de nos jours, à vrai dire, me fait penser aux albums d'Astérix. Les Romains sont partout, les Obélix se font de plus en plus rares, il reste un petit carré gaulois de résistance qui nous permettrait encore, si on le voulait, de sauver un médium qui, à mon sens, depuis l'invention de la linotype elle-même déjà disparue, n'a guère plus évolué que le moteur à combustion interne d'une Lada.

Cela nous a donné une nouvelle langue, que j'appellerai le «français aplati», un peu comme la suspension de l'autre, à côté de quoi un rapport d'impôt écrit en braille aurait au moins le charme tactile d'un relief plus inspiré que la plupart de nos rubriques.

C'est pour moi en tout cas le dernier espoir, ce petit retranchement d'irréductibles, et ce n'est pas être pessimiste que de le dire si cet espoir, on est encore capable de le vivre après tant d'années.

Mais n'allez pas croire que je fais l'apologie du style pour le style, et que j'ai évacué de mon métier les exigences élémentaires de l'objectivité, au nom d'une notion aussi peu chrétienne que le plaisir pervers d'aligner des caractères typographiques durant toute une vie.

Bien au contraire, mais je constate à la lecture de nos journaux depuis quelques années que l'on ne peut être objectif que si l'on connaît et maîtrise les mots pour dire les événements, traduire les pensées, susciter les émotions, créer les images conformes à la réalité dont le métier nous oblige à rendre compte. Et pour cela il faut d'abord aimer sa langue.

En somme, on cesse d'être objectif, non pas lorsqu'on exprime des opinions personnelles ni même des préjugés, mais lorsque la médiocrité de la langue nous empêche de les exprimer avec justesse; voilà le mot que je cherchais pour remplacer le mot objectivité, et mettre fin une fois pour toutes, je l'espère, avec ce débat qui pollue depuis si longtemps la galaxie de Gutenberg.

Ce que je veux dire, c'est que les «faits» en eux-mêmes ne sont que virtuels, qu'ils ne commencent à exister pour les lecteurs que si les mots leur ont prêté vie. Voilà où commence l'objectivité, et telle est l'essence de l'écriture journalistique.

Notre petit coffre à outils de mots et d'accords de verbes et de ponctuations, de participes et d'adjectifs, de conjugaisons et d'adverbes, tout cet outillage me fait penser à ces jeux éducatifs que certains d'entre vous ont déjà peut-être achetés pour assurer les premiers apprentissages de leurs jeunes enfants. C'est amusant, mais ce n'est pas suffisant.

D'abord parce que la télévision possède par l'image un pouvoir de pénétration singulier, et que devant ce phénomène, les artisans de la presse ont en quelque sorte jeté la truelle à défaut d'avoir pu développer une écriture ajustée aux besoins de cette nouvelle culture.

Jamais, se disent-ils, ne pourrons-nous rivaliser avec un médium aussi séduisant, capable d'évoquer des symboles aussi percutants, je dirais même au sens balistique du terme.

C'est triste, parce que la télévision est un médium qui peut être aussi fugitif, facile et trompeur, et séduire jusqu'à la paresse et au mensonge autant celui qui l'utilise que celui à qui il s'adresse.

C'est triste aussi parce que le journaliste se sent déclassé comme de rigueur devant la puissance du tube cathodique, et qu'il en est venu à oublier dans sa résignation que le mot écrit demeure, et va demeurer, au-delà de toutes les transformations technologiques, le grand nourricier de l'imaginaire humain.

Les cultures ne se déclassent pas, elles ne se substituent pas, elles se superposent, et l'image électronique n'est qu'un sédiment de plus pour enrichir le génie de l'homme. Au lieu de s'en sentir menacé, l'art d'écrire devrait s'en trouver réhabilité, alors que dans nos écoles et nos facultés dites de communications, on le traite comme un assisté social de l'esprit.

À ceux qui doutent de la puissance de l'écrit comme acte créateur dans le journalisme, j'aimerais rappeler que l'insupportable fresque *Guernica* s'inspire directement, non de ce que Picasso vécut lui-même de la guerre d'Espagne – il était alors en France – mais de ce que la presse en rapporta par le reportage écrit.

Picasso, génie créateur d'images, avait puisé les symboles les plus agonisants peut-être du xx$^{e}$ siècle, avant que n'apparaissent au cinéma les charniers d'Auschwitz qu'il avait d'ailleurs préfigurés dans cette œuvre.

Il est une autre raison pour appeler les journalistes de la presse écrite à l'urgence de renouveler leur métier. Le métier, ce n'est pas en soi informer, le métier, c'est l'outil qui permet. Le métier de menuisier n'est ni la table ni la chaise, c'est le bois qu'il a appris à travailler, si vous me permettez cet exemple naïf.

Et c'est cet outil-là qu'il faut mieux maîtriser, pour ne pas dire réinventer, avant de rêver de ces genres qu'on appelle prétentieusement le journalisme d'enquête, le «new journalism», la chronique, la colonne ou l'éditorial souvent aussi prévisibles que la tartine du petit déjeuner...

Les événements procèdent non plus seulement de leur existence propre, ils procèdent aussi des cultures nouvelles qui les amplifient et leur donnent un sens qu'ils n'avaient pas à l'origine. L'événement est devenu multidisciplinaire, en quelque sorte. Cela nous oblige à la richesse d'une écriture, d'une langue plus souple, plus habile, plus maniable que jamais.

# Garnotte

Garnotte, caricaturiste au *Devoir,* dessine sans cesse, du matin jusqu'au soir. Et lorsqu'il s'arrête enfin, il est d'ordinaire tout sourire, le bon mot à la bouche, mais encore à la recherche active d'un sujet pour demain... Pour dire juste, disons que le caricaturiste du *Devoir* est, par la force des choses, une sorte de Sisyphe des nécessités que lui impose la parution d'un dessin quotidien.

Sur les murs de son bureau-atelier, on trouve plusieurs esquisses, mais aussi des photos et des reproductions d'œuvres d'art. Pêle-mêle se superposent notamment Jean Charest, Jean Chrétien, Ben Laden, Bernard Landry, Stephen Harper, Stéphane Dion, Barack Obama, Jacques Parizeau, le prince Charles, Pauline Marois...

Né à Montréal en 1951, Michel Garneau – dit Garnotte – s'est fait connaître comme illustrateur, caricaturiste et bédéiste. Il a collaboré à plusieurs journaux ou revues dont *Croc, TV Hebdo, Protégez-vous, Titanic* (pour lequel il était aussi rédacteur en chef), *Les Débrouillards, La Terre de chez nous*. Dans des imprimés comme *Nouvelles CSN* et *Relations,* on sentait déjà l'inclination sociale qu'il donne volontiers à son dessin. Depuis avril 1996, il est caricaturiste au quotidien *Le Devoir.*

Garnotte possède un don pour voir l'absurde dans la vie de tous les jours. Il s'intéresse spontanément à une multitude de sujets. Sa force consiste à opérer, grâce au dessin, des liens parfois inattendus entre des situations ou des acteurs en apparence sans rapport entre eux.

VVRROOOUM
ALORS, ÇA MORD?

«ET QUE DIEU ME VIENNE EN AIDE...»
AVEC PLAISIR. MAIS D'ABORD, POURRAIS-JE AVOIR UN AUTOGRAPHE, SVP?
GARNOTTE 2009-01-22

CAISSE DE DÉPÔT
UN NAUFRAGE? OÙ ÇA UN NAUFRAGE?
POWER CORP
GARNOTTE 2009-02-26

«L'ERREUR BORÉALE»...
TOI, QU'EST-CE QUE TU FAISAIS AVANT DE BÛCHER?
JE PÊCHAIS LA MORUE.
GARNOTTE

GROUPACTION PHOTOCOPIEURS
POUR UNE COPIE DÉPOSEZ 550 000$
25
1$
2
GARNOTTE 2002-03-20

GRÂCE AU TGV...
ENFIN! UN POINT DE CONVERGENCE À L'HORIZON!
GARNOTTE

# UNE IDÉE DE L'ÉCONOMIE

Gérard Bérubé

LE DEVOIR ÉCONOMIQUE

VOLUME 4, NUMÉRO 1 – FÉVRIER 1988

LA CULTURE: UNE BONNE AFFAIRE

Guy Laliberté, pdg du Cirque du Soleil

LE DEVOIR ÉCONOMIQUE

VOLUME 4, NUMÉRO 9

DÉCEMBRE 1988

1989 LE QUÉBEC SE SENT D'ATTAQUE

Une entrevue exclusive avec le premier ministre

La relation du *Devoir* avec la vie économique a été particulière. L'engagement du quotidien par rapport à l'information économique et financière a véritablement pris forme avec l'arrivée de Marcel Clément, en 1953, qui est devenu, du même coup, le premier journaliste financier de langue française au Québec. Son départ, en 1970, a coïncidé avec la venue de Claude Lemelin à l'équipe éditoriale du quotidien, qui se dotait ainsi d'une première dimension économique. Puis, on se prit à rêver de positionner *Le Devoir* comme la référence du Québec francophone en matière économique, enviant l'influence reconnue au *Globe and Mail* dans le Canada anglophone. C'était durant les années 1980. Alors que le néolibéralisme étendait ses racines un peu partout sur la planète, cette décennie a été marquée, au Québec, par la relance du nationalisme économique, influencé par un État interventionniste, et par l'éveil des Québécois aux enjeux financiers, secoués qu'ils ont été par la grave récession de 1980-1982. Un nouveau dynamisme a été insufflé aux pages économiques. Lancée en avril 1984, la nouvelle section occupait alors cinq journalistes, un effectif qui sera renforcé à la suite du lancement d'un mensuel économique, *Le Devoir économique*, imprimé sur papier glacé. L'aventure durera quatre ans.

La décennie 1990 s'est amorcée avec une autre solide récession. *Le Devoir* proposa alors une couverture exhaustive de cette crise économique ayant entraîné des lendemains douloureux. Des lendemains dominés par une détérioration prononcée de l'état des finances publiques, qui a placé le Canada sous les regards inquisiteurs du Fonds monétaire international, et par des crises économiques à répétition. D'abord au Mexique, puis dans la zone asiatique et enfin en Russie. L'essor fulgurant de l'Internet et l'effondrement des valeurs technologiques en Bourse qui suit – avec la chute du géant Nortel – ont donné le ton aux années 2000, placées sous le thème de la mondialisation des marchés. Une troisième récession en

## Michael Sabia hérite du casse-tête de la Caisse

Ses priorités: la réévaluation de la gestion du risque et la révision de la stratégie de placement

FRANÇOIS DESJARDINS

La Caisse de dépôt et placement du Québec, qui a semé l'émoi avec une perte de 40 milliards en 2008, a de nouveau secoué les milieux financiers hier et rompu avec l'habitude de se donner des patrons spécialisés en haute finance en offrant sa présidence à l'ancien chef de BCE, Michael Sabia.

Arrêté à peine une semaine après l'embauche d'un président du conseil, le choix de M. Sabia arrive à un moment crucial pour la Caisse, dans la mesure où celle-ci se relève de la plus grosse perte de son histoire, fait l'objet de très lourdes critiques et doit regagner la confiance de ses déposants et du public. Il entre en poste immédiatement, en remplacement de Fernand Perreault, qui assurait l'intérim.

Ontarien d'origine installé à Montréal depuis les années 1990, M. Sabia, qui ne faisait pas l'unanimité pour sa gestion de BCE, prend les commandes du plus gros investisseur institutionnel au pays. Il était en concurrence avec une autre personne, mais le nouveau président du conseil,

VOIR PAGE A 12: CAISSE

■ Monique Jérôme-Forget: les autres répondront ■ Pas d'accord, dit le PQ. Révoltant, dit QS. ■ Sinon le PCAA, quoi d'autre? ■ La chronique de Michel David ■ L'analyse de Gérard Bérubé ■ L'éditorial de Bernard Descôteaux › Pages A 3, B 1, C 2, C 3 et C 4

www.ledevoir.com

LE DEVOIR

VOL. C N° 55 … LES SAMEDI 14 ET DIMANCHE 15 MARS 2009 … 2,41$ + TAXES = 2,75$

## À vos Marx... Prêts? Critiquez!

Crise mondiale, capitalistes financiers ultra-véreux, paupérisation généralisée: la conjoncture favorise le regain des études d'inspiration marxiste

STÉPHANE BAILLARGEON

Un spectre hante le monde: celui du marxisme. Un fantôme renouvelé, revu, corrigé, amélioré, mais toujours aussi formidablement puissant pour critiquer le monde tel qu'il va.

Les signes s'accumulent, petits et grands, majeurs ou insignifiants, notamment du côté de l'édition. *Le Capital* de Karl Marx vient de paraître en manga de poche au prix d'une tasse de café chez l'éditeur nippon East Press, spécialisé dans l'adaptation en bédé des grands classiques littéraires. Le dossier central du tout dernier numéro de *Philosophie Magazine* demande: «*Comment peut-on être anti-capitaliste?*».

En français, Actuel Marx constitue à lui seul une galaxie du renouveau des études. C'est à la

VOIR PAGE A 12: MARX

■ Autres textes en pages A 6 et A 7

## Agents de la SQ pris en «flagrant délit»

«Qu'est-ce qu'un policier fait avec une roche dans les mains et un foulard sur le visage si ce n'est pas de la provocation?»

BRIAN MYLES

Des document internes de la Sûreté du Québec (SQ) obtenus en vertu de la Loi d'accès à l'information lèvent le voile sur l'étendue de l'opération de surveillance des manifestants lors du Sommet de Montebello, en 2007: 26 agents civils étaient sur place, jour et nuit, dans le cadre de cette opération baptisée «Flagrant délit».

Ces renseignements ont été obtenus par Francis Dupuis-Déri, un professeur en science politique à l'UQAM dont l'un des objets de recherche est la répression des mouvements sociaux par les forces policières. M. Dupuis-Déri a été surpris par l'ampleur de l'opération menée lors du Sommet de Montebello, les 20 et 21 août 2007.

VOIR PAGE A 12: SQ

JACQUES NADEAU LE DEVOIR

Trente-cinq policiers ont participé à l'opération «Flagrant délit» en août 2007 à Montebello.

CULTURE

Ondes de sons et d'images au FIFA

■ Cahier E

INDEX

| | | | |
|---|---|---|---|
| Actualités | A 3 | Idées | C 6 |
| Annonces | B 10 | Monde | A 10 |
| Avis publics | B 9 | Mots croisés | D 5 |
| Bourse | B 2 | Météo | B 11 |
| Carrières | B 5 | Perspectives | C 1 |
| Décès | B 10 | Rencontres | D 4 |
| Économie | B 1 | Sports | B 11 |
| Éditorial | C 5 | Sudoku | B 11 |

Correction de votre vision par le laser

L'équipe de la Clinique d'Ophtalmologie IRIS vous invite à un **brunch d'information** sur la chirurgie au laser, le **dimanche 22 mars** dès **10h00**, à l'Hôtel Mortagne de Boucherville.

Réservez votre place à la Clinique d'Ophtalmologie IRIS en composant le **1.866.MES.YEUX** ou à **iris.ca**

**Dans les années 1980, on se prenait alors à rêver de positionner *Le Devoir* comme la référence en économie au Québec, enviant l'influence reconnue au *Globe and Mail* dans le Canada anglophone.**

moins de trente ans, amplifiée par l'éclatement d'une crise financière jamais vue depuis la Grande Dépression, est venue occuper les pages économiques du *Devoir,* qui consacrait déjà une partie de son espace rédactionnel aux démêlés de Norbourg et consorts avec la justice. Crise des *subprimes* aux États-Unis, puis celle des papiers commerciaux adossés à des actifs au Canada, et faillite de Lehman Brothers, en septembre 2008, ont donné naissance à la Grande Récession et démasqué les fraudeurs notoires que sont devenus Bernard Madoff et Earl Jones.

Charge contre les manifestants rassemblés à l'occasion d'une réunion du G20 à Montréal en octobre 2000.

Au début du nouveau siècle, d'importants scandales financiers ont secoué de petits investisseurs au pays comme à l'étranger. Au Québec, les cas d'Earl Jones et Vincent Lacroix, qui ont détourné chacun d'importantes sommes à leur avantage, font la manchette.

Le vendredi 20 février 2009

# Il m'agace à la fin... (et au début aussi)

Josée Blanchette

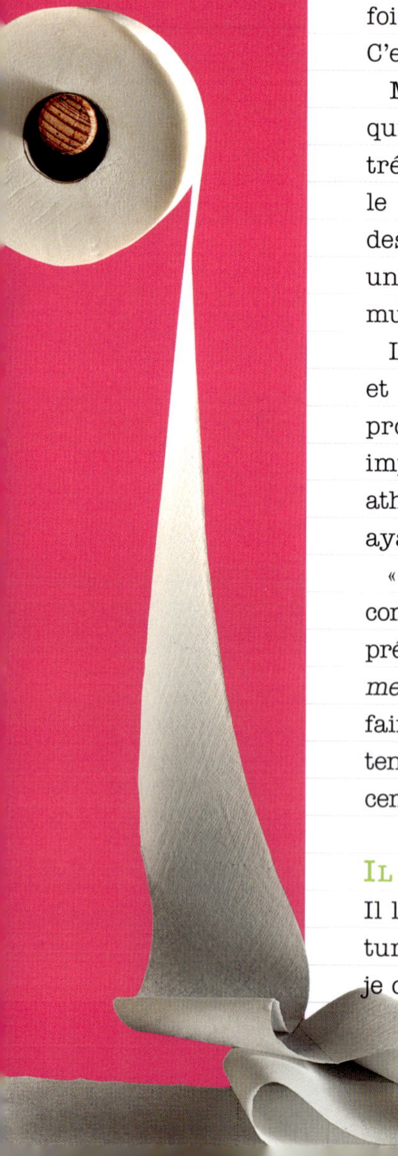

Ça va, l'amour? Je veux dire, vous êtes encore ensemble et vous avez survécu à la Saint-Valentin? J'en connais qui en profitent pour se larguer plutôt que d'avoir à se mentir d'amour ou à trouver un cadeau original. Tiens, tu persistes à installer le rouleau de papier de toilette du mauvais côté, ça fait cent fois que je te le répète. Tu m'é-ner-ves! C'est ter-mi-né entre nous!

Moi, je ne prends plus de risque, je quitte le gars avant de l'avoir rencontré. Tout le monde se fait moins mal. Et le mâle en question devrait m'envoyer des fleurs pour me remercier. Je trouve une raison idiote, je l'amplifie au maximum et je me barre!

Le dernier en date? Il l'a échappé belle et il ne s'en doute même pas: «Artiste professionnel, sportif, mi-intello, aime imprévu, désire jolie femme 30-45 ans, athlétique, élégante, cultivée, intelligente, ayant classe, esprit et affinités.»

«C'est tout toi, m'a dit ma mère (savez comme elles sont!). Et pour la partie imprévue, il va être servi! *Never a dull moment!* Appelle-le donc!» J'ai appelé pour faire plaisir à ma génitrice et pour entendre le message de Valentin avec un accent limite Sorbonne à 2,29$ la minute.

## Il m'a agacée, mais agacée!

Il la veut cul-ti-vée. Moi, c'est ma confiture fraises-rhubarbe que j'étale, mais je cultive très bien le silence, les amitiés clémentes et le thym citronné sur mon balcon, l'été.

Il la désire un peu hors norme (mais pas trop non plus, juste assez décorative) et surtout pas embrigadée dans le matérialisme (qu'elle aille magasiner chez IKEA en cachette). Il la convoite sans enfants ou alors elle a arrêté l'allaitement avant le diplôme universitaire dudit marmot. Il la souhaite bonne comme du pain fesse, capable de défendre ses opinions, un peu triste les jours de grisaille, une position un rien esthétique qui le ferait rêver devant son pinceau. Violon d'Ingres, ça vous dit quelque chose?

Il l'aimerait amicale, horizontale le reste du temps et bien dans sa peau s'il en reste aussi (la peau, de l'horizon, que sais-je?). Il la fantasme autonome, cela va de soi, parce que les psycho-gouines font d'excellents thrillers (revoir Glenn Close dans *Fatal Attraction*), mais sont pénibles à vivre entre les scènes de baise. Quand on sera taxés pour l'oxygène qu'on respire, faudra les facturer en double parce qu'elles nous pompent l'air.

En passant, mi-intello, c'est la partie du haut ou du bas? Et mi-sportif, j'espère que c'est l'autre, parce que, sinon, l'équilibre est en jeu. Je me pose trop de questions, je sais. Et je sais qu'on ne sait jamais... Gabin, je crois. Je viens de passer avec succès le test «chansons pour vieux croûtons». C'est dans mes gènes, Eugène, j'y suis pour rien. Et toi non plus.

## La fin des illusions

La psy Rose-Marie Charest a raison. Rose-Marie dit qu'un nouveau mal frappe les hommes et les femmes du Québec: l'irritabilité. Nous serions devenus tellement stressés, tellement bombardés d'informations que plus rien ne passe, une goutte fait déborder le vase. Les attentes sont aussi énormes que les ego et le seuil de tolérance aussi bas que l'aiguille d'un thermomètre en février, tant dans notre vie professionnelle que dans notre vie personnelle.

Des couples se brisent pour un film de buée sur le miroir de la salle de bain, à cause de l'utilisation compulsive du BlackBerry (z'ont raison!), pour le style parental trop ou pas assez de (les enfants des autres, ouf!), pour la soupe qu'on sape, pour ceci ou cela.

Le sociologue français Jean-Claude Kaufmann a écrit, dans *Agacements. Les petites guerres du couple*, que la vie à deux, c'est l'art du compromis. Si j'ai bien compris, c'est un art qui se perd et pas seulement au Québec. Kaufmann a effectué toute une étude en France sur ces agacements bien partagés qui polarisent notre attention dans le quotidien. «L'agacement nous offre une occasion inespérée de nous décentrer et de plonger de façon inédite dans les profondeurs culturelles de la personne», constate le pop-sociologue.

Qu'on parle du célèbre bouchon du tube de dentifrice, de l'abattant de la cuvette des cabinets, des miettes sur le comptoir, des journaux à la traîne ou de l'assiette léchée façon Fido, les agacements sont nombreux et les écueils, inévitables.

Sans compter tous les petits drames de type lèse-économie ou lèse-écologie qui peuvent alimenter le moulin des lamentations.

## Tu ne peux pas savoir comme...

À bout d'arguments rationnels pour se cantonner dans ses positions, on rumine jusqu'à ce que l'un des deux cède, oublie ou pardonne. La guerre de tranchées donne envie de relouer *Un long dimanche de fiançailles*, de Jean-Pierre Jeunet.

Aussi bien vous faire une raison, votre partenaire sera toujours un étranger, porteur d'une culture et d'une histoire qui ne sont pas les vôtres. «Les différences sont ordinairement oubliées, refoulées par la simple familiarité qui s'installe, ou, mieux, par l'attirance et le désir», écrit Kaufmann, pour qui «la fusion complice crée l'illusion de la compréhension intime». En fait, l'agacement est synonyme de péril en la demeure lorsqu'il cristallise la troisième phase du couple, après l'extase initiale et la stabilisation qui s'ensuit.

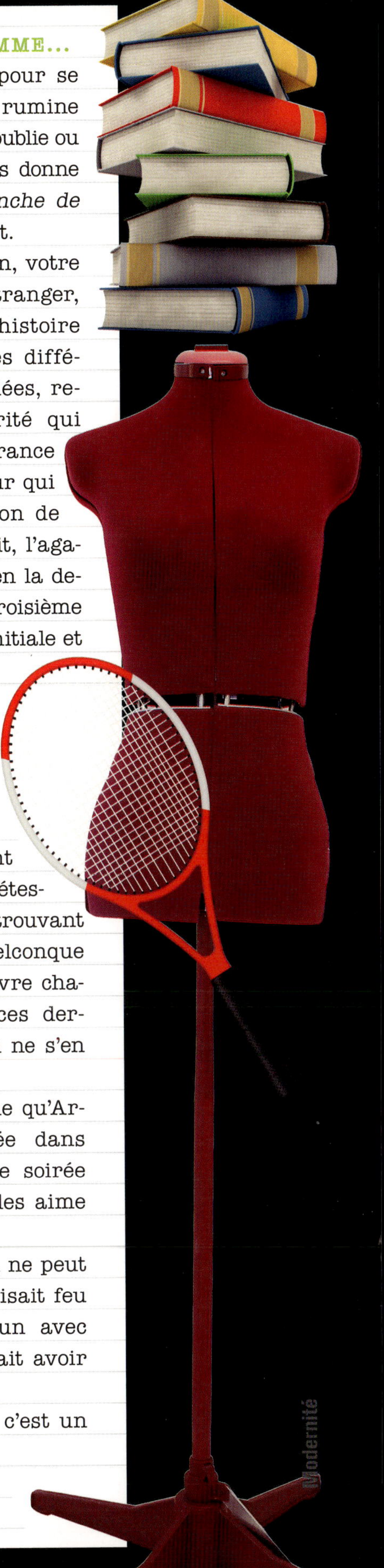

Et n'allez pas croire que c'est plus facile si vous faites adresses géographiques séparées pour gommer les sources de friction de la vie à deux. «Hélas, cela ne suffit pas toujours. L'agacement se transfère avec une fluidité détestable sur de nouveaux objets, trouvant toujours à se fixer sur une quelconque différence. Sans compter que vivre chacun chez soi peut accentuer ces dernières», constate Kaufmann. On ne s'en tire pas.

Ça me rappelle cette remarque qu'Armand Vaillancourt m'a glissée dans l'oreille au cours d'une récente soirée mondaine: «Les humains... on les aime pis on les haït!»

On ne peut pas vivre avec, on ne peut pas vivre sans, mais, comme disait feu mon père: «Trouves-en donc un avec deux ou trois défauts, il pourrait avoir 56 qualités.»

Dis, papa, «limite Sorbonne», c'est un défaut ou une qualité?

# LOGIQUE DE GUERRE

Alec Castonguay

En ce début de XXIe siècle, les attentats terroristes du 11 septembre 2001, à New York et à Washington, font basculer le monde – et particulièrement les États-Unis et leurs alliés – dans une logique de guerre. La sécurité devient la préoccupation numéro un des pays occidentaux et les gouvernements font grimper en flèche les budgets dans ce secteur, notamment du côté militaire. Le Canada n'y échappe pas.

La guerre en Afghanistan, puis celle en Irak, occupe régulièrement le devant de la scène médiatique. Le gouvernement libéral de Jean Chrétien refuse de se joindre à la coalition américaine en Irak, mais s'engage dans la mission de l'OTAN en Afghanistan. *Le Devoir* suivra de près ce conflit, envoyant à plusieurs reprises des journalistes et des photographes sur le terrain. D'abord en 2004, à Kaboul, avant les élections présidentielles, puis deux fois en 2007, dans la région de Kandahar.

Les journalistes multiplient les textes sur ce conflit, le plus important auquel participe l'armée canadienne depuis la guerre de Corée. *Le Devoir* est l'un des premiers médias à s'intéresser aux coûts de cette guerre, financiers autant que sociaux. Les années 2005 à 2010 sont parsemées d'exclusivités qui retiennent l'attention dans tout le pays et alimentent les débats à la Chambre des communes.

Le journal accorde également une attention particulière aux souffrances psychologiques des soldats qui reviennent du front et suit de près les allégations de torture dans les prisons afghanes et la question du rôle du Canada dans le transfert des détenus.

LE DEVOIR

LE MERCREDI 12 SEPTEMBRE 2001

# FRAPPÉS AU CŒUR

■ *Les États-Unis essuient la pire attaque terroriste de l'histoire*

■ *Des avions détournés détruisent le World Trade Center et attaquent le Pentagone*

JEAN DION
LE DEVOIR

*«J'ai vu le World Trade Center s'effondrer»*

STÉPHANIE TREMBLAY
LE DEVOIR À NEW YORK

■ Dix pages sur la catastrophe

## Qui?

*Ben Laden, suspect nº 1*

SERGE TRUFFAUT
LE DEVOIR

## Les blessures invisibles

*17 % des soldats de retour de Kandahar souffrent d'un problème de santé mentale*

ALEC CASTONGUAY
ISABELLE PORTER

Dans le contexte du conflit en Afghanistan, Ottawa augmente rapidement ses dépenses militaires, notamment sous le gouvernement du Parti conservateur, qui prend le pouvoir en 2006. Les achats d'équipement sont nombreux et la facture se chiffre en milliards de dollars. *Le Devoir* est l'un des rares journaux du Québec à suivre de près cette inflation et à réfléchir, dans ses éditoriaux et textes d'analyse, aux conséquences de ces dépenses.

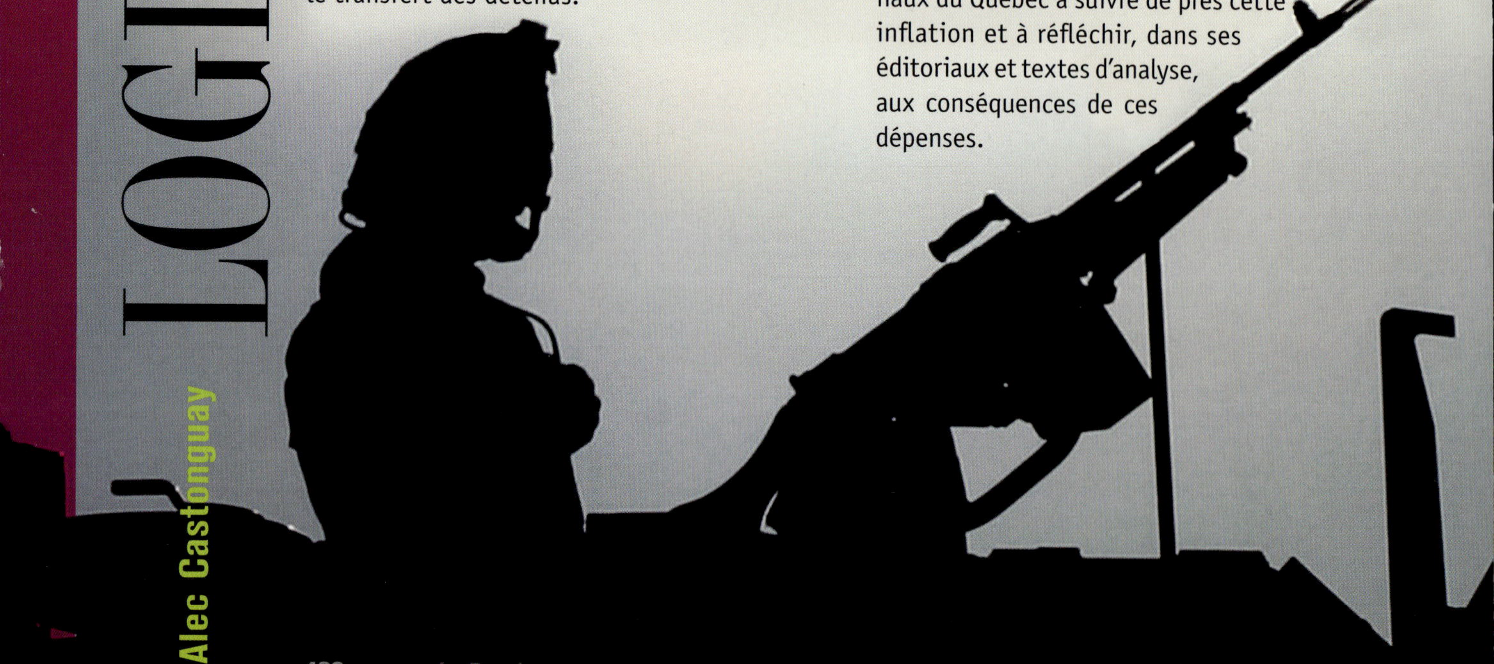

# L'ENVIRONNEMENT

Louis-Gilles Francœur

L'ancien vice-président des États-Unis, Al Gore, a dit lors d'un de ses passages à Montréal que le Québec était en quelque sorte la conscience environnementale de l'Amérique du Nord en raison du niveau plus élevé de conscience des Québécois en matière de changements climatiques et de protection environnementale.

Si cela est vrai, du moins dans une certaine mesure, *Le Devoir* y a contribué en participant de façon fort active à l'éveil, dans la population, à cette question qui bouleverse de plus en plus l'ordre économique établi, les politiques gouvernementales et notre vie quotidienne.

*Le Devoir* est le seul média québécois qui affecte, depuis le milieu des années 1970, au moins un journaliste à plein temps à la couverture des dossiers environnementaux, ce qui explique qu'il a attiré, avec les années, un noyau de lecteurs particulièrement sensibles à ces préoccupations.

Cet intérêt soutenu a commencé dans la foulée d'une prise de conscience des pollutions locales et transfrontalières, de l'émergence des contrôles étatiques et de la découverte des problèmes environnementaux d'envergure planétaire, comme l'amenuisement de la couche d'ozone, la pollution acide, les changements climatiques et le déclin de la biodiversité.

Au milieu des années 1970, *Le Devoir* ajoutait à la tâche de son chroniqueur scientifique, Gilles Provost, la couverture du secteur environnemental. C'était l'époque des premières études sur la pollution du Saint-Laurent.

Puis, l'importance des dossiers a incité le journal à faire de l'environnement un secteur autonome avec un responsable à plein temps, responsabilité confiée à André Tardif. Axée sur un modèle agricole, dans l'esprit du retour à la terre en vogue à l'époque, la couverture environnementale a dû être recentrée, au début des années 1980, sur une approche plus holistique et plus sociopolitique, en somme sur une approche qui convenait à la vocation et aux lecteurs du *Devoir*.

Mais cette vision a rapidement provoqué de vifs remous tout en faisant école. Un souvenir parmi tellement d'autres: en 1982, dans le dossier du faux « quai à pêche » envisagé par Montréal sur la promenade Bellerive, *Le Devoir* révélait qu'il s'agissait plutôt d'une infrastructure pour déverser dans le fleuve quelque six millions de mètres cubes par année de neiges usées. Après que le quotidien a eu démontré que la Ville avait passé sous silence un choix beaucoup moins dommageable pour la vie de quartier – soit des chutes à neige, qui équipent aujourd'hui la métropole –, la protestation des citoyens a débouché sur un refus du projet.

Dans la longue liste des problèmes environnementaux qui se sont multipliés en raison de notre consommation effrénée, *Le Devoir* a mis l'accent sur des recherches de solutions axées sur un développement plus viable. C'est ainsi qu'après avoir suivi à la trace l'évolution du programme d'assainissement des eaux au Québec *Le Devoir* a joué un rôle clé, dès 1992, dans l'essor de l'énergie éolienne, tout en animant des débats de fond sur de grands prjets hydroélectriques, comme celui de Grande-Baleine, ou sur des projets de production privée par de petites centrales, ce qui devait donner lieu à une commission d'enquête, ou encore sur celui de la centrale du Suroît, qui sera mis en échec par une nouvelle mobilisation publique.

www.ledevoir.com

LE DEVOIR

Vol. CI N° 123 — LE VENDREDI 4 JUIN 2010 — 1,10 $ + TAXES

## Victoire pour le logiciel libre

**Le gouvernement du Québec pourra désormais se libérer de la mainmise des multinationales**

FABIEN DEGLISE

La Cour supérieure du Québec estime que la Régie des rentes du Québec (RRQ) a agi illégalement en 2008 en octroyant un contrat informatique sans appel d'offres à Microsoft pour la mise à jour de 800 postes de travail.

Dans la foulée, le tribunal souligne également l'incohérence du gouvernement qui, tout en reconnaissant les avantages économiques et structurels des logiciels à accès libre pour assurer la pérennité et la flexibilité de son parc informatique, peine à faire de la place à cette technologie dans son processus d'attribution de contrats, et ce, au profit de multinationales du logiciel propriétaires associés à de coûteux «droits exclusifs de licences». Les défenseurs des applications libres de droits applaudissent.

**Les «logiciels libres offrent un grand potentiel en matière de sécurité de l'information et de protection de la vie privée»**

*«C'est une très bonne décision pour nous*, a indiqué hier au *Devoir* Cyrille Béraud, président de Savoir-Faire Linux, une entreprise qui fait la promotion du logiciel libre et qui a décidé de contester devant les tribunaux la validité du contrat accordé à Microsoft par la RRQ. *Mais c'est aussi une grande victoire pour le gouvernement du Québec qui, avec ce jugement, a désormais un outil pour se libérer de la mainmise des multinationales sur son système d'information.»*

Dans son jugement d'une quarantaine de pages rendue hier, le juge Denis Jacques estime en effet que la RRQ a manqué à son devoir en octroyant

VOIR PAGE A 10: LOGICIEL

## GES: Ottawa se désengage

- Les conservateurs réduisent de 10 fois leur cible de 2010
- L'objectif de Kyoto sera dépassé de 35 % en 2012

LOUIS-GILLES FRANCŒUR

Le gouvernement Harper a réduit de 10 fois son objectif de réduction des émissions de gaz à effet de serre (GES) pour l'année 2010, le faisant passer de 57 millions à 5 millions de tonnes (Mt).

Quant à sa cible pour 2012, dernière année pour atteindre les objectifs du protocole de Kyoto, elle [...] fondu de 72 à 10 millions de tonnes, soit une réduction de sept fois.

C'est ce qui ressort du Plan de mise en application du protocole de Kyoto, dévoilé hier sur Internet sans le moindre communiqué de presse pour le souligner. Le dépôt de ce plan fait partie des quelques obligations du protocole que le Canada déclare vouloir respecter, soit celle de produire un bilan annuel d'émissions et son plan [...] climatiques, ainsi que son obligation de tenir un registre des réductions réalisées par ses partenaires privés et publics.

La liste des obligations qu'Ottawa entend respecter n'inclut pas, de toute évidence, la réduction des émissions nationales à 6 % sous le niveau de 1990, une obligation entérinée par le Parlement par la loi de ratification [...]

# LE DEVOIR

Vol. XCIX N° 208 ◆ LES SAMEDI 13 ET DIMANCHE 14 SEPTEMBRE 2008 — 2,50$ + TAXES = 2,75$

# RÉUSSIR SA VIE

## Qu'est-ce qu'on attend pour être heureux?

**Les Québécois sont-ils mieux dans leur peau qu'il y a dix ans? Quel est l'axe qui donne un sens à leur existence: leur vie amoureuse, le travail ou l'argent?**

JACQUES NADEAU L

**Souriez, vous êtes heureux. La vidéaste Josiane Lapointe et le photographe Robbie Paquin réussissent ensemble leur vie depuis quatre ans. «Le bonheur, ce n'est pas quelque chose qui te dessus, explique Mme Lapointe. Il faut trouver un équilibre entre le travail et l'amour. Il faut aussi apprendre de ses échecs et des occasions ratées.» La réalisatrice lancera au prochain Fes nouveau cinéma, à Montréal, en octobre, une nouvelle vidéo d'art intitulée *Héloïse*, «l'histoire d'une femme parfaite qui n'est pas heureuse et qui rate sa vie...»**

**Qu'est-ce que réussir sa carrière ou ses amours? Que sont une éducation, une immigration, un gouvernement idéaux? Jusqu'à samedi prochain, l'équipe du *Devoir* vous présente une synthèse des réflexions fascinantes recueillies pour sept volets d'un même thème: qu'est-ce qu'une vie réussie? Afin d'alimenter cette réflexion, nous avons demandé à la firme Léger Marketing de sonder le cœur des Québécois. Pour lancer la série, pas de demi-mesure, allons-y avec la mère des questions existentielles: celle du bonheur et de la réussite.**

STÉPHANE BAILLARGEON

Pierre Théberge a très bien réussi dans la vie. Historien de l'art, passionné de culture, décoré ici comme à l'étranger, le sexagénaire entame sa dernière année à la tête du Musée des beaux-arts du Canada, navire amiral de la flotte muséale canadienne.

Pierre Théberge a-t-il pour autant réussi sa vie? *«Parler d'une vie réussie, c'est honnêtement mystérieux pour moi comme pour n'importe qui*, répond-il. *Quand je pense à ma propre existence, je suis surtout impressionné par les réussites accomplies avec les autres, mes proches et mes collègues de travail. Le succès se mesure aux traces laissées avec et pour les autres.»*

On ne se refait pas. Le directeur Théberge glisse donc rapidement vers de célèbres exemples de vies d'artistes. *«On peut même réussir sa vie en la vivant en concentré, très, très vite*, fait-il observer. *Mozart et Raphaël sont morts très jeunes, mais ils avaient certainement rempli et réussi leur vie. Picasso est mort très vieux, adulé comme une figure phare du XX^e^ siècle, il a indéniablement réussi sa vie et réussi dans la vie, mais il a aussi détruit des vies autour de lui.»*

L'art, le cinéma, la littérature regorgent de réflexions sur ce thème complexe et mystérieux. Citizen Kane, le personnage central du film d'Orson réussi dans la vie tout en finissant seul et ma dans son Xanadu inachevé. Dans le récit puis *Scaphandre et le papillon*, le directeur de Jean-Dominique Bauby montre la rédempt d'un homme entièrement paralysé renoua sens de la vie après un accident vasculaire fo

Pierre Théberge accepte d'autant plus de commenter ce dernier exemple qu'il vi avec la maladie de Parkinson depuis qu nées. *«Je continue mon travail, ma vie ple*

VOIR PAGE A 10: **RÉUSSIR SA VIE**

■ **Un salaud peut-il réussir sa vie?** ■ **Et rater sa vie? Comment on s'y prend?** › **pages A 4**

## *Le Devoir* plus

L'automne est à la fenêtre en ce petit samedi frisquet, mais l'équipe du *Devoir* prend l'engagement de vous garder au chaud grâce à la lecture de

## Charest réclame une souveraineté culturelle

ANTOINE ROBITAILLE

# QUI ÊTES-VOUS ?

**Josée Boileau**

Les années 1980 ont amené l'Occident dans une nouvelle ère : l'ère du vide, comme l'écrivait en 1983 le philosophe français Gilles Lipovetsky dans une formule qui a fait mouche. Il n'y avait plus de monde à réinventer, plus d'utopies à porter, plus de grands projets politiques à défendre. Que restait-il ? Soi.

Le Québec, où les souverainistes sortaient d'une triste défaite référendaire avec des promesses de changement qui ne seront pas tenues, n'échappe pas au mouvement. Pas plus que *Le Devoir* qui, tout en gardant un intérêt marqué pour la politique, les débats constitutionnels ou les revendications du Québec, tourne ses regards vers d'autres enjeux. Le départ de Claude Ryan prend ici valeur de symbole. Il n'y aura plus de pape de la rue Saint-Sacrement. Les grandes figures d'autorité, ici comme ailleurs, tombent les unes après les autres. En lieu et place, chacun se mettra à chercher sa propre souveraineté.

Ce n'est pas coïncidence qu'arrive au *Devoir*, en 1984, une jeune chroniqueuse nommée Josée Blanchette, dont le ton léger, provocateur, décapant tranche avec l'image d'austérité qui ne cesse d'être associée au journal. Il y avait eu déjà des irrévérences, celles d'une Nathalie Petrowski, par exemple, mais la blague voulait que c'était parce que le sévère Ryan ne lisait pas la section culturelle que ces propos parvenaient à trouver leur place.

Cette époque est finie : dorénavant *Le Devoir* assume comme les autres son intérêt pour la quête individualiste, la recherche du mieux-être, les prises de parole multiples dans le refus de modèles déjà bâtis.

Doit-on s'étonner que ce soit d'abord les femmes qui participent à cette rupture de ton ? Le féminisme se fait moins militant que dans les années 1960 et 1970, on en annonce même la mort. Erreur ! S'il se proclame moins, c'est qu'il est à infiltrer des lieux jusque-là inaccessibles. On s'en rend compte partout, même dans le journalisme, bastion masculin parmi tellement d'autres. *Le Devoir*, par exemple, ne comptait que trois femmes journalistes en 1975 ! Aujourd'hui, la moitié de la salle est composée de femmes, et l'histoire du *Devoir* comporte maintenant le passage, remarquable et remarqué, d'une directrice, Lise Bissonnette.

**Il n'y avait plus de monde à réinventer, plus d'utopies à porter, plus de grands projets politiques à défendre. Que restait-il ? Soi.**

Pour les femmes, la décennie 1980 marque bel et bien les années de bascule. On le mesure d'abord à l'université, où des facultés à composante majoritairement masculine voient leur visage changer : médecine, droit, polytechnique... Cette décennie prendra fin sur une tragédie. Le 6 décembre 1989, on a craint que le tireur fou qui abattra 14 jeunes femmes

Le 6 décembre 1989, un tireur fou entre à l'École polytechnique de Montréal et abat 14 femmes en plus de blesser plusieurs autres personnes.

– 13 étudiantes et une secrétaire – à l'École polytechnique de l'Université de Montréal ne mette un frein à cet élan. Il n'en fut rien. Le choc fut immense, mais il n'entraînera pas de recul.

Les femmes, en fait, ne cesseront de prendre d'assaut le marché du travail, les lieux de pouvoir et, grande nouveauté, ne rentreront pas à la maison quand, par la suite, les enfants arriveront. À l'arrivée de la décennie 1990, les deux tiers des mères qui, au Québec, ont un enfant d'âge scolaire sont sur le marché du travail. Le nombre croissant de mères seules avec leurs enfants n'explique pas complètement cette nouvelle donne puisqu'à la même époque, dans plus de 60 % des couples avec enfants, quand papa travaille à l'extérieur, maman le fait aussi.

Les politiques mettront un certain temps à suivre le mouvement, à tenter de favoriser l'harmonisation travail-famille qui, dorénavant, s'impose pour les femmes comme pour les hommes. On fait comment pour arrimer grands principes et vie pratique ? La lutte pour l'égalité n'est plus une utopie : il faut la vivre, et tout est à inventer.

L'égalité s'affiche ailleurs aussi, avec des avancées inimaginables il y a trente ans. Le mariage gai, par exemple, légalisé en 2005 au Canada : depuis, tous les remous qui ont précédé sa reconnaissance se sont apaisés. C'est là le bel envers de la disparition de l'Autorité associée à notre

**Face à une telle mosaïque, comprendre le collectif exige de s'extirper des photos de groupe.**

époque : les institutions sociales les plus anciennes peuvent s'adapter et tenir compte des individus réels et de leurs aspirations.

Ce retour sur soi, en fait, n'est pas le repli que plusieurs ont tellement craint quand il s'est amorcé. Il s'y glisse, certes, une bonne dose d'individualisme, nourri par une société de consommation effrénée. S'y couple une profonde remise en question, en Occident, de l'adhésion totale à des valeurs ou des principes érigés en système, et qui s'appuient sur des hiérarchies et des rituels. Au Québec

Le 18 juillet 2002, Roger Thibault et Theo Wouters sont les premiers gais à se marier au palais de justice de Montréal grâce à la nouvelle loi sur l'union civile, entrée en vigueur quelques jours plus tôt.

comme ailleurs, cela signifie concrètement que les églises se vident, que les militants désertent les syndicats, que les partis politiques perdent des membres. Pour la foi ou pour revendiquer, on ne défile plus, ou si peu, dans les rues. Même le fait de voter ne relève plus de la grand-messe collective.

Pourtant, paradoxalement, le collectif ne s'éteint pas. Il s'agrège autrement. En tâtonnant, sans feuille de route, sans adhésion formelle à un parti ou un groupe, mais en se regroupant selon les besoins, en participant à des mouvements, avant ou avec Facebook, on se fait une nouvelle conception de la vie dans la Cité.

Les luttes environnementales, qui en sont le meilleur emblème car devenues le grand combat du siècle, vont ainsi se définir à partir de cas concrets : on agit parce que, dans son voisinage à soi, des décisions se prennent sans égard aux conséquences. Cette prise de conscience mènera ou non à un engagement plus large par la suite, mais changer toute la vie n'en est pas la bougie d'allumage : le pas à pas suffit, même à toute petite échelle. En clair, il n'est pas nécessaire d'être membre du Parti vert pour manger bio ! Pas plus que les choix individuels ne relèvent de la parfaite cohérence : on peut recycler et tenir farouchement à sa mini-fourgonnette.

Face à une telle mosaïque, comprendre le collectif exige de s'extirper des photos de groupe. La question dès lors s'impose : « Qui êtes-vous ? » C'était le titre d'une grande série du *Devoir* en 1999. « Qu'est-ce que réussir sa vie ? », une autre longue série, y faisait écho, dix ans plus tard, dans la continuité d'une recherche de soi qui colore désormais notre vivre ensemble.

Et « ensemble » n'est pas un mot anodin. Le monde, si lointain autrefois et que la télévision avait finalement transporté dans nos salons, ce qui était déjà une rupture totale avec les millénaires qui nous ont précédés, ce monde-là a pris place chez nous, à l'école, au travail, dans le voisinage.

www.ledevoir.com

LE DEVOIR

Vol. XCIX N° 114 · LE VENDREDI 23 MAI 2008 · 89¢ + TAXES =

AUTOPSIE D'UN MALENTENDU

« Nous en sommes venus à la conclusion que les fondements de la vie collective au Québec ne se trouvent pas dans une situation critique »

« Il n'y a pas de crise dans la pratique des accommodements, mais il y a eu une crise dans la perception de cette réalité »

JACQUES NADEAU LE DEVOIR

RAPPORT BOUCHARD-TAYLOR

**On se calme !**

*Les médias ont-ils alimenté la crise des accommodements raisonnables ?*

STÉPHANE BAILLARGEON

Voilà, c'est fini. Enfin presque. La *«crise des accommodements raisonnables»* s'achève avec la publication d'un imposant rapport-diagnostic rendu public hier par la commission Bouchard-Taylor. En gros et en somme, le document propose tout bonnement d'ajuster la mécanique d'intégration à la québécoise patiemment construite au cours des dernières décennies, et qui a largement fait ses preuves malgré quelques ratés.

Mais que s'est-il passé exactement? Comment en sommes-nous arrivés à ce psychodrame collectif qui a forcé la mise en place d'une commission de consultation où ont finalement été déposés 900 mémoires, ce qui en fait une des plus importantes de l'histoire récente du Québec?

*«Après une année de recherches et de consultations, nous en sommes venus à la conclusion que les fondements de la vie collective au Québec ne se trouvent pas dans une situation critique*, résume clairement une des toutes premières phrases du rapport dévoilé hier. *Nos travaux ne nous ont pas permis de constater une hausse importante ou soudaine des ajustements ou des accommodements consentis dans les institutions publiques. Nous n'avons pas constaté non plus que le fonctionnement normal de nos institutions aurait été perturbé par ce type de demande.»*

**« Il y a peu de sociétés dans le monde où les gens sont prêts à entendre les autres »**

La fine et complexe analyse multiplie l'examen des raisons de cette déraison. La vague des accommodements

VOIR PAGE A 10: MÉDIAS

**Le crucifix restera en place**

*Rien sur l'identité, juge Dumont; à côté de l'essentiel, dit Marois*

ANTOINE ROBITAILLE

Québec — Le crucifix restera en place à l'Assemblée nationale, contrairement à l'un des souhaits exprimés par les coprésidents Bouchard et Taylor dans leur rapport-fleuve déposé hier. Cette première réponse à une recommandation des deux universitaires, autant négative que rapide de la part des élus, a donné lieu à une concurrence entre le gouvernement et l'opposition officielle. C'est la motion proposée par le gouvernement qui a finalement été adoptée en après-midi à l'unanimité des 100 élus présents. Mais l'ADQ avait déposé en matinée, avant le gouvernement, un texte réclamant le maintien du symbole chrétien. Pour une raison inexpliquée, c'est finalement le libellé gouvernemental qui a eu préséance et qui a été mis aux voix.

Cette concurrence illustre bien, à Québec, à quel point les formations politiques étaient nerveuses en cette journée de dépôt d'un rapport faisant suite à une consultation pan-québécoise qui a attiré sur elle une attention presque sans pareille.

**« Nous n'avons pas tous la même origine. Pourtant, nous avons la même destinée, car nous sommes tous Québécois. »**

Le premier ministre a d'ailleurs ouvert les travaux d'après-midi de l'Assemblée nationale, hier, par une déclaration ministérielle solennelle dans laquelle il s'est inspiré du thème central des fêtes du 400e anniversaire de Québec, la *«rencontre»*, et qu'il a ponctuée par cette formule: *«Nous n'avons pas tous la même origine. Pourtant, nous avons*

VOIR PAGE A 10: CRUCIFIX

Le philosophe Charles Taylor préside avec Gérard Bouchard la Commission de consultation sur les pratiques d'accommodement reliées aux différences culturelles. Les travaux de cette commission, qui dépose son rapport au printemps 2008, font grand bruit.

Le Québec, évidemment, n'est pas le seul endroit de la planète à être confronté à ce grand métissage. Mais parce que, politiquement, son existence repose dans les limbes – membre d'une fédération dont il a refusé la nouvelle donne lors du rapatriement de la Constitution en 1982, fier de ses revendications tout en rejettant la souveraineté qui lui donnerait le contrôle de son destin –, il voit avec malaise son paysage démographique se transformer alors qu'il ne sait toujours pas vers quel destin il vogue. C'est pourquoi le plus grand déchirement qu'auront vécu les Québécois, ces dernières années, tient en une nouvelle expression, désormais connue de tous : accommodement raisonnable.

Ces Québécois, plus diversifiés que jamais dans leur composition, leurs valeurs, leurs espoirs, n'ont toujours pas de réponses claires aux défis que cette métamorphose soulève, que ce soit pour la préservation du français ou des valeurs d'égalité à laquelle ils sont arrivés. Mais ce qui est sûr, c'est qu'ils ne veulent plus s'en faire dicter.

# INDEX

*7Jours*, 172

Action française de Paris, 24, 48
*Agacements.*
*Les petites guerres du couple*, 185
*Agaguk*, 176
Alain, Albert, 176
Alexander, George, 108
*Âmes et paysages*, 74
André, Frédéric, 28
Aquin, Hubert, 176
Arcand, Adrien, 78, 79
Asselin, Olivar, 17
Association catholique des la jeunesse canadienne-française (ACJC), 55
Auclair, Élie J., 176
*Aurore, l'enfant martyre*, 174
*Autour de la maison*, 73

Barbeau, Victor, 70, 74
Baril, André, 170
Basile, Jean, 57, 175, 176, 177
Baudelaire, Charles, 131
Beauchemin, Yves, 171
Beder, Jack, 82
Bégin, Louis-Nazaire, 58
Béguin, Albert, 131
Béliveau, Juliette, 108
Ben Laden, 180
Benoît XV, 61
Berthiaume, Roland, 145, 155, 176
Berthio, *voir* Roland Berthiaume
Bertrand, Jean-Jacques, 150, 151
Bessette, Gérard, 162
Bigras, Jean-Yves, 174
Bissonnette, Lise, 149, 167, 168, 172, 178, 189
Blanchet, Jacques, 132
Blanchette, Josée, 17, 189
Bloy, Péguy, 131
Boileau, Josée, 171
*Bonheur d'occasion*, 176
Borden, Robert, 37, 42, 44, 91
Borduas, Paul-Émile, 104, 105, 177
Bouchard, Georges, 74
Bouchard, Gérard, 191
Bouchard, Lucien, 152, 167
Boucher, Denise, 177
Boucher, Jean-Pierre, 162
Bourassa, Henri, 14, 17, 22, 24, 25, 27, 28, 29, 32, 35, 37, 38, 42, 44, 45, 48, 50, 51, 52, 70, 73, 74, 81, 86, 89, 121, 140, 168
Bourassa, Robert, 146, 150, 152, 160, 166, 167, 168
Bourgault, Pierre, 17
Bourget, Ignace, 27, 28
Bourne, Francis, 50
Brassard, Léo, 87
Breton, André, 174
Briand, Aristide, 48
Brie, Albert, 159
*Brins d'herbe*, 73
Brosseau, Daniel, 74
Brousseau, François, 170, 171
Brousseau, Hervé, 132
Bruneau-Papineau, Julie, 26
Brunet, Michel, 140
Bureau de censure, 56, 57

Campbell, Clarence, 126, 127
Caouette, Réal, 150
Cardinal, Mario, 22, 24, 25
Carrier, Louis, 74
Cartier, George-Étienne, 27
Caruso, Enrico, 174
Casgrain, Thérèse, 111
Castilloux, Dave, 109
Castonguay, Claude, 152
Cayouette, Pierre, 177
Cecil, Robert, 41
Célestin-Auguste, 176
Cercle des jeunes naturalistes (CJN), 86, 87
Chagnon, Louis-Joseph, 73
Chamberlain, Arthur Neville, 91
Chambers, Ernest J., 44
Chapleau, Serge, 172
Charbonneau, Jean-Pierre, 157
Charest, Jean, 150, 164, 165, 180
Charest, Rose-Marie, 185
Charette, Yvonne, 73
Charland, Hector, 108
Charlebois, Robert, 133, 174
Chartrand, Gabriel, 98
Chartrand, Michel, 89, 112, 125, 169, 170
Chauvin, Édouard, 72, 74
Chevrette, Guy, 152
*Choisir*, 56
Chouinard, Marie-Andrée, 171
Chrétien, Jean, 180, 186
Churchill, Winston, 48
*Ciné-guide*, 56
Circé-Côté, Éva, 20, 45
*Cité libre*, 117, 131, 140
Clark, Joe, 166
Clément, Marcel, 182
Close, Glenn, 184
Coderre, Émile, 82
Cohen, Leonard, 175
Colette, 131
Congrès eucharistique de 1910, 58, 74
Constantine, Eddie, 132
*Contes du pays incertain*, 162
Cormier, Ernest, 65
Cotroni, Frank, 158
Crise d'Octobre, 152, 155, 166
Crise des années 1930, 78-81
*Croc*, 172, 180
Cross, James Richard, 154, 155

Dansereau, Fernand, 124, 125
Dansereau, Pierre, 81
D'Aquin, Thomas saint, 75
De Gaulle, Charles, 141, 151
Des Rivières, Paule, 171
Desbiens, Jean-Paul, 65, 146, 177
Desbiens, Lucien, 57
Deschamps, Yvon, 174
Descôteaux, Bernard, 168
Deshaies, Guy, 17
DesRochers, Clémence, 132
Desrosiers, Léo-Paul, 70, 73, 74
Dessaules, Henriette, 73
Dickens, Charles, 162
*Dictionnaire des œuvres littéraires du Québec, tome II : 1900-1939*, 75
Dion, Jean, 17
Dion, Léon, 165

Dion, Stéphane, 167, 180
Drapeau, Jean, 89, 152
Dreyer, Carl T., 56
Ducharme, Réjean, 174
Dufresne, Jean-V., 17
Dufresne, Oscar, 86
Dumais, Lucien, 98
Dumont, Lucille, 133
Dunton, Davidson, 165
Dupire, Louis, 55, 75, 86
Duplessis, Maurice, 57, 81, 93, 102, 106, 107, 111, 112, 113, 114, 117, 118, 119, 120, 121, 122, 124, 125, 129, 138
Dutil, Henri, 118
Dutil, Jean-L., 157
Duvivier, Julien, 56

*Empress of Ireland,* 20
*Esprit,* 131
Éthier-Blais, Jean, 176
Expo 67, 141, 142, 143

Facal, Joseph, 164
Famille Soucy, 133
*Fatal Attraction,* 184
*Faut-il tolérer toutes les idées?,* 171
Ferland, Jean-Pierre, 132
Ferretti, Andrée, 170
Ferron, Jacques, 162, 163
*Figurines,* 72, 74
Filiatrault, Denyse, 133
Filion, Gérard, 65, 72, 75, 102, 106, 107, 111, 117, 118, 120, 124, 125, 129, 140, 147, 175
Foch, Ferdinand, 17
Fournier, Jules, 17, 176
Franc-Nohain, 75
Francœur, Jean, 157
*François,* 144
*Fridolinades,* 144

Gagnier, Jacques, 144, 145
Gagnon, Alexis, 57
Gagnon, Jean-Louis, 145
Gandhi, Mohandas Karamchand, 48
Gariépy, Léo, 98
Garneau, Michel, 180
Garnotte, *voir* Michel Garneau
Gélinas, Gratien, 144, 174
Gill, Charles, 70, 73
Gingras, Yves, 87
Giono, Jean, 131
Giroux, Lionel, 108
*Globe and Mail,* 182, 183
Godbout, Adélard, 93, 150, 164
Godin, Gérald, 152, 160
Gomery, John, 167
Gore, Al, 187
Gouin, Lomer, 27, 32, 64, 138
Grandbois, Alain, 82, 83
Grandchamp, 36
Grande Dépression, 183
Grande Récession, 183
Grey, Edward, 42
Grignon, Claude-Henri, 108, 176
Groulx, Lionel, 24, 70, 73, 78, 81, 85, 150
*Guernica,* 179
Guerre des Boers, 35
Guèvremont, Paul, 108
Guillot, Étienne, 171
Gutenberg, Johannes, 179

Harper, Stephen, 165, 180
Hébert, Anne, 130
Hébert, Maurice, 131
Hémon, Louis, 176
Henry, Claudie, 82, 83
Héroux, Omer, 17, 52, 64, 65, 67, 74, 86
*Hiroshima mon amour,* 57
Hitler, Adolf, 91
*Honnêtes ou canailles?,* 24
Houde, Camillien, 81, 89, 95
Hudon, Normand, 122, 144

Jeune-Canada, 81, 102
Jeunet, Jean-Pierre, 185
Johnson, Daniel, 150, 151
Johnson, Pierre-Marc, 150, 151
Jones, Earl, 183
Jones, Richard, 140
Juneau, Pierre, 125
Jutra, Claude, 174

Kattan, Naïm, 128, 176
Kaufmann, Jean-Claude, 185

La Bolduc, *voir* Mary Travers
La chanson des érables, 73
Lacroix, Vincent, 183
*L'Action catholique,* 14, 15, 58, 74, 114
*L'action catholique à l'école primaire,* 176
*L'Action sociale,* 14, 15
*L'actualité,* 172
Laferrière, Dany, 177
*La filière canadienne,* 157
Lajoie, Paul-Gérin, 146, 175
Lalonde, Jean, 133
Lamalice, 37
Lamarche, Guy, 120, 121
*L'amélanchier,* 162
Lamontagne-Beauregard, Blanche, 73
Lamothe, Willie, 133
Landry, Bernard, 164, 178, 180
Lapalme, Georges-Émile, 119, 150
LaPalme, Robert, 112, 114, 122, 151
*La passion de Jeanne d'Arc,* 56
*La Patrie,* 14, 15, 114, 144, 145
*La Réforme,*145
Lapierre, Eugène, 175
Lapointe, Ernest, 91, 92, 93
Lapointe, Jean, 133
Laporte, Pierre, 102, 117, 118, 119, 120, 121, 129, 152, 154, 155
*La Presse,* 14, 15, 44, 56, 74, 145
*La presse catholique et nationale,* 22, 24
Laramée, Arthur, 55
*La revue des arts et des lettres,* 131

*La Sentinelle*, 51
*La terre de chez nous*, 180
Latraverse, Plume, 172
*La Tribune*, 124
Laurendeau, André, 57, 65, 73, 81, 89, 102, 106, 111, 112, 113, 117, 120, 121, 125, 128, 129, 146, 165, 166, 175, 176
Laurier, Wilfrid, 14, 22, 27, 32, 42
*Lauriers et feuilles d'érable*, 70
Laurin, Danielle, 17
*L'Autorité*, 145
Lauzière, Benoît, 168
Lavergne, Armand, 32, 51
*La Vérité*, 14, 15
*Le Bien public*, 74
Lebrun, Roland, *voir* Soldat Lebrun
Lebrun, Soldat, 133
*Le Bulletin des agriculteurs*, 144
*Le Canada*, 114
*Le Cap Éternité*, 70
Leclerc, Félix, 132, 167
*Le cinéma corrupteur*, 55
*Le fédéralisme de demain : les réformes essentielles*, 164
Lefebvre, Euclide, 55
Lefebvre, Robert, 87
*Le Figaro*, 176
Léger, Fernand, 122
Léger, Jean-Marc, 102, 117
*Le Jeune naturaliste*, 87
*Le Jeune Scientifique*, 87
*Le Jour*, 145
*L'Électeur*, 14
*L'Éloge des intellectuels*, 169
*Le livre des mystères*, 74
*Le Matin*, 172
Lemay, Jérôme, 133
Lemelin, Claude, 182
Lemelin, Roger, 131
Lemire, Maurice, 75
*Le miroir des jours*, 70
*Le Nationaliste*, 14, 15
*L'énigme du retour*, 177
Léon XIII, 28, 58
Lepage, Gilles, 17
Lesage, Jean, 138, 140, 150, 151, 161, 165
*Les belles-sœurs*, 174, 177
*Les cailloux*, 74
*Les confidences d'un commissaire d'écoles*, 65
*Les Débrouillards*, 180
*Les engagés du Grand Portage*, 74
*Les fées ont soif*, 177
*Les insolences du frère Untel*, 65, 146, 177
*Le Soleil*, 75, 118
*Les songes en équilibre*, 131
*Les rapaillages*, 70, 73
*Le tombeau des rois*, 131
*Le torrent*, 131
Léveillée, Claude, 132
*L'Événement*, 44, 74
Lévesque, Albert, 74
Lévesque, Claude, 151
Lévesque, Georges-Henri, 70, 117
Lévesque, Raymond, 132
Lévesque, René, 145, 150, 151, 160, 161, 164, 166, 167
Lévesque, Robert, 17, 177
*Le Viateur naturaliste*, 87
Lévy, Bernard-Henri, 169
Leyrac, Monique, 133
L'Herbier, Robert, 133
*L'Histoire sainte*, 75
Ligue du cinéma et des bonnes mœurs de Québec, 55
Ligue pour la défense du Canada, 89
Lipovetsky, Gilles, 189
Louvain, Michel, 133
Lozeau, Albert, 70, 73
Lumière, Auguste, 82, 83
Lyman, John, 82

**M**acdonald, John A., 29
MacDonald, Ramsay, 28
Mackenzie King, William Lyon, 89, 90, 91, 92, 93, 95, 97
Madoff, Bernard, 183
Maillé, L. O., 37
*Mainmise*, 175
Major, André, 177
Malraux, André, 82
Marcel, Jean, 162
Marchand, Jean, 140
Marcotte, Gilles, 57, 124, 125, 128, 132, 175 176
*Maria Chapdelaine*, 56, 176
Marie-Victorin, 74, 86, 87
Marois, Pauline, 180
Martel, Marcel, 133
Maurras, Charles, 28, 48
*Maxime*, 57
Meighen, Arthur, 42
Ménard, Dollard, 98
*Menaud, maître-draveur*, 176
Michaud, Yves, 145
Milot, Pierre, 170
Miron, Gaston, 176
Montpetit, Édouard, 70
*Montreal Daily Star*, 99
*Montréal-Matin*, 106, 117, 172
*Montreal Star*, 44
Morin, Claude, 165, 166
Mounier, Emmanuel, 131
Mulroney, Brian, 152, 166, 167
Musée du Québec, 174
Mussolini, Benito, 48

**N**adeau, Jean-François, 177
Nolin, Jean, 74
*Nord-Sud*, 70, 74
Normand, Jacques, 114, 133
*Notre nationalisme*, 73
*Nouveau Journal*, 145
*Nouvelles CSN*, 180
*Nuances*, 73

**O**bama, Barack, 180
Office national du film, 125, 174
Ouimet, Léo-Ernest, 54

**P**ampalon, Jeanne, 75
Papineau, Azélie, 27
Papineau, Ézilda, 26, 27
Papineau, Joséphine, 51
Papineau, Lactance, 24
Papineau, Louis-Joseph, 22, 24, 26, 27, 51
*Par nos champs et nos rives*, 73

Paré, René, 140, 151
Parent, Alphonse-Marie, 146
Parent, Charles-A., 90
Parent, Lucien, 72
Parizeau, Jacques, 167, 180
Pearson, Lester B., 165, 166
Péladeau, Pierre, 178
Pelletier, Benoît, 164
Pelletier, Georges, 17, 51, 71, 74, 78, 81, 89, 121
Pelletier, Gérard, 106, 117, 124, 140, 175
Pépin Benoit, Alice, 73
Perrault, Jacques, 111, 112
Perrier, Philippe, 14
*Perspectives,* 172
Petrowski, Nathalie, 17, 189
*Philadelphia Ledger,* 114
Picasso, Pablo, 82, 179
Piché, Paul, 171
Pie IX, 27, 28
Pie XI, 24, 48, 56
Plamondon, Antoine, 26
Plante, Pax, 152
Poisson, Gustave, 104
Pontaut, Alain, 57
*Positions du Québec dans les domaines constitutionnel et intergouvernemental de 1936 à mars 2001,* 164
*Pour nous grandir,* 70
Pozier, Bernard, 170
Première Guerre mondiale, 35-45, 75, 89
Presley, Elvis, 133
*Prochain épisode,* 176
*Protégez-vous,* 180
Provost, Gilles, 187

*Quand les hommes vivront d'amour,* 132
*Quartier Latin,* 144
*Québec Love,* 174
*Québec Science,* 87
*Québec versus Ottawa,* 165

Radio-Canada, 108, 129, 131, 174
Raynault, Adhémar, 81
*Récits laurentiens,* 74
*Refus global,* 104, 176
Règlement XVII, 45
*Relations,* 180
Révolution tranquille, 138, 140, 150, 161, 176
Richard, Maurice, 126, 127
Riel, Louis, 29
Rioux, Christian, 17
Rivard, Adrien, 87
Rizzuto, Nick, 158
Robinson, Jackie, 108
Roosevelt, Franklin Delano, 48
Roy, Gabrielle, 176, 177
Roy, Jean-Louis, 168
Royer, Jean, 162, 177
*Ru,* 177
Rumilly, Robert, 22, 81, 112, 117
Ryan, Claude, 146, 152, 154, 158, 168, 175, 189

Saint-Denys Garneau, Hector de, 131
Sansfaçon, Jean-Robert, 171
Sauriol, Paul, 129, 150
Sauvé, Paul, 104, 138
Scott, Frank, 111
Scully, Robert-Guy, 169, 177
Seconde Guerre mondiale, 72, 84-85, 88-99
Sévigny, Pierre, 98
Société des Artisans, 140
Société Saint-Jean-Baptiste, 17, 55
*Somme théologique,* 75
*Splendeurs et misères de l'Inde,* 72
St-Cyr, Lili, 109
St. Patrick Society, 55
Supervielle, Jules, 82
Syndicat des plombiers, 55

Tardif, André, 187
Tardif, Marie-Antoinette, 73
Taschereau, Louis-Alexandre, 55, 81, 138
Taschereau, Yves, 162
Taylor, Charles, 191
*The Empire,* 14, 15
*The Gazette,* 44
*The Nation,* 114
Théâtre du Nouveau Monde, 175
Thériault, Normand, 177
Thériault, Yves, 128, 176
Thibault, Roger, 191
Thiffault, Oscar, 133
Thuy, Kim, 177
*Tit-Coq,* 174
*Titanic,* 20, 180
Travers, Mary, 82, 83
Tremblay, Michel, 174, 177
Tremblay, Odile, 17
Trenet, Charles, 108
*Trente arpents,* 176
Trudeau, Pierre Elliott, 117, 140, 141, 151, 152, 154, 155, 164, 165, 166, 167
*TV Hebdo,* 180

*Un homme et son péché,* 108, 176
*Un long dimanche de fiançailles,* 185
Untel frère, *voir* Jean-Paul Desbiens

Vadeboncœur, Pierre, 117, 125, 163
Vaillancourt, Armand, 185
Van Schaak, Marie, 108
Venne, Michel, 149
Verneuil, Henri, 57
*Vieilles choses, vieilles gens,* 74
Villeneuve, Jean-Marie-Rodrigue, 48
*Visions gaspésiennes,* 73
Voyageurs de commerce, 55

*Wild West Rodeo and Hollywood Thrill Show,* 108
Woodsworth, James Shaver, 28
Wouters, Theo, 191

# CRÉDITS

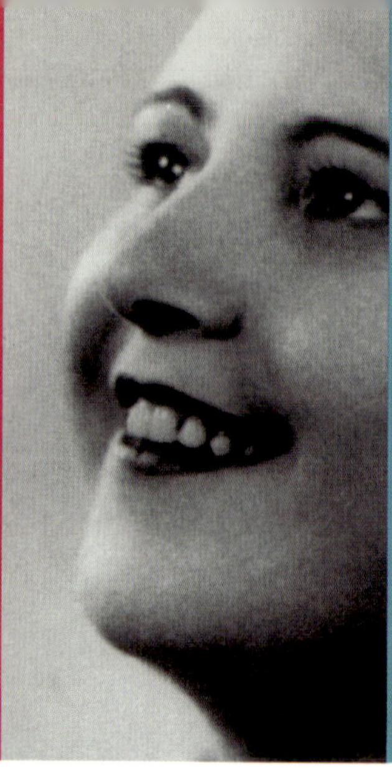

Malgré de nombreuses tentatives, nous ne sommes pas parvenus à joindre tous les ayants droit des documents reproduits. Toute personne possédant des renseignements supplémentaires à ce sujet est priée de communiquer avec Les Éditions de l'Homme à l'adresse électronique: edhomme@groupehomme.com.

**p. 1** Design: Christian Tiffet et Pierre Beaulieu © Archives *Le Devoir.*

**p. 2-3** h: © Archives *Le Devoir*; b: Photographe: Jacques Nadeau, janvier 2010 © Archives *Le Devoir.*

**p. 4-5** Photographe: Jacques Nadeau © Archives *Le Devoir.*

**p. 6** Photographe: Pedro Ruiz © Archives *Le Devoir.*

**p. 8-9** Design: Christian Tiffet © Archives *Le Devoir.*

**p. 10** Design: Christian Tiffet © Archives *Le Devoir.*

**p. 11** Photographe: Jacques Nadeau © Archives *Le Devoir.*

## Chapitre 1

**p. 15** © Archives *Le Devoir*.

**p. 16** © Archives *Le Devoir*.

**p. 17** hg: Olivar Asselin / Montminy et Cie. 1902-1903, P1000,S4,D3,P239 © Bibliothèque et archives nationales du Québec; hd: © Archives *Le Devoir*; b: Photographe: Jacques Nadeau © Archives *Le Devoir*.

**p. 19** h: © La Presse Canadienne; b: © Shutterstock.

**p. 20** c: © Archives *Le Devoir*; bg: S.S. EMPRESS OF IRELAND, PA-116389 © Archives nationales du Canada.

**p. 21** Cartes postales, 2632365, 2632369, 2633458, 2633570, 2633581 © Bibliothèque et archives nationales du Québec.

**P. 22** h: Bureau d'Henri Bourassa, photographe: Bernard M. Lauze © Archives *Le Devoir*; b: © Archives *Le Devoir*.

**p. 23** Portrait d'Henri Bourassa, Daigneault © Musée David-M.-Stewart.

**p. 24** C-073725. © Archives nationales du Canada.

**p. 26** h: L'honorable Louis-Joseph Papineau, artiste: Alfred Boisseau, 1881, Huile sur toile, 110 x 86 cm, n° de catalogue: O-603.1 © Chambre des Communes, collection patrimoniale; b: Julie Bruneau et sa fille Ézilda Papineau en 1836, artiste: Antoine Plamondon, n° 17920, Ottawa © Musée des beaux-arts du Canada.

**p. 27** © Archives *Le Devoir*.

**p. 28** Monseigneur Ignace Bourget, copie réalisée en 1862, William Notman, 1862, sels d'argent sur papier monté sur papier, 8 x 5 cm, Achat de l'Associated Screen News Ltd., I-4562.0.1 © Musée McCord.

**p. 29** Estampe. Riel, Acary Aunay, 1885, M4845 © Musée McCord.

**p. 30-31** Publicités, photographe: Jacques Grenier © Archives *Le Devoir*.

**p. 30b** © Société de transport de Montréal.

**p. 33** h: Groupe de lecteurs lisant *Le Devoir* en 1915. Source: Rosario Benoit © Droits réservés; b: Jacques Nadeau © Archives *Le Devoir*.

**p. 34** © Société de transport de Montréal.

**p. 35** C-006859 © Archives nationales du Canada.

**p. 37** Le très honorable Robert Borden – Londres, 1912, photographe: Borden, sir Robert L., C-002082 © Archives nationales du Canada.

**p. 39** h: Artiste: Kyle, Fergus, C-150800 © Archives nationales du Canada; b: © Archives *Le Devoir*.

**p. 40** Canadiens français aux armes, 230e Voltigeurs: recruitment campaign. «230e Voltigeurs, Canadiens français aux armes!»: Campagne de recrutement; g: c095266k, c: C-095378, d: C-095381 © Archives nationales du Canada.

**p. 42** P744S4D2P4 © Bibliothèque et archives nationales du Québec.

**p. 43** h: 06M_P155S1SS1D0378; b: P744S4D2P3 © Bibliothèque et archives nationales du Québec.

**p. 44** g: 03Q_P1000S4D19P151 © Bibliothèque et archives nationales du Québec; d: © Archives *Le Devoir*.

**P. 45** P744S4D2P2. © Bibliothèque et archives nationales du Québec.

## Chapitre 2

**p. 48** Édifice Rue Saint-Vincent © Archives *Le Devoir*.

**p. 49** h: © Jean-François Nadeau; b: © Archives *Le Devoir*.

**p. 50** © Shutterstock, 16331401.

**p. 51** h: Timbres: édifice central du Parlement, valeur nominale: 3¢, date d'émission: 29 juin 1927 © Société canadienne des Postes; c: Carte du Canada, valeur nominale: 12¢, date d'émission: 29 juin 1927 © Société canadienne des Postes; Pont de Québec, valeur nominale: 12¢, date d'émission: 8 janvier 1929 © Société canadienne des Postes; bg: Famille Bourassa © Archives *Le Devoir*; bd: Billets de banque, 1964.0088.00502.000, 1972.0040.00033.000 © Musée de la Monnaie.

**p. 52-53** © Archives *Le Devoir*.

**p. 54** © Cinémathèque québécoise.

**p. 56** © Collection privée.

**P. 57** g: L'incendie du Laurier Palace, 1999.0180.PH © Collection Cinémathèque québécoise, Fonds Léon-H-Bélanger; d: L'intérieur du théâtre Laurier Palace après son incendie, 1927 © nd auteur: inconnu. Référence: *Le Mémorial du Québec, Tome V, 1918-1938*, Montréal, Société des Éditions du Mémorial, 1980.

**P. 58** © Collection privée.

**p. 59** g: Chaussures, vers 1910, 12 x 8 cm, don de Sheldon Stephens, M20406.1-2 © Musée McCord; d: Planche 70 Montréal au 20e siècle.

**p. 60** © Collection privée.

**p. 61** hg: Chapeau, vers 1925, 13.7 x 103 cm, M970.26.23 © Musée McCord hd: Sac à main de soirée, 1915-1925, 13.8 x 17 cm, don de M. Richard Stevenson, M979.103.5 © Musée McCord.

**p. 63** © Archives *Le Devoir*.

**p. 65** h: Construction de l'UdM - P405S11P538 © Bibliothèque et archives nationales du Québec; b: Une religieuse donne un cours portant sur la famille terrienne, à Saint-Alexis, Joliette, photographe: Gabor Szilasi, E6 S7 SS1 D611537 © Bibliothèque et archives nationales du Québec.

**p. 67** h: 2629701 © Bibliothèque et archives nationales du Québec; c: © Archives *Le Devoir*; b: Écoles de Saint-Esprit, dans Lanaudière, années 1950, photographe: Joseph Guibord, E6 S7 SS1 D213757 © Bibliothèque et archives nationales du Québec.

**p. 68-69** © Collection Sylvain Cormier, *Le Devoir.*

**p. 70-72** © Archives *Le Devoir*.

**p. 73** Portrait de Blanche Lamontagne. © Musée de la Gaspésie.

**p. 74-75** © Archives *Le Devoir*.

## Chapitre 3

**p. 78-79** Ligne de chômeurs devant le refuge Merling à Montréal. © Archives de la Ville de Montréal.

**p. 79** h: Des chômeurs viennent manger à la soupe populaire, Montréal. © La Presse Canadienne; c: © Archives *Le Devoir*.

**p. 80-81** © Archives *Le Devoir*.

**p. 82** © Collection privée.

**p. 83** bg: © Archives *Le Devoir*; bd: © Bibliothèque et archives nationales du Québec.

**p. 84** Activités dans une école primaire du Montreal School Board, photographe: Claude Décarie, Juin 1946, E6 S7 SS1 D40556 © Bibliothèque et archives nationales du Québec.

**p. 85** P1000,S4,D83,PG58 © Bibliothèque et archives nationales du Québec.

**p. 86** Le Frère Marie-Victorin à son bureau / M. Cailloux, 1944, E6,S7,SS1,P29801. © Bibliothèque et archives nationales du Québec.

**p. 87** hg: Emblème du cercle des jeunes Naturaliste, 1931, E01185FP05003 © Division des archives de l'Université de Montréal; hd: Logo des jeunes naturalistes © Cercle des jeunes Naturalistes; b: Laboratoire de botanique de l'Université de Montréal, 1924, E01181P05031 © Division des archives de l'Université de Montréal.

**p. 88** Notre armée a besoin de bons canadiens, C-87429. © Archives nationales du Canada.

**p. 89** © Archives *Le Devoir*.

**p. 91** Le très honorable William Lyon Mackenzie King, artiste: Frank Owen Salisbury, 1945, Huile sur toile, 127,6 x 102,4 cm, 0-940, Chambre des Communes – Collection patrimoniale.

**p. 92** C-024358. © Archives nationales du Canada.

**p. 93** h: A107910; c: C-019104, b, C-013235 © Archives nationales du Canada.

**p. 94** © Archives *Le Devoir*.

**p. 95** © Collection privée.

**p. 96** h: Mariages de guerre, photographe: Conrad Poirier, 1939, P48 S1 P3711 © Bibliothèque et archives nationales du Québec; bg: Enfants durant la Deuxième Guerre mondiale, P48S1P07495 © Bibliothèque et archives nationales du Québec; bd: Collection privée.

**p. 97** hg: Avion nazi Westmount, P48S1P07064 © Bibliothèque et archives nationales du Québec hd: Des jeunes militaires du Collège Loyola faisant partie du Canadian Officers Training Corps (C.O.T.C.), fusil sur l'épaule, défilent le long d'une route, photographe: Conrad Poirier, 4 août 1940, P48 S1 P5609 © Bibliothèque et archives nationales du Québec.

**p. 98** hg: Débarquement de Dieppe, photographie allemande, 19 août 1942 © Défense nationale Canadienne; hd: Débarquement Normandie, Service religieux à bord d'un navire sur la Manche, 6 juin 1944, PA 163776 © Archives nationales du Canada; b: Débarquement Normandie, Plage «Nan White» vue de l'Est. La 9e brigade d'infanterie canadienne débarque de la péniche de débarquement 299 de la Marine royale canadienne au jour J. Bernières-sur-Mer, PA 137013 © Bibliothèque et archives nationales du Québec.

**p. 99** h: Victoire Célébration Chinatown, P48S1P12335 © Bibliothèque et archives nationales du Québec; b: Jour de la victoire en Europe, P48S1P12270 © Bibliothèque et archives nationales du Québec.

## Chapitre 4

**p. 102-103** © Archives *Le Devoir*.

**p. 104** © Archives *Le Devoir*.

**p. 105** © Droits réservés

**p. 106** © Collection Jean-François Nadeau.

**p. 107** hd: Asbestos, P74S8SS1D2P19, BANQ; c: Asbestos, P74S8SS1D2P26 © Bibliothèque et archives nationales du Québec; b: Asbestos, P74S8SS1D2P11 © Bibliothèque et archives nationales du Québec.

**p. 108** h: P48S1P13924 © Bibliothèque et archives nationales du Québec; c: P48S1P23122 © Bibliothèque et archives nationales du Québec; bg: © Droits réservés; bc: 06M_P48S1P4052 © Bibliothèque et archives nationales du Québec bd: © Droits réservés.

**p. 109** g: Affiche de Roger Couillard, Visit Historic and gay Montreal, vers 1950, 51x76, sérigraphie © Archives nationales du Canada; d: a115228 © Archives nationales du Canada; bg: © Droits réservés.

**p. 110** 03Qp56S2D1P001827 © Bibliothèque et archives nationales du Québec.

**p. 112** © Famille Perreault.

**p. 113** hg: 6ME6S7SS1P59827 © Bibliothèque et archives nationales du Québec; b: 03Q_P1000,S4,D83,PD94 © Bibliothèque et archives nationales du Québec.

**p. 114-115** © Archives *Le Devoir* et Fondation Robert LaPalme, Me Jean-Pierre Pilon, fiduciaire.

**p. 116** © Archives *Le Devoir*.

**p. 119** © Archives *Le Devoir*.

**p. 120-124** © Archives *Le Devoir*.

**p. 125** hg: © CSN.

**p. 126** Maurice Richard 52439120 © Getty.

**p. 127** h: © Droits réservés; c: Clarence Campbell Stanley Cup 1957, PA-111399 © Archives nationales du Canada.

**p. 128** Naim Kattan, photographe: Jean-François Nadeau © Jean-François Nadeau.

**p. 129** h: © Archives *Le Devoir*; b: © Société Radio-Canada.

**p. 130** © Droits réservés.

**p. 131** h: © Société canadienne des postes; b: Le Tombeau des rois d'Anne Hébert, avec dédicace sur la page de faux titre ([Québec, s.n., 1953]); couverture et page de faux titre. Source: Le Tombeau des rois: poèmes. Anne Hébert; présentation par Pierre Emmanuel – [Québec : s.n., 1953] – 76 p.; 19 cm – Couverture et page de titre © Succession d'Anne Hébert. Reproduction autorisée par Trust Banque Nationale. nlc-6410.

**p. 132-133** © Collection Sylvain Cormier, *Le Devoir*.

**p. 134** 21537409 © Shutterstock.

**p. 135** h: 06M_P48S1P01900 © Bibliothèque et archives nationales du Québec; b: 34383313 © Shutterstock.

## Chapitre 5

**p. 138** © Gaby.

**p. 139** © Archives *Le Devoir*.

**p. 140** © Archives *Le Devoir*.

**p. 141** hg: © Archives *Le Devoir*; c: c025003 © Archives nationales du Canada; hd: De Gaulle, *Vive le Québec libre*, © Archives *Le Devoir*; médaillon: Plans de station Place-des-Arts © Ville de Montréal; b: Pavillon des États-Unis – Maquette © Ville de Montréal.

**p. 143** hg: Collection privée; hg: e000756917 © Archives nationales du Canada; cg: Collection privée; cd: e000756919 © Archives nationales du Canada; b: © Droits réservés.

**p. 144** © Famille Gagnier.

**p. 145** © Archives *Le Devoir*.

**p. 146** © Jacques Gagnier, Les Éditions de l'Homme.

**p. 147** h: Photographe: Alain Renaud. © Archives *Le Devoir*; b: © Archives *Le Devoir*.

**p. 148-149** Photographe: Jacques Nadeau © Archives *Le Devoir*.

**p. 150** 43155685 © Shutterstock.

**p. 151** h: Photographe: © Antoine Désilets; b: © Fondation Robert LaPalme, Me Jean-Pierre Pilon, fiduciaire.

**p. 152** hg: Photographe: Alain Renaud © Archives *Le Devoir*; hc: © Archives *Le Devoir*; hd: Mouvement Québec Français, 06M_P404D6_Bill63_MouvementQcFrancais © Bibliothèque et archives nationales du Québec; c: © Archives *Le Devoir*.

**p. 153** h: © Archives *Le Devoir*; b: 2656420 © Shutterstock.

**p. 154** Photographe: Jacques Nadeau © Archives *Le Devoir*.

**p. 155** hc: © Archives *Le Devoir*; hd: Photographe: Jacques Grenier © Archives *Le Devoir*. b: © Archives *Le Devoir*.

**p. 156** © Archives *Le Devoir*.

**p. 157** Photographe: Alain Renaud © Archives *Le Devoir*.

**p. 158** h: Frank Cotroni arrives at Montreal's Dorval Airport, april 25, 1979. Photographe: Barry McGee © Archives La Presse Canadienne; b: Photographe: Jacques Nadeau. © Archives *Le Devoir*.

**p. 159** Photographe: Jacques Grenier © Archives *Le Devoir*.

**p. 160** © Archives *Le Devoir*; b: Photographe: Alain Renaud © Archives *Le Devoir*.

**p. 161** h: Photographe: Jacques Nadeau © Archives *Le Devoir* b: © Archives *Le Devoir*.

**p. 163** © Droits réservés.

**p. 164** g: Rapatriment de la constitution, 1982 © La Presse Canadienne; d: Photographe: Jacques Nadeau © Archives *Le Devoir*.

**p. 165** h: © Archives *Le Devoir*.

**p. 166** bg-cg-hc: Photographe: Jacques Nadeau © Archives *Le Devoir*; hg: Photographe: Jacques Grenier © Archives *Le Devoir*.

**p. 166-167** c: Photographe: Jacques Grenier © Archives *Le Devoir*.

**p. 167** hg-hc-cd: Photographe: Jacques Nadeau © Archives *Le Devoir* ; hd-bd: © Archives *Le Devoir*.

**p. 168** Photographe: Jacques Grenier © Archives *Le Devoir*.

**p. 169** © Archives *Le Devoir*.

**p. 172** Photographe: Jacques Nadeau © Archives *Le Devoir*

**173** © Archives *Le Devoir*.

**p. 174** Design: Christian Tiffet © Archives *Le Devoir*.

**p. 175** h: Jean Basile © Télé-Québec; b: Design: Christian Tiffet et Pierre Beaulieu © Archives *Le Devoir*.

**p. 176** hd: Berthio © Archives *Le Devoir*; b: © Archives *Le Devoir*.

**p. 177** © John Reeves; b: Design: Christian Tiffet © Archives *Le Devoir*.

**p. 178** Photographe: Luc Belisle © *Le journal de Montréal*.

**p. 178-179** 59095645 © Shutterstock.

**p. 180** Photographe: Jacques Grenier © Archives *Le Devoir*.

**p. 181** © Archives *Le Devoir*.

**p. 182** h: © Archives *Le Devoir*; b: Design: Christian Tiffet et Pierre Beaulieu © Archives *Le Devoir*.

**p. 183** h-b: Photographe: Jacques Nadeau © Archives *Le Devoir*.

**p. 184** 40073206 © Shutterstock.

**p. 185** 46958131 © Shutterstock.

**p. 186** © Droits réservés; h: Design : Pierre Beaulieu © Archives Le Devoir.

**p. 187** 6988439 © iStockphoto; b: Design: Christian Tiffet et Pierre Beaulieu © Archives *Le Devoir*.

**p. 188** Design: Christian Tiffet et Pierre Beaulieu © Archives *Le Devoir*.

**p. 190** h: Collection privée; b: Photographe: Jacques Nadeau © Archives *Le Devoir*.

**p. 191** Design: Pierre Beaulieu © Archives *Le Devoir*.

**p. 200-201** h: Deux jeunes lecteurs, Léo et Cécile Paul, lisant *Le Devoir* en 1920, avenue Papineau à Montréal © Archives *Le Devoir*; b: Photographe: Jacques Nadeau © Archives *Le Devoir*.

# TABLE DES MATIÈRES


LE SIÈCLE DU *DEVOIR* ..... 7

DES CARACTÈRES DE PLOMB JUSQU'À AUJOURD'HUI ..... 9

**Chapitre 1**
AUX ORIGINES 1910-1920 ..... 13

**Chapitre 2**
DÉFENSE 1920-1930 ..... 47

**Chapitre 3**
TOURMENTE 1930-1945 ..... 77

**Chapitre 4**
RÉSISTANCE 1945-1960 ..... 101

**Chapitre 5**
MODERNITÉ 1960-2010 ..... 137

QUI ÊTES-VOUS ? ..... 189

Index ..... 192

Crédits ..... 196


## Les collaborateurs


Michel Bélair
L'affirmation culturelle ..... 174

Paul Bennett
Éditeur de livres et de brochures ..... 70

Gérard Bérubé
Une idée de l'économie ..... 182

Josée Boileau
Qui êtes-vous ? ..... 189

Alec Castonguay
Logique de guerre ..... 186

Jean-Pierre Charbonneau
Mon attentat ..... 157

Marie-Andrée Chouinard
L'éducation dans une société en mutation ..... 64
L'éducation, chantier urgent ..... 146

Sylvain Cormier
Valse-hésitation. La musique populaire dans les années 1950 ..... 132

Louis Cornellier
La place aux idées ..... 169

Michel David
Le cul-de-sac constitutionnel ..... 164

Jean Dion
Des caractères de plomb jusqu'à aujourd'hui ..... 9
Lire cent ans plus tard ..... 32

Mourad Djebabla
1914-1918 ..... 42

Louis-Gilles Francœur
L'environnement ..... 187

Pauline Gravel
À l'origine des cercles des jeunes naturalistes ..... 86

Naïm Kattan
J'ai assisté au cinquantième anniversaire ..... 128

Marie-Andrée Lamontagne
Au seuil de la forêt ..... 130

Michel Lapierre
Les beaux paradoxes d'Henri Bourassa ..... 22

Gilles Lesage
Une ère de changement ..... 138
Économie nouvelle ..... 150
La frénésie de la reconquête ..... 161

**Yves Lever**
Une relation orageuse au cinéma ........ 55

**Jean-François Nadeau**
Naissance ........ 14
Conscription ........ 35
À l'ombre des années folles ........ 48
La crise ........ 78
Nouvelle ère ........ 102
Duplessis, l'homme de l'arbitraire ........ 111
Faites taire *Le Devoir* ........ 117

**Jean-Charles Panneton**
Pierre Laporte, journaliste de combat ........ 118

**Alexandre Shields**
Grève d'Asbestos ........ 106

**Odile Tremblay**
Fernand Dansereau devant les grévistes ........ 124
À livre ouvert ........ 176

**Sébastien Vincent**
La guerre, encore ........ 95

## Les articles d'époque

**Auteur inconnu**
**Le jeudi 30 août 1917**
Intervention de la police ........ 36
**Le samedi 17 octobre 1970**
Le FLQ est déclaré illégal : Un cancer à déraciner selon Trudeau ! ........ 154

**Cardinal Bégin**
**Le lundi 17 décembre 1923**
Contre la danse, le cinéma, les clubs et la mode ........ 58

**Josée Blanchette**
**Le vendredi 20 février 2009**
Il m'agace à la fin… (et au début aussi) ........ 184

**Henri Bourassa**
**Le samedi 11 août 1917**
Stériles violences ........ 38

**Jean-V. Dufresne**
**Le vendredi 28 avril 1967**
Expo métro ........ 142
**Le samedi 2 décembre 1989**
Le défi de l'écriture ........ 178

**Lionel Groulx**
**Le mardi 30 octobre 1934**
Une race ne meurt que si elle se laisse mourir ........ 84

**Omer Héroux**
**Le mardi 22 octobre 1918**
Autour de l'épidémie – Pour les orphelins ........ 18
**Le jeudi 25 août 1927**
Si vous ne voulez pas être des manœuvres ........ 66

**André Laurendeau**
**Le jeudi 23 septembre 1948**
Le *Refus global* : Intervention politique ........ 104
**Le samedi 19 mars 1955**
Suspension du Rocket : On a tué mon frère Richard ........ 126

**Jean-Marc Léger**
**Le mercredi 22 juin 1960**
Petite illustration de l'humiliation quotidienne ........ 134

**Jeanne Métivier**
**Le lundi 19 mars 1928**
La page féminine ........ 62

**Georges Pelletier**
**Le samedi 21 février 1942**
Jamais, jamais… a dit M. Lapointe ........ 90

**Jean Royer**
**Le samedi 24 décembre 1977**
Quand on écrit, on ne fait pas taire les autres ........ 162

**Jean Secoult**
**Le vendredi 12 août 1927**
Les dangers du cinéma ! ........ 54

## Les thématiques

**1910-1920**
Au milieu d'une ville ........ 20
La publicité en 1910 ........ 30

**1920-1930**
La défense de la langue française ........ 52
Imprimerie ........ 68

**1930-1945**
Sur la scène culturelle ........ 82
Plébiscite ........ 88

**1945-1960**
Après-guerre ........ 108
Robert LaPalme ........ 114
Normand Hudon ........ 122

**1960-2010**
Jacques Gagnier ........ 144
Berthio ........ 145
Les mots d'Albert Brie ........ 159
Serge Chapleau ........ 172
Garnotte ........ 180

LE DEVOIR

LE DEVOIR